# 基础软件之路
## 企业级实践与开源战略

极客邦科技 InfoQ极客传媒 —— 组编

机械工业出版社
CHINA MACHINE PRESS

## 图书在版编目（CIP）数据

基础软件之路：企业级实践与开源战略 / 极客邦科技，InfoQ 极客传媒组编 . —北京：机械工业出版社，2023.12

ISBN 978-7-111-74135-0

Ⅰ.①基… Ⅱ.①极… ②I… Ⅲ.①企业管理 – 软件 – 研究 Ⅳ.①F272.7

中国国家版本馆 CIP 数据核字（2023）第 201958 号

机械工业出版社（北京市百万庄大街22号　邮政编码100037）
策划编辑：杨福川　　　　　　　责任编辑：杨福川　　王　芳
责任校对：韩佳欣　　周伟伟　　责任印制：单爱军
保定市中画美凯印刷有限公司印刷
2024 年 1 月第 1 版第 1 次印刷
147mm×210mm・10.625印张・255千字
标准书号：ISBN 978-7-111-74135-0
定价：89.00元

电话服务　　　　　　　　　　　网络服务
客服电话：010-88361066　　　　机　工　官　网：www.cmpbook.com
　　　　　010-88379833　　　　机　工　官　博：weibo.com/cmp1952
　　　　　010-68326294　　　　金　书　网：www.golden-book.com
**封底无防伪标均为盗版**　　　　机工教育服务网：www.cmpedu.com

# 序

如今,数字化转型成为企业必须面对的重要挑战。数字化转型不仅涉及企业的业务模式、流程和组织架构的变革,还涉及企业的技术基础设施和应用的升级与改造。在这个过程中,基础软件发挥着至关重要的作用。

基础不牢,地动山摇。作为企业数字化转型的基座,基础软件保证了整个数字体系的可靠性和可扩展性,为企业的业务应用提供了强有力的支撑。

首先,基础软件为企业数字化转型提供了可靠的基础设施。企业在数字化转型过程中需要构建一个高度集成、可扩展和可靠的信息系统,基础软件为企业提供了稳定、安全和可靠的操作环境,保证了信息系统的正常运行和数据的安全性。

其次,基础软件为企业数字化转型提供了灵活的技术平台。企业在数字化转型过程中需要构建一个灵活、可扩展和可定制的技术平台,基础软件为企业提供了丰富的技术接口和工具,企业可以根据自身的需求进行定制和开发,实现业务的快速上线和迭代。

最后,基础软件为企业数字化转型提供了可靠的技术支持和服务。企业在数字化转型过程中需要获得及时、专业、可靠的技术支持和服务,基础软件服务商为企业提供了全面的技术支持和服务,帮助企业解决技术难题和问题,保障数字化转型的顺利进行。

可喜的是,基础软件领域现在有了一大批"修路人",各个领域的"路"都逐渐修起来了,我们希望这些"修路人"能被看见,这些"路"能被看见，能被用起来，最重要的是能带着企业通向"终点"。走的人多了，反馈多了，"路"也就会修得越来越好。

当然，基础软件要想发展起来，涉及人才、技术、资本等多个方面，绝不仅仅涉及技术这一个方面。如果企业希望通过引入基础软件更好地赋能业务，就不能只是引入一堆技术和概念，还要解决组织架构、业务架构、人才培养等众多问题，这些是极客邦科技一直在努力帮助企业解决的问题。

人才是基础软件发展的关键。企业需要拥有一支专业的技术团队，掌握先进的基础软件开发技术和工具。同时，企业还需要重视人才培养，不断提高员工的技能水平和创新能力。

技术是基础软件发展的核心。企业需要关注最新的技术趋势，积极引进和研发先进的基础软件技术。同时，企业还需要加强技术平台的建设，提高技术的可靠性和稳定性。

资本是基础软件发展的重要保障。企业需要投入足够的资金，支持基础软件的研发、测试和推广。同时，企业还需要寻求外部资本支持，如政府补贴、风险投资等。

总之，基础软件的发展需要多方面的支持。企业应该从人才、技术和资本等方面入手，不断提高基础软件的竞争力，为数字化转型提供有力支撑。

越是任重道远，越是滚石上山，越要把步子迈实。在企业转型的关键阶段，本书针对技术、人才、资本每个环节都提供了一些有用的理论和实践，并遴选了行业内比较有代表性的厂商和企业，通过它们的分享介绍企业选型应该着重考虑的要素，为企业数字化转型提供启发和借鉴。欢迎大家交流和指正，共同推进"数字中国"的建设。

霍太稳

极客邦科技创始人、CEO

| 前言 |

## 为什么编写本书

历时 4 年,本书终于问世了。

2020 年年初,基础软件"卡脖子"的报道很多,又逢特殊时期,业内浮躁。我们问自己:身为开发者信赖的技术媒体,可以做点什么?媒体的价值就是通过有效地传播价值信息去促进相关行业的健康发展,让社会看到隐藏在"冰山"之下的真实面貌。于是,我们开展了关于基础软件的专题研讨,确定了创办 InfoQ "C 位面对面"视频栏目并召开 DIVE 全球基础软件创新大会。本书内容主要来源于这两个内容产品(在 InfoQ 极客传媒内部,将栏目、专题、活动、会议等统称为"内容产品")。

InfoQ "C 位面对面"栏目中,我们邀请了极客邦科技创始人兼 CEO 霍太稳担任主要的对话嘉宾,截至目前,与数十位在基础软件领域有担当的企业创始人及高管进行了对话。当我们问其中一位嘉宾"国产基础软件的变局到了吗?"的时候,对方说道:"对于'默默无闻'的基础软件的国产化而言,需要把握时机,并将其变成中国基础软件发展的一个重要节点。"我们想,国内越来越多的基础软件从业者都怀有同样的抱负,立志要把核心的关键技术和产品掌握在我们自己手中。

2022 年,首届 DIVE 全球基础软件创新大会集结了 39 家优秀企业和单位的 80 余位业内翘楚，这场基础软件领域的技术交流盛宴历时两天，全网曝光量高达 334.5 万，线上直播观看量达到了 8.3 万多人次，可谓热闹非凡，这也足以说明业内对基础软件的关注。首届 DIVE 全球基础软件创新大会开设了 14 个专场，包括开源布道与生态建设、数据库核心技术探讨、操作系统研发实践、编程语言新风向、基础设施及架构设计、面向未来的中间件设计、容器运行时与安全、基础软件在金融场景下的实践、云原生时代的分布式架构演进、编译器、基础软件创业与投资、基础软件人才培养和发展等。本书中收录了部分演讲内容，读者可以到 www.infoq.cn 网站检索了解更多内容。

## 本书读者对象

- 基础软件从业者
- 开源领域从业者
- 高校及科研院所人员

## 如何阅读本书

本书从逻辑上分为三部分。

第一部分（第 1 章）主要介绍未来十年基础软件的发展趋势，包括操作系统、数据库、中间件三个方面，同时从领域层面、人才层面和交流层面提出了推动基础软件发展的策略。

第二部分（第 2～5 章）旨在帮助读者了解核心技术如何改变产业结构与布局，落地过程中的问题与方案，技术难点，未来趋势与攻克方向（机会）等。

第 2 章深入探讨数据库核心技术的研发，包括分布式数据库的趋势、选型、安全方案以及 HTAP 技术等，同时还介绍了面向未来的一体化数据平台、时效分析以及 PolarDB 技术等。

第 3 章介绍操作系统的研发实践，包括龙蜥操作系统的技术特性和挑战，以及如何将安卓应用运行在麒麟桌面操作系统上，同时还介绍了面向云原生场景的容器操作系统 KubeOS。

第 4 章主要介绍编程语言新风向，如 WebAssembly 的核心语言特性与未来发展。本章还介绍了静态代码分析的原理、技术和应用，以便读者了解静态代码分析在软件开发效率、质量和性能方面的重要性。

第 5 章主要介绍面向未来的中间件设计的相关知识，通过介绍 Apache RocketMQ、Apache Pulsar 和 Kafka Stream 等中间件的架构和应用，使读者了解中间件在基础软件领域的应用和发展趋势。

第三部分（第 6 和 7 章）旨在帮助企业认识开源的本质、开源的规范、开源软件生态、开源的实践要点，从而制定正确、高效的开源战略，建立品牌和生态护城河。这一部分还总结了如何找到并"培养"开源人才，以便让更多的学生、开发者和热爱开源的人参与进来。

第 6 章主要介绍开源布道和生态建设的相关知识，通过介绍开源许可证的变迁、openEuler 开源项目合规和数字化运营的探索与实践、TiDB 开源社区建设实践以及微众银行开源项目办公室建设之路等，使读者了解开源布道和生态建设在基础软件领域中的重要性和应用。

第 7 章主要介绍基础软件人才培养的相关知识，通过介绍开源浪潮下的基础软件人才培养和实践，以及编程系统相关基础软件研发人才的培养，使读者了解基础软件人才培养的各种方法和策略。

本书旨在帮助读者更好地了解基础软件的相关知识，以及开源软件在基础软件领域的应用和发展。无论是企业还是个人，了解基础软件和开源软件都是非常有益的。希望本书能够为读者提供有价值的信息和思路，帮助读者更好地应对数字化时代的挑战。

深入基础软件，敬畏每一行代码，需要坚定的意志，尤其是企业家的决心，这将是一场永不停歇的持久战。祝愿所有投入及布局基础软件的企业都能铸就繁荣，祝愿阅读本书的每位读者都能视自己的代码及工作如泰山。

汪丹
极客邦科技事业合伙人、InfoQ 极客传媒总经理

# 目录

序
前言

第1章 为什么说未来十年是基础软件的黄金十年 ............ 001
  1.1 全球基础软件的发展现状 ............ 002
    1.1.1 操作系统 ............ 002
    1.1.2 数据库 ............ 004
    1.1.3 中间件 ............ 005
  1.2 如何推动基础软件领域的发展 ............ 006
    1.2.1 领域层面的需求 ............ 006
    1.2.2 人才层面的需求 ............ 007
    1.2.3 交流层面的需求 ............ 008

第2章 数据库核心技术研发 ............ 009
  2.1 九问分布式数据库：技术趋势、选型及标准思考 ............ 009
    2.1.1 我国分布式数据库的产业现状如何 ............ 011
    2.1.2 分布式数据库解决的最核心问题是什么 ............ 013
    2.1.3 用户如何判断哪种技术路线更适合自己 ............ 014

- 2.1.4 为什么分布式数据库逐渐成为主流的商业数据库选择 ············ 017
- 2.1.5 真正的 HTAP 到底是怎样的 ············ 019
- 2.1.6 分布式数据库中的 MapReduce 可能是什么样子 ············ 020
- 2.1.7 分布式数据库的学习门槛如何 ············ 021
- 2.1.8 分布式数据库选型可以从哪几个方面进行考虑 ············ 021
- 2.1.9 分布式数据库的迁移过程应该注意哪些问题 ············ 023

## 2.2 面向未来的 HTSAP 一体化数据平台 ············ 024
- 2.2.1 背景 ············ 025
- 2.2.2 现状 ············ 029
- 2.2.3 HTSAP 的数据库 ············ 033
- 2.2.4 TiDB 和 Flink ············ 036
- 2.2.5 未来如何规划 ············ 040

## 2.3 HTAP 助力时效分析 ············ 042
- 2.3.1 1.0 时代：满足业务和技术需求 ············ 043
- 2.3.2 2.0 时代：HTAP 提升 ············ 048
- 2.3.3 3.0 时代：展望未来 ············ 050

## 2.4 高性能 PolarDB 技术揭秘 ············ 050
- 2.4.1 背景 ············ 051
- 2.4.2 PolarDB 整体架构 ············ 056
- 2.4.3 PolarDB 核心技术 ············ 058
- 2.4.4 内核优化 ············ 065
- 2.4.5 企业功能 ············ 069

2.5 Apache Doris 发展历程、技术特性及云原生
时代的未来规划 ································· 071
    2.5.1 Apache Doris 特性 ···················· 072
    2.5.2 Apache Doris 极速 1.0 时代 ············ 079
    2.5.3 关于 Apache Doris 开源社区 ············ 085
2.6 基于云原生向量数据库 Milvus 的云平台设计
实践 ········································· 085
    2.6.1 向量数据库是什么 ······················ 085
    2.6.2 云原生向量数据库设计实践 ·············· 088
2.7 国产金融级分布式数据库在金融核心场景的
探索与实践 ··································· 094
    2.7.1 国产分布式数据库建设的必要性 ·········· 095
    2.7.2 分布式数据库在金融领域的挑战 ·········· 096
    2.7.3 金融级架构探索与实践 ·················· 098
    2.7.4 建设模式探索与实践 ···················· 109
    2.7.5 未来挑战 ······························ 111

# 第 3 章 操作系统研发实践 ······························ 113

3.1 领域专有时代的操作系统"龙蜥"是如何炼
成的 ········································· 113
    3.1.1 龙蜥操作系统的社区、技术布局与产品
矩阵 ·································· 114
    3.1.2 领域专有时代的挑战 ···················· 117
    3.1.3 技术特性解析 ·························· 119
    3.1.4 未来展望 ······························ 122
3.2 智能时代的操作系统升维所面临的挑战 ·········· 124

    3.2.1 操作系统历史回顾 …………………………………… 124
    3.2.2 操作系统面临的挑战 ………………………………… 126
    3.2.3 从更高维度看智能系统 ……………………………… 128
    3.2.4 创新和历史包袱的碰撞 ……………………………… 132
    3.2.5 小结 …………………………………………………… 135
  3.3 麒麟桌面操作系统运行安卓移动应用的技术
    实践 …………………………………………………………… 136
    3.3.1 国产桌面操作系统应用生态现状 …………………… 136
    3.3.2 麒麟系统的 KMRE …………………………………… 137
    3.3.3 麒麟移动引擎架构与功能设计 ……………………… 143
    3.3.4 麒麟系统在移动生态上的规划和布局 ……………… 149
  3.4 KubeOS：面向云原生场景的容器操作系统 …… 149
    3.4.1 云原生场景下 OS 管理问题与解决方法 …………… 150
    3.4.2 KubeOS：面向云原生场景的容器 OS ……………… 153
    3.4.3 未来展望 ……………………………………………… 158

# 第 4 章 编程语言新风向 …………………………………………… 159
  4.1 WebAssembly 的核心语言特性与未来发展 …… 159
    4.1.1 WebAssembly 标准发展 ……………………………… 160
    4.1.2 WebAssembly 语言特性 ……………………………… 161
    4.1.3 字节码与内存模型 …………………………………… 162
    4.1.4 控制流与函数调用 …………………………………… 165
    4.1.5 数据类型系统 ………………………………………… 167
    4.1.6 内存垃圾回收 ………………………………………… 168
    4.1.7 模块的组件模型 ……………………………………… 170
    4.1.8 WASI 与字节码联盟 ………………………………… 173

## 4.2 基于编译器的静态代码分析与软件开发效率、质量和性能 ········· 175
### 4.2.1 静态分析工具在当前软件开发流程中的应用 ········· 176
### 4.2.2 编译相关技术在静态分析工具中的应用 ···· 178
### 4.2.3 编译相关技术在提升软件质量和性能上的更多应用 ········· 181
### 4.2.4 未来展望 ········· 185

# 第5章 面向未来的中间件设计 ········· 186

## 5.1 Apache RocketMQ 5.0：消息事件流融合处理平台 ········· 186
### 5.1.1 RocketMQ 如何成为业务消息领域首选 ···· 187
### 5.1.2 从消息到消息事件流融合处理平台 ········· 192
### 5.1.3 RocketMQ 5.0 架构演进背后的思考 ······· 194
### 5.1.4 未来展望 ········· 202

## 5.2 让消息和流"双轨制"成为历史：云原生消息流平台 Apache Pulsar 架构设计原理 ······ 202
### 5.2.1 Apache Pulsar 的诞生背景 ········· 203
### 5.2.2 Apache Pulsar 架构原理 ········· 204
### 5.2.3 Apache Pulsar 的生态和周边 ········· 216
### 5.2.4 未来展望 ········· 218

## 5.3 Kafka Stream 的进化探索：流式 Serverless 计算 ········· 218
### 5.3.1 Kafka Stream 的机遇和挑战 ········· 219
### 5.3.2 Serverless 架构解析 ········· 226

5.3.3　Stream 和 Serverless 融合架构·················231
　　　5.3.4　具体案例分析·············································239
　　　5.3.5　架构演进的期待·········································243

## 第 6 章　开源布道和生态建设·····································244

6.1　开源许可证的变迁：从 Elastic 两次变更开源
　　协议说开去·······························································244
　　　6.1.1　基本概念·····················································245
　　　6.1.2　开源许可证的分类·····································248
　　　6.1.3　开源许可证的解读方式·····························252
　　　6.1.4　基于开源的商业模式·································256

6.2　openEuler 开源项目合规和数字化运营的
　　探索与实践·······························································259
　　　6.2.1　开源社区常见问题和风险·························260
　　　6.2.2　openEuler 合规实践···································262
　　　6.2.3　开源社区运营的问题·································270
　　　6.2.4　开源社区数字化运营·································271
　　　6.2.5　openEuler 运营实践···································278

6.3　TiDB 开源社区建设实践·········································280
　　　6.3.1　为什么要开源·············································281
　　　6.3.2　开源社区运营迷思·····································289
　　　6.3.3　小结·······························································292

6.4　微众银行开源项目办公室建设之路：如何
　　通过开源项目办公室的建设推动企业开源·········292
　　　6.4.1　为什么企业要拥抱开源·····························293
　　　6.4.2　开源项目办公室的定位与职责·················294

6.4.3　企业推动开源的方方面面 …………………… 296
　　　6.4.4　小结 ………………………………………… 303

# 第 7 章　基础软件人才培养 …………………………… 304

## 7.1　开源浪潮下的基础软件人才培养和实践 ………… 304
　　　7.1.1　我国基础软件人才匮乏，开源生态
　　　　　　创造机会 ………………………………… 305
　　　7.1.2　Apache APISIX 如何找到并"培养"人才 … 307
　　　7.1.3　开源故事分享 ………………………………… 310
　　　7.1.4　参与开源：与全球优秀人才一起成长 ……… 311
　　　7.1.5　基础软件之路 ………………………………… 313
## 7.2　编程系统相关基础软件研发人才的培养 ………… 314
　　　7.2.1　编程系统：教与学的挑战 ………………… 314
　　　7.2.2　教学实践：科教融合、贴近业界 ………… 315
　　　7.2.3　学科竞赛：以赛促教、促学、促团建 …… 318
　　　7.2.4　科研创新：结合国家战略需求，开展
　　　　　　基础软件研究 …………………………… 319
　　　7.2.5　基础软件人才培养之路 …………………… 322

# 第 1 章

# 为什么说未来十年是基础软件的黄金十年

## 作者介绍

**霍太稳**：极客邦科技创始人兼 CEO。在 2007 年创立 InfoQ，2014 年创立极客邦科技，2015 年发起 TGO 鲲鹏会，2017 年创立在线职业教育学习品牌——极客时间，2019 年创立极客时间企业版，拓展企业服务市场。与此同时，他还担任北京朝阳区工商联执委，东湖街道商会副会长，EO 全球创业家协会资深会员，2017 年与王坚院士共同发起"2050 大会"。

**赵钰莹**：InfoQ 主编及 DIVE 全球基础软件创新大会的发起人，长期关注基础软件、AI（人工智能）及云计算领域的前沿内容，注重前沿技术在千行百业的落地实践。

注：本文由极客邦科技赵钰莹整理。

在 2021 年 3 月颁布的《中华人民共和国国民经济和社会发展第十四个五年规划和 2035 年远景目标纲要》中可以看到，"数字经济"已经被放在了非常重要的位置。中国信息通信研究院发布的《中国数字经济发展报告（2022 年）》显示，2021 年，我国数字产业化规模达到 8.35 万亿元，同比名义增长 11.9%，占数字经济比重为 18.3%，占 GDP（国内生产总值）比重为 7.3%，数字产业化发展正经历由量的扩张到质的提升转变；2021 年，产业数字化规模达到 37.18 万亿元，同比名义增长 17.2%，占数字经济比重为 81.7%，占 GDP 比重为 32.5%，产业数字化转型持续向纵深加速发展。这就意味着未来 10～15 年，数字经济都会是一个非常重要的发展方向。未来十年也将是基础软件逐渐支撑起行业数字化转型的关键十年。

## 1.1　全球基础软件的发展现状

我们先看看全球基础软件的发展现状。令人兴奋的是，我们在过去几年已经看到了全球基础软件的快速发展。

### 1.1.1　操作系统

以操作系统为例，2022 年 Linux 内核共发布了 5 个版本：5.16、5.17、5.18、5.19 和 6.1。虽然 Linux 的名字一直没有变，但经过 30 多年的发展，Linux 的内核已经发生了很大变化，并且其研发速度、迭代速度都是非常快的。

与此同时，我们也看到 DPU（Data Processing Unit，数据处理器）、NPU（Neural Processing Unit，神经网络处理器）、GPU（Graphics Processing Unit，图形处理器）等的发展给操作系统带来了很大机会，当然这也是挑战。对操作系统来说，一方面要对跨体系结构提供支持，另一方面要针对不同计算场景发挥硬件能力。过去，不同的任务被分配到不同的处理器上，所以在很长一段时间内，这是靠研发人员肉眼识别、人工分发的。未来，操作系统需要提供更加自动化的方式。

此外，开源也对操作系统的发展起到了至关重要的作用。我们看到了阿里云的龙蜥操作系统（Anolis OS）、华为的 openEuler 相继捐赠给了开放原子开源基金会。截至 2022 年 4 月，龙蜥操作系统的下载量已达到 100 多万，拥有 2000 多名贡献者、30 万社区用户，一共发布了 5 个商业版本。

openEuler 22.03 LTS 是首个支持全场景融合的社区长周期版本，满足了服务器、云计算、边缘计算和嵌入式四大场景下不同类型设备的部署要求。目前，该操作系统在全球拥有了几十万用户，整个社区充满活力。

**InfoQ 一直努力为基础软件的发展做一些力所能及的事情。**

1）与操作系统社区保持良好的合作关系。比如：

①与龙蜥操作系统社区联合做了"进击的开源操作系统"直播，邀请了阿里云技术战略总监、龙蜥社区运营委员会主席陈绪博士，中国移动信息技术有限公司首席云架构师程宇，中国开源软件推进联盟副主席兼秘书长、中国科学院软件所研究员刘澎一起聊了开源操作系统的现在和未来。

②多次深度参与 openEuler Summit 大会的筹备和宣传工作，并邀请了 openEuler 社区理事长江大勇参加 InfoQ "C 位面对面"栏目的录制，共同探讨开源社区建设和治理方面的问题。

③和诸多专家一起在圆桌环节讨论开源软件供应链的意义、现状等话题。

2）极客邦科技连续两年成为开放原子开源基金会银牌捐赠人，以期共建开源生态，推进开源产业的发展。未来，InfoQ 也希望看到几大操作系统开源社区通过良性竞争互融互通,共同促进行业的发展。

## 1.1.2 数据库

下面将从 5 个层面分析数据库的发展趋势。

(1)资本层面

由于资本的介入,数据库领域热闹非凡。当然,这也得益于 Snowflake 公司上市后的强劲表现。据不完全统计,2021 年各数据库企业完成 14 轮以上千万级甚至上亿级融资。从我国数据库初创企业成立的时间分布可以看出,众多数据库初创企业经过几年的技术积累与市场运作,已逐步在资本市场崭露头角。比如矩阵起源公司,2021 年成立后,仅 5 个月就宣布完成千万美元的天使轮融资,同年 10 月宣布再次完成数千万美元的天使 + 轮融资;又如欧若数网,成立伊始就拿到了红点创投中国基金、经纬中国的近千万美元融资。

(2)技术层面

从技术层面看,"云 + 分布式"逐渐成为大势所趋。根据 Gartner 的测算,全球分布式数据库软件市场规模持续走高,年复合增长率达 16.9%;而根据 IDC(国际数据公司)的预测,中国的关系数据库市场发展得更加迅猛,年复合增长率接近 30%,其中云数据库和分布式数据库的增长贡献非常大。

(3)法律层面

从法律层面看,2021 年 9 月 1 日,我国第一部与数据安全有关的专门法律——《中华人民共和国数据安全法》正式落地实施,这也对数据库的安全能力提出了更高要求。

InfoQ 当时联合了中国信息通信研究院(简称信通院)云计算与大数据研究所共同举办了一场直播,邀请了信通院研究员、安全行业从业者、互联网公司实践者和法律界人士，从趋势、行业、落地和法律等多个维度共同解读《中华人民共和国数据安全法》。

（4）采用度层面

从采用度层面看，数据库依旧是采用度较高的国产基础软件。根据中央政府采购网 2021 年 3 月发布的《中央国家机关 2021 年数据库软件协议供货采购项目成交公告》，21 家数据库厂商入围，其中除了甲骨文公司的 Oracle 数据库和微软的 SQL Server 外，其余全部为国产数据库，份额达到 90%。

（5）需求层面

在全球数字化转型的大背景之下，传统数据库的很多技术都难有广阔的发展空间，而云原生数据库、开源数据库等新一代数据库正在加速崛起，其中就可以看到很多国产厂商的身影。比如，阿里云开源的 PolarDB-X 数据库，华为云自研的云数据库 GaussDB，腾讯云数据库，以及 PingCAP、涛思、星环科技等公司的数据库。InfoQ 曾对这些数据库项目有过深入报道，和开发者分享了对数据库架构、实践以及背后的数据库厂商的独到见解。

随着云数据库体量的逐渐增大，智能化运营的问题也显现出来，这时就需要通过 AI 技术来进行智能优化，虽然目前 AI 与数据库的结合程度并不算太高，但这是未来值得期待的。此外，构建一个完整的生态，包括人才的生态、服务的生态、产品的生态，可能也是全球数据库厂商会继续努力的方向。

### 1.1.3 中间件

与操作系统、数据库并称为三大基础软件的中间件也受到了云计算、开源和资本的影响。

（1）云计算

1）在分布式云和无边界计算的大趋势下，中间件在加速向不同的环境输出。过去中间件主要运行于 x86 架构上，但是现在随着 ARM 架构的快速发展，大量中间件已经可以运行在 ARM 架构上。中间件也需要适配不同的计算场景，比如边缘计算。

2）在大数据、云计算和物联网快速发展之前，IBM 和甲骨文是中间件市场的主导者。在云计算时代，快速发展的初创公司正在用新技术构建新的中间件，以满足新场景下的需求。与此同时，国内大厂在中间件的云原生升级方面也做了很多工作，比如实现了服务端的计算、存储分离，以支持无状态的对等部署，以及快速完成平行扩展等。

（2）开源

越来越多开源社区的崛起让更多开发者有机会参与基础软件的建设。随着这些基础软件进入千行百业，基础软件在数字化转型中爆发出了巨大的能量。

（3）资本

我们很高兴地看到一些中间件企业，比如 InfoQ TGO 鲲鹏会的会员企业支流科技、SphereEx、StreamNative 等先后获得融资。

InfoQ 作为一个面向全球的开发者社区，一直致力于让创新技术推动社会进步，时刻思考如何更好地推进基础软件领域的发展。

## 1.2 如何推动基础软件领域的发展

如何推动基础软件领域的发展？需求是催生一切的根本！

### 1.2.1 领域层面的需求

每一个领域的发展或许都遵循这样的逻辑：产业/行业提出

需求→人才到位→足够的技术积累→资金注入以及政策帮扶→整个生态逐渐完善。

这个逻辑同样适用于基础软件领域，只是这个领域有其特殊性。如今，企业对数字化转型的需求已十分强烈，而企业数字化转型的实质在于促进企业业务发展，对一个或多个业务进行创新或转型，让业务在技术的帮助下焕发新的生命力。

当前的全球大环境也促使企业在数字化转型的过程中拥抱国产基础软件。最近几年这种趋势越来越强烈，相关政策已经出台，资本也在不断关注，但人才、技术和生态构建还处于发展之中。

### 1.2.2 人才层面的需求

我国从事国产基础软件研究和开发的专业人才奇缺。

虽然国内每年高校毕业生有 700 万～900 万，加上高职、高专等毕业生，每年毕业生规模超过千万，但是真正去研发操作系统、数据库和中间件等基础软件的人非常少。很多人都去做应用开发，比如 App 开发。业内专家表示，国内能进行内核开发的不超过 1000 人。能进行操作系统教学的老师不多，有些高校的计算机学院甚至把操作系统从必修课变成选修课。此外，在研究机构方面，国内真正从事基础软件研究的机构也不多，除了中国科学院软件所外，其他做基础软件理论研究和技术创新的机构屈指可数。

正所谓根深才能叶茂，缺少人才，国产基础软件产业就难以发展起来，更别提创新了。

一直以来极客邦科技致力于增加数字化人才的曝光量，其中就包括基础软件开发方面的数字人才。比如，DIVE 全球基础软件创新大会的多位嘉宾均是基础软件开发领域的专家。

在基础软件人才培养方面，极客邦科技连续十几年不断地为基础软件领域的客户提供服务，尤其是 2017 年发布极客时间 App 后，所能提供的产品和服务更加多元化了：基于岗位的体系化培训以及基于问题和具体场景的培训，是从服务大量客户的实践中提炼出来的最有效的方式。以解决问题为导向，以指导实践为驱动，依托于 20 多个岗位能力模型和体系化课程，极客邦科技为数字人才提供了大量的专业培训课程，力求为其成长提供帮助，也为国家数字经济的发展贡献一些力量。

### 1.2.3　交流层面的需求

有了人才之后，还需要搭建生态来推动基础软件的发展，开源是一个好的途径，可以让我们站在巨人的肩膀上，快速完成原始技术积累。

2022 年 4 月举办的 DIVE 全球基础软件创新大会，初衷也是希望给业内人士搭建一个交流的平台，为生态构建贡献力量。现在，越来越多的项目通过社区的方式逐渐形成自己的生态，吸纳优秀的人才和项目，进而不断壮大。

# 第 2 章

# 数据库核心技术研发

## 2.1 九问分布式数据库：技术趋势、选型及标准思考

### 作者介绍

**李卫**：国家工业信息安全发展研究中心软件所副所长。长期从事国产基础软硬件技术及标准、信息系统测试相关技术及标准等研究工作，主持完成数十个部委及地方政府的信息化建设项目的咨询设计、适配中心建设、第三方测评项目；主持完成数据库适配验证中心等多个国家重大科技项目；组织修订《消息中间件技术要求》等多项标准。

**王南**：蚂蚁集团 OceanBase 产品部前负责人，曾任华为 openGauss 数据库总经理，负责 GaussDB、openGauss 和 GMDB 等业务。

**杨建荣**：《Oracle DBA 工作笔记》《MySQL DBA 工作笔记》作者，dbaplus 社群联合发起人，Oracle ACE，腾讯云 TVP（腾讯云最有价值专家），现任竞技世界公司资深 DBA（数据库管理员），拥有十多年数据库开发和运维经验，目前专注于开源技术、运维自动化和性能调优。

**刘博**：2011 年加入携程，经历了携程从商业数据库产品转型为开源数据库产品的全过程，一直专注数据库相关工作，现为携程技术保障中心数据库总监，主要负责分布式数据库、MySQL、HBase 的运维，乐于挑战和解决疑难问题。

## 采访人介绍

**赵钰莹**：InfoQ 主编及 DIVE 全球基础软件创新大会的发起人，长期关注基础软件、AI 及云计算领域的前沿内容，注重前沿技术在千行百业的落地实践。

随着信息技术的迅猛发展，各行各业产生的数据量呈爆炸式增长，传统集中式数据库的局限性在大规模数据处理中逐渐显露，分布式数据库应运而生。分布式数据库是在集中式数据库的基础上发展起来的，是分布式系统与传统数据库技术相结合的产物，具有透明、数据冗余、易于扩展等特点，还具备高可靠、高可用、低成本等优势，能够突破传统数据库的瓶颈。

分布式数据库目前已应用到金融、电信等大数据行业，未来将走向更广阔的领域。InfoQ 邀请了国家工业信息安全发展研究中心软件所副所长李卫，OceanBase 产品和解决方案部前高级总监王南，dbaplus 社群联合发起人、Oracle ACE、竞技世界公司资深 DBA 杨建荣，携程数据库总监刘博，围绕分布式数据库技术路线和产业现状，分析分布式数据库的技术特点、面临的问题与挑战，以及企业如何进行数据库选型。

说明：

1. OceanBase 始创于 2010 年，是完全自主研发的原生分布式数据库。OceanBase 致力于从根本上解决海量数据管理的核心问题。根据 Gartner 的分析，以 OceanBase 为代表的原生分布式数据库正在成为企业核心系统升级首选。

2. 携程于 2018 年就开始尝试分布式数据库，是业内早期投身分布式数据库的企业，从最初将分布式数据库用于非核心业务逐渐过渡到用于核心业务。在这个过程中，携程摸索出了诸多经验并将其逐步对外输出。

### 2.1.1　我国分布式数据库的产业现状如何

**李卫**：最近几年，分布式数据库在国内发展较快。

一方面，丰富的数据库应用场景、新一代信息技术与实体经济的深度融合、各行各业的数字化转型、社会全面进入数字经济时代等变化，给数据处理和存储的主要核心技术带来了非常好的发展机遇。尤其是随着数据规模的增加，数据使用复杂程度的提升，原有的集中式数据库已经不能满足现在很多场景的需求，分布式数据库成为很多企业必然的选择。

另一方面，分布式数据库因为发展时间不是很长，所以在落地实践层面还存在不足。

目前，国内主要有三种技术路线可供选择：

一是采用分布式中间件 + 单机数据库路线，即对单机数据库系统进行改造，以解决扩展性问题。

二是通过构建分布式共享存储来实现扩展，采用非对称计算节点。大部分公有云数据库采用这条路线。

三是采用原生分布式数据库，从底层设计就采用分布式架构,这是未来很重要的趋势。

当下,国内分布式数据库厂商非常多,这三种技术路线都有各自的应用场景。未来随着分布式数据库应用得更广泛、更深入,技术路线还会进一步收敛,肯定会向着第三种路线推进。整体来说,国内的环境和技术需求给分布式数据库提供了非常好的机会,甚至我国未来在分布式数据库领域可以占据世界领先地位。

**杨建荣:** 早期,分布式数据库对业务的侵入性比较高,可能需要将一个业务拆分成多个业务,而后逐步演进为相对一体化的模式,因而出现了分布式中间件这种架构模式,如今又出现了越来越多的原生分布式数据库。技术体系上发生了很大变化,也面临更多的技术挑战,包括技术生态构建以及技术体系迭代层面。

**王南:** 从数据库厂商和用户,即供给端和消费端的角度来讲,分布式数据库在两端的发展并不同步。从数据库厂商的角度来说,分布式数据库已经发展了很长一段时间,但用户对分布式数据库的认知、接受、使用及运维却是滞后的,当然这是一项技术或者产品发展的正常过程。随着数字经济的飞速发展,用户对分布式的诉求将越来越强烈,数据库厂商还需要在产品成熟化、产品能力,以及技术体系的完整性、易用性和生态建设层面花费更多时间。

**刘博:** 技术的发展最终还是业务驱动的。以携程为例,2020年的数据量与2003年刚上市时相比增长了上百倍甚至上千倍。2018年携程就开始尝试使用分布式数据库,发展路线也从最初的非核心业务逐渐过渡到核心业务。在过渡到核心业务时,我们也采取了一些备份手段,比如数据双写等。根据2019年的数据统计,国内初创数据库厂商有160多家,数据库产品可能有200多个,其中分布式产品大概占40%,可谓处于野蛮生长的阶段。但根据 IDC 的调查，目前真正在核心系统中部署分布式数据库的比例不是太高。

## 2.1.2　分布式数据库解决的最核心问题是什么

**李卫**：第一，分布式数据库解决了传统集中式单机数据库时期的问题，单机数据库面对海量数据时在处理能力、存储能力、性能等方面都存在瓶颈；第二，分布式数据库需要解决数据一致性的问题，数据跨的节点越多，风险就越高；第三，分布式数据库的高可用能力保证了不会因为单点故障而影响整体的可用性，这保障了对高可用需求比较高的业务（金融、电信等）的连续性；第四，应用存在波峰/波谷，分布式数据库通过灵活的扩展设计做到了成本优化。

**杨建荣**：随着互联网场景而快速增长的数据量，使得数据库系统需要支持水平扩展，这种支持可能涉及两个方面：数据存储和数据计算。从这个层面上说，更多的是让数据存储实现水平扩展。其实现的前提则是保证整个分布式数据库在性能、可靠性等方面有更好的表现。从我实际接触的场景来看，多侧重于解决水平扩展的问题，让扩展方式更优雅。

**王南**：首先，分布式数据库本质上还是数据库，所以它具备传统数据库的关键特征；其次，分布式数据库需要解决的核心问题之一是扩展，解决研发团队按需扩容，不需要按照业务波峰额外准备硬件资源的问题；再次是高可用问题，集中式数据库的系统可用性在很大程度上以可靠的硬件为基础，分布式架构将高可用问题由过去的仅依靠硬件转变为通过软件解决；最后，在上述问题基础上，如何低成本地将现有应用平滑迁移至分布式数据库，整个过程需要一些方法论。

相较于其他原生分布式数据库，OceanBase 立足于 TP 领域，不断强化 AP 能力，能覆盖更全面的场景，这是一个关键的立足点，也是我们坚持的设计理念，即尽量把复杂性从用户侧向数据库侧转移，对外呈现的是 OceanBase 对用户的应用兼容，包括语法、语义以及存储过程等高级能力的兼容，让用户可以快速、透明地迁移到 OceanBase。

**刘博**：从定义来看，分布式数据库首先要解决区域间数据的一致性问题，映射到互联网行业主要是如下两点：

一是分布式数据库内置高可用（High Availability，HA）功能。以携程为例，过去主要采用商业数据库结合存储的架构，靠高端硬件解决高可用问题，后来这套架构逐渐在主流互联网公司中消失，取而代之的是一些 MySQL 的高可用方案。但这与原生分布式数据库提供的能力差别很大，切换时的中断是业务可以感知到的。分布式数据库本身就可以提供多机房或者异地机房等部署方式，提升了高可用性及数据安全性，切换过程可以做到业务无感知。携程已经将 OceanBase 部署在了生产环境，采用了同城三机房的部署方式，可以抵御同城单机房的故障，且三个机房对等，业务可就近访问，故障切换不再需要人工参与，免去了复杂的切换逻辑和人工操作流程。

二是横向扩展问题。虽然携程的业务峰值可能不如几大主流电商平台大促期间那么高，但也存在明显的波峰/波谷，例如暑假和春运火车票抢票。类似 Kubernetes 这样的技术已经很好地满足了应用层面的弹性诉求，但数据库层面的弹性一直是欠缺的，分布式数据库提供的动态伸缩功能，解决了数据库层面的弹性问题。

### 2.1.3　用户如何判断哪种技术路线更适合自己

**李卫**：在当前这个阶段，前文提到的三种路线都存在现实需求，现实需求导致每个应用方都要根据自己的业务特点和现实的资源环境决定采用哪种路线，而每一种路线都有优势和劣势。

1）分布式中间件＋单机数据库路线最大的劣势是代码层级的改造量很大，因为中间加了一层分布式中间件。

2）分布式共享存储依赖于存储的扩展能力，这种路线在扩展能力上存在局限，尤其是面对跨地域等较长距离的扩展问题时难度比较大，其优势是代码几乎不需要改造。

3）原生分布式的未来趋势非常明显，但因为发展时间相对较短，相较于前两种路线，这种路线在稳定性、生态等层面上还存在短板，企业需要结合自己的业务进行抉择。

**杨建荣**：我提炼了六个维度对技术栈进行对比。

- 事务管理：相比传统模式，原生数据库的事务管理有天然的优越性，这是因为业务都在一起。中间件的模式可能会放大事务风险或者隐患，原生模式由于是全新的体系，因此在事务管理层面有较大差异。
- 发展周期：原生分布式数据库的周期相对来说更短一些，也是这些年非常流行的路线。银行等金融领域的企业早期在中间件的模式探索上有一定积累，落地场景也会更多一些。
- 迁移升级：原生模式的迁移相对平滑，其他模式还需要配合做一些架构设计和拓扑扩展。
- 高可用：原生模式依托云平台的能力，在高可用层面具备天然优势；其他模式依赖底层硬件的标准化模式，则会有一些短板。
- 扩缩容：中间件的模式是一个域定义的模式，在做 $N+1$ 的扩展上存在诸多限制，云原生分布式数据库相对来说更具弹性和灵活性。

- 性能：云原生分布式数据库在推出早期也经历了大量验证，与其他模式相比，虽然可能会有更多的成本消耗，但性能也有比较大的提升。

**王南**：我从场景角度来分析。

首先是中间件方案。当集中式数据库无法满足需求时，大家很自然地选择用分库分表的方式来解决问题，将流量负载均衡到每个节点。该方案适用于一些特定场景，比如对跨节点的分布式事务和一致性没有强诉求，但也有很多问题无法解决，比如无法适用于支付类场景或者其他需要跨节点事务的场景。

其次是分布式共享存储。不同场景的存储和计算负载要求不同，很可能存在扩展出来的计算和存储资源被部分浪费掉的问题，该方案很好地解决了这一问题，并且可以充分协同和发挥云存储的优势，这也是公有云厂商积极推动该方案的原因。数据库厂商在公有云存储基础上做了一层封装，可以提供不同类型、成本和价格的云存储方案。这种方案需要用户考虑的因素较多，比如在数据库架构设计层面如何与这种模式更好地融合。

最后是云原生分布式数据库方案。这对用户来讲是最简单的，用户对云原生分布式数据库的使用体验与对集中式数据库的使用体验没有差异，数据分布、负载均衡以及故障自动恢复等，数据库都可以实现，还免去了集中式场景下理解、学习及对应用改造的成本。但是产品成熟度以及当前积累的场景实践经验是否可以很好地解决问题是企业比较担心的，用户可根据场景的特点来选择更合适的方案。

**刘博**：三种路线与时代发展有很强的关系。

第一种中间件的方式对代码侵入性比较强，需要在单机数据库的基础上增加分片规则。以携程为例，可以从用户的维度进行分片，但有些数据无法找到合适的分片规则。例如，酒店信息很难找到合适的维度，如果以城市为维度来划分，一线城市的酒店资源和三四线城市的酒店资源无法对等分片，这是该方式的局限性。该方式的好处是运维相对简单，没有引入新技术给基础运维带来负担，但压力给到了业务侧，代码需要做较大的改造。

第二种是公有云厂商提供的方式，好处是存储资源基本做到无限扩充，用户按量付费即可，缺点是计算资源有限，如果业务没有明显的读写分离场景，那么写的计算节点资源受限于公有云的计算规格。这种路线更适合读场景偏多的业务。

从技术、架构层面来说第三种是目前最好的选择，且对业务没有侵入性，扩缩容都比较有弹性。但目前观察到的落地案例还不是特别多，我们比较期待这种路线更加成熟，因为它对业务比较友好。

## 2.1.4　为什么分布式数据库逐渐成为主流的商业数据库选择

**李卫**：一是用户需求的改变推动了分布式数据库的发展；二是在数字经济时代，数据成为最核心的生产要素，要想发挥数据的价值，底层的核心技术运用非常关键。如今很多企业都在进行数字化转型，技术架构从集中式向分布式转变，分布式数据库的支持效果显然更好。

**杨建荣**：我主要从四个方面来谈。

- 分布式数据库相较于商业数据库发展更快，主要得益于其他解决方案更耗成本——因为这些方案需要通过更高配的硬件或者高端存储解决问题。长期来看，成本是不容忽视的一个因素。
- 从使用体验来看，分布式数据库的部署和使用过程更加平滑。从研发模式来看，历史债务较多的企业迁移到分布式架构存在很大的瓶颈，传统研发模式下的架构搭建方式与当前越来越轻量化的方式是不相符的，分布式数据库在这个方向上是可以做到相辅相成的。

- 从性能方面看，并不是说分布式数据库的性能一定比单机要好，但分布式数据库具有更强的扩展性，可以通过分布式平滑实现数倍的性能提升。
- 从技术生态方面看，国内的分布式数据库厂商提供了完善的工具、文档，包括配套的迁移工具，可以帮助企业实现无感迁移。

**王南：**这个话题的争议在几年前还是比较大的，包括分布式数据库是否是正确的方向。当然这几年好很多了，大家对分布式的接受度和诉求越来越强，但不代表分布式数据库已经成为主流。国内外也存在差异。因此，我不会轻易对这件事情下结论。只是任何技术的发展都是需求驱动的，没有普遍需求，很难推动分布式数据库的发展。

无论是从市场占有率还是从用户接受度来说，分布式数据库目前距离主流都还有差距，但越来越多的场景对分布式有强烈诉求。在云化的大趋势下，我们相信这会是未来的主流方向之一。

**刘博：**目前业内很多创业公司和新型数据库产品都是以分布式的形态出现的，这可以理解为时代的产物。从市场需求来看，业务的增长速度更快，对计算和存储资源的要求更高。携程的数据库发展过程经历了单机数据库、单机数据库加高端硬件、分库分表（前文提到的第一种中间件的方式）阶段。虽然分库分表表面看起来没有增加新的技术，但运维复杂度提高很多——分库分表后，数据规模和表规模越来越大。

分布式数据库的引入对业务更加友好。以维护窗口为例，原来凌晨三四点的时候业务量很低，可以在这个窗口进行维护升级，如今携程业务逐步国际化，很难找到维护窗口，只能在不宕机的情况下进行维护升级，这也是携程自 2018 年开始使用分布式数据库解决的问题之一。现在可以选择白天任何一个业务低峰时段进行维护升级，这也算是分布式的红利之一。

## 2.1.5 真正的 HTAP 到底是怎样的

**李卫**：HTAP（Hybrid Transactional and Analytical Processing，混合事务和分析处理）这两年的讨论热度较高，当企业内部对 TP 和 AP 同时有需求的时候，结合肯定是性价比最高的方式，否则面临着人力、资源等各方面的浪费，至少目前来看这种方式是存在实际需求的，但需要与场景相结合。

**杨建荣**：从存储角度来看，AP 本身的存储会占用一部分成本，这需要从成本层面做出取舍，无论是在底层进行数据压缩还是有针对性地进行热点数据优化，都要尽量在不影响原有 TP 业务的情况下让业务更加平滑。

从计算层面来说，可以采用扩展或者插件模式，整个 AP 计算不是放在一个大池子里的，还是需要做出一些取舍。长远来看，HTAP 的方式可以解决大部分诉求，但肯定有一些更专业的方向或者更长历史周期的数据需要专门的 OLAP（Online Analytical Processing，联机分析处理）实现。

**王南**：HTAP 严格来说并没有特别明确的定义，这是 Gartner 首次提出的概念，大家的理解或许有差异。目前有一类实现方式是，同一个产品部署 AP 和 TP 系统，虽然是两个系统，但是同一个产品解决了两类场景问题。这就进一步分化为两套引擎（一套处理 TP，一套处理 AP）和一套引擎（既可以处理 AP，又可以处理 TP）两种方式。

如果回到用户的原始诉求上来，HTAP 对用户来讲就是既要解决业务交易类负载问题，也要解决复杂查询、报批、报表等分析类负载问题，这无非是用一个系统还是两个系统来运行的问题。在数据量较小的情况下，Oracle 或许就可以；在数据量较大的情况下，目前普遍选择用两套系统来解决问题。随着分布式的发展，这个问题又出现了新的解决方案，OceanBase 目前的路线是一个系统、一套引擎同时解决 TP 和 AP 两类问题，包括数据存储层面的优化。我们正在尝试运行几十 TB 量级 TPC-DS 的负载，希望通过技术手段解决这个问题。

**刘博**：在实际的场景中，TP 和 AP 的边界可能没有那么清晰，很多业务的响应可能是 TP 级的，资源消耗又是 AP 级的，这个边界越来越模糊，我们很难定义。国内基本上还是基于 Hadoop 的生态来构建 AP 系统的，这就有可能出现数据延迟、数据重复存储、运维成本上升（需要两个团队运维两个系统）等问题，HTAP 可以很好地解决这些问题。

## 2.1.6　分布式数据库中的 MapReduce 可能是什么样子

**王南**：这可能还不太一样。OceanBase 将问题拆分为不同的维度：分布式的问题、计算模型的问题和存储的问题。OceanBase 之所以选择用一个存储引擎来解决问题，主要是因为充分利用了"闪存等硬件+新架构"来解决海量数据的并发更新问题。虽然从概念上看分布式和存储是两层，但实际上是放在一起解决的，通过分布式协议解决节点间的数据复制和存储问题，同时保证数据强一致性和多核高可用。只要做好优化器和语法层，计算引擎和模型就可以比较快速地满足业务诉求。在不同的层次解决不同的问题：存储层解决效率问题，分布式解决高可用和扩展问题，计算层解决并行、兼容性和生态问题。

## 2.1.7 分布式数据库的学习门槛如何

**刘博**：学习成本可能分两个层面：语法层面常用的 SQL 语句都是兼容的，在 OceanBase 的测试中，携程仅发现了极个别无法支持的语句，它们也是使用频度较低的语句；运维层面复杂度确实高出几个数量级，这是因为数据访问涉及的路径变多了。当然，学习途径也变多了，社区有文档、视频等很多资料都可以翻阅。数据库学习最重要的是需要实际操作，先把 OceanBase 的开源版本运行起来，再自行编译看看。

## 2.1.8 分布式数据库选型可以从哪几个方面进行考虑

**李卫**：分布式数据库选型需要与业务场景相结合。在国内，金融、电信等行业已经在分布式数据库层面有了大量实践。我们从上述两大行业抽离出了一些与数据库高度相关的系统，比如计费系统、客户系统等。实验证明，分布式数据库确实已经能够很好地支撑起相关业务的运行，但与老牌商用数据库相比能力还存在差距，此外需要关注未来持续、稳定运行的能力。

**杨建荣**：数据库选型这个问题可以通过 BATD 模型来看。其中，B 指的是业务驱动；A 指的是从架构演进的视角看待技术选型，比如中间件就是这样一种技术；T 指的是技术生态，是否在某些场景中有足够的沉淀；D 指的是多元化，数据库选型不需要大一统，而是需要更多地考虑多元化，从技术栈演进的层面做出取舍。

**王南**：用户对数据库选型是最有发言权的。这些年来，从众多已经上线核心业务的用户对选型维度的反馈来说，用户期望在满足以下基本要求的情况下再去谈产品的各种特性。

1）数据是企业的核心命脉，不管选择什么样的数据库，保障数据不丢、不错、不乱都是最基本的要求。

2）如果选择分布式架构的数据库，要确保永远可信任的数据一致性，包括集群和集群之间、副本和副本之间、分区和分区之间、索引和索引之间，甚至宏块和宏块之间的数据一致性链式校验，从而防止因磁盘静默错误或者因硬件故障导致数据不一致。

3）能够基于异构芯片、操作系统等实现混合部署和灰度部署，形成逃生机制，确保在数据库改造升级时实现业务逃生。

4）支持 DB-Mesh 的数据中心部署和建设，以满足业务的弹性，从而实现单元化、云原生、全密态的部署。

5）有专业的团队和支撑来兜底。

基于上述基本要求，从功能上可以归纳出四大方向。

第一个是最主要的，即刚性能力和指标满足度。这可能涉及很多问题，包括性能、功能、安全、可靠，兼容、资质等。这也是最基础的。

第二个是产品成熟度，是否已经在足够多的行业进行了落地实践，在不同的用户量、不同的业务负载下进行了验证，产品是否只有一个内核，是否上下游产品生态兼具。

第三个是数据库的厂商，也就是厂商的技术能力，以及这家厂商对数据库战略的定力和稳定性。这个方向影响巨大，特别是对中大型企业而言，关系到系统后续是否可以稳定、持续地运行。

第四个是成本和性价比。这不仅包括表面的价格，还包括稳定性的成本、迁移成本、服务成本、运维成本等，甚至有些用户考虑一旦出现问题，兜底方案的成本有多大。

从市场来看，如今的数据库市场确实百花齐放。好处是提供了更多样化的能力，避免被单一供应商绑定；坏处是选择的成本很高，也可能出现重复造轮子的现象。这就需要行业监管和标准化组织的引导，让行业健康发展。

**刘博**：选型需要与场景结合，携程在选择分布式数据库时主要考虑了功能完备度、与现有数据库的兼容性以及性能和支持等方面。OceanBase 目前也有社区版本,我们可能也会考虑社区的 Star 数量、PR 数量、Issue 数量等。

## 2.1.9　分布式数据库的迁移过程应该注意哪些问题

**刘博:** 迁移可能需要考虑是否平滑、兼容性和性能等。我们之前针对 OceanBase 做过一些测试,比如表达同样要求的语句同时运行在 MySQL 和 OceanBase 上,测试两边的响应程度等,也包括一些兼容性测试。

此外,企业还需要考虑迁移过程的稳定性,对新的数据库是否具备足够的掌控力,一旦发生问题,是否有回退方案。以 OceanBase 为例,我们通过 OceanBase 自身提供的 OMS 功能,搭了一条反向链路到 MySQL,一旦遇到紧急情况,可以平滑地再切到 MySQL。

**王南:** 从横向来看,可以分为迁移前、迁移中和迁移后三个阶段。迁移前,我们提供了 OMA 这样的工具,可以对业务负载进行分析,包括用可视化的报表告知用户兼容程度、建议使用的迁移方案和可能存在的风险。

迁移中,需要一个工具来帮助完成整个自动化迁移过程,这个后面会详细展开。

迁移后,需要检验迁移是否真的完成以及数据是否一致。这也不意味着万事大吉了,还需要准备一些预案以应对运行后可能出现的突发情况。

从纵向的角度来看也就是上述提到的迁移中阶段,这里面有几个核心问题需要考虑。

一是原数据如何迁移。假设兼容度极高,各种高级能力都可以直接运用,这是比较省心的。假设兼容度不高,可能需要大量的手工 SQL 转换，甚至需要进行应用层的改写，成本极高，OceanBase 本身的 OMS 中提供了大量工具，比如静态的全量数据迁移、增量的数据迁移、自定义过滤条件，甚至一些算子转换等。

二是对丰富的数据源和目标端的支持。数据迁移不仅仅是从原来的集中式数据库迁移到分布式数据库，不同的用户可能会有不同的诉求，比如对一些流、缓存进行迁移等，这需要云端支持的目标类型足够丰富。

**杨建荣：** 迁移过程中常用的一种方式是双写。相对来说，采用这种模式验证，整个迁移过程会更平滑可控。另外，我们可能会在一些场景做数据同步，比如 A 到 B 的切换过程持续做数据同步，需要不断地考虑数据的一些基础训练，包括 SQL 回放、性能验证等。当然，从整个切换模式来说，业务方几乎是无感知或者闪断的。

## 2.2　面向未来的 HTSAP 一体化数据平台

**作者介绍**

张翔：TiDB Cloud 生态服务团队负责人，拥有多年云服务开发从业经验，也是 Python 核心开发者。

注：本文整理自张翔（PingCAP 社区生态团队）在 DIVE 全球基础软件创新大会（2022）上的演讲，由极客邦科技编辑李冬梅整理。

在大数据实时分析的应用趋势和技术高速发展的推动下，曾因大数据系统规模问题而分道扬镳的 OLTP（Online Transaction Processing，联机事务处理）和 OLAP 技术栈，开始以新的形态进行融合。一方面，从在线交易数据的实时分析需求出发，解决实时分析需求的 HTAP 技术已获得蓬勃发展。另一方面，随着机器学习应用场景的爆发性增长，由在线推理需求催生的分析洞察与实时服务能力开始以 HSAP（High Serving and Analytical Processing，服务和分析混合处理系统）的形态获得高速发展。

TiDB 是一款开源 HTAP 数据库，Flink 则是大数据领域优秀的实时处理、分析和计算平台。TiDB 拥有灵活的架构设计，能够快速演化出完整服务场景的支撑能力。Flink 在大数据领域则提供了不错的实时计算能力，还凭借不断崛起的批计算能力成为拥有流批一体能力的下一代大数据处理框架。将这两个产品进行有机融合，能够让 Flink 为 TiDB 带来实时的数据交付能力和批计算级别的 AP 处理能力，让 TiDB 为 Flink 提供高性能的数据存储和查询"底座"，从而共同打造出面向未来的 HTSAP（High Transaction & Serving & Analytical Processing，事务、服务和分析混合处理系统）一体化数据平台。

本节分为五个部分：第一部分简单回顾一下 TP、AP 和 Serving 的技术要求，以及相应系统的典型应用场景。第二部分介绍近年来 HTAP 和 HSAP 两种混合型工作负载的技术要求。第三部分以 Hologres 和 TiDB 两款产品为例，介绍 HSAP 和 HTAP 领域目前的状态。第四部分分析能否对现有的系统进行扩展，让它们同时满足 TP、AP 和 Serving 场景的需求，使用一个统一的技术栈，为开发者提供在这些应用场景下的一致用户体验。第五部分对未来进行展望。

## 2.2.1 背景

### 1. OLTP 系统

可以说 OLTP 系统是每一个业务工程师最先接触到的数据库类型，它具备强事务能力。在 OLTP 系统上构建的业务，通常采用关系数据模型,以小的事务和小的查询为主,在高并发的情况下,为用户提供低延时的访问。

我们来看一个 OLTP 的典型应用场景,今天电商业务已经高度发达,大家每天都可能在线上提交订单,并完成支付,背后支撑订单支付的系统就是一个 OLTP 的典型应用场景。在整个订单的支付流程中有许多步骤,在用户和业务系统之间、业务系统和外部支付系统之间、业务系统和数据库之间,都会发生多次交互。OLTP 的典型应用场景如图 2-2-1 所示,简要的步骤大概有 10 个。其中的每一个交互都需要保证它的事务性,并且需要在极短的时间内完成事务的处理,给每一个用户提供又快又好的体验。

图 2-2-1　OLTP 的典型应用场景

### 2. OLAP 系统

OLAP 系统通常基于大量的数据集,用复杂的表关联、分组、聚合、排序等操作对数据进行分析。查询一般需要覆盖大量的数据。大多数时候,大多数的访问不需要访问行的所有列的数据,只需要访问部分列,并且聚合的需求明显更多。我们需要有针对性地优化读密集的情况。在 OLAP 中,数据通常以雪花或星形的形式进行建模,在 DWS(数据服务层)或者 ADS(数据应用层)

使用宽表形式组织数据。OLAP 通常用于为企业内部决策提供数据参考，所以需要支持的并发数相比 OLTP 系统要少许多，但是它需要支持非常复杂的聚合查询，通常提供的响应时间是秒级、分钟级，有时甚至是小时级的。

还是以订单系统为例，大家接触订单系统也比较多。电商平台的订单分析就是一个典型的 OLAP 工作场景，企业内部不同角色的人员对数据分析的诉求是不一样的，如图 2-2-2 所示。比如，销售经理会在地区维度进行分析，根据每个大区中不同产品的销售情况制定每个地区的销售策略；产品总监需要在产品维度进行分析，根据产品分类，分析产品在不同地区的销售情况，来制定相应的销售策略。

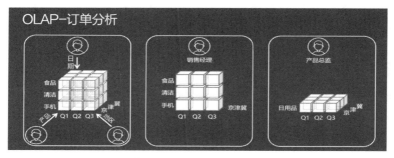

图 2-2-2　OLAP 订单分析

### 3. Serving 系统

Serving 是一类随着互联网应用爆发而得到广泛应用的数据库。在需要应对海量用户和高并发场景的互联网行业，以合理的成本在这样极端的场景下支撑起业务的需求，催生了 Serving 系统。过去我们通常使用 NoSQL 数据库来应对这种业务场景，NoSQL 数据库通过非事务模型以及简化关系模型的方式，以合理的成本来提供高并发场景下的在线点读、点更新能力。有些系统还提供了灵活的二级索引支持，进一步提升了应用开发的效率。近年来，随着机器学习的快速发展，特征存储成了 Serving 方向的一个快速增长点。除了前面提到的技术要求之外，特征存储还对 Serving 系统提出了更多的要求，如极低的时延、极高的并发。尤其是在对并发能力和响应时延都有要求的前提下，Serving 系统还需在不影响在线服务的情况下，能够周期性地快速加载大量数据。

相信大家对个性化推荐并不陌生，为了给用户提供更好的个性化体验，许多 C 端产品都开始加大在推荐系统上的投入。推荐系统通常要周期性地执行计算任务，并将生成的离线特征加载到特征存储（用于管理机器学习特征的数据管理系统）服务中。用户的行为日志和交易事件则会经过实时的加工，产生实时的特征，这些实时特征同样也会加载到特征存储服务中。当用户的请求到达推荐系统时，推荐系统会根据用户的请求和召回的候选物料，从特征存储（系统）中批量查询大量的特征向量。得到所有的特征向量后，就可以用模型进行预测，在完成推荐过程后，把结果返回给用户。

前面我们了解了三大类典型的工作负载，也了解了它们能够支撑什么样的业务场景。从业务系统开发者的角度来看，它们需要根据自己的业务需求选择不同特点的数据库，以便更好地服务自身的业务场景。业务系统开发者也都希望用统一的技术来支撑更多的场景。统一的技术使得用户不需要为这三大类典型工作负载支撑的业务场景去分别学习和管理不同的数据库系统，这对用户来说无疑是非常有价值和吸引力的。

基于这样的动力，我们现在有了 HTAP 系统，也就是面向 TP 和 AP 混合场景的负载而设计的系统。HTAP 系统能够在一份数据上同时支撑业务系统运行和 OLAP 场景，避免了像传统架构那样,在线与离线数据库之间要有大量的数据交互。HTAP 基于分布式架构,支持弹性扩容,可按需扩展架构或者存储数据,能轻松应对高并发、海量数据的场景。在 HTAP 系统中,数据可以按照行存和列存的形式进行混合存储,通过 TP 和 AP 负载隔离的方式,并为用户提供统一的查询入口,一站式地解决两种场景下的不同诉求。

与 HTAP 类似,HSAP 是面向 Serving 和 AP 混合场景的负载而设计的系统。Serving 场景,尤其是特征存储这种场景中,数据的实时和批量摄入能力是刚性需求。HSAP 基于分布式架构支持弹性扩容,也能够按需扩展吞吐以及存储,从而能够应对高并发和海量数据分析的场景。在 HSAP 系统内部,数据也是按照行存和列存的形式进行混合存储,通过 Serving 和 AP 负载隔离的方式,并为用户提供统一的查询入口,一站式地解决两类工作负载的不同诉求。

### 2.2.2 现状

下面以 Hologres 和 TiDB 两款产品为例,介绍 HSAP 和 HTAP 领域目前的状态,以及面向 Serving 场景优化的 Zetta 系统。

Hologres 是 HSAP 中的"创造者",因此它自然具备了 HSAP 系统的全部能力,适合解决 HSAP 的混合工作负载问题。

我们从架构层面看一下场景是如何实现 HSAP 的,Hologres 架构如图 2-2-3 所示。

Hologres 拥有完全面向云平台设计的架构,底层是由盘古(Pangu)分布式文件系统提供的高性能、高弹性的数据存储服务能力。Hologres 的计算层也非常易于横向扩展,因此整个系统自底向上都具备非常强的弹性。在这个架构上,Hologres 实现了行存和列存两种数据存储方式，以及数据的物理隔离功能。除此以外，Hologres 还提供了用户间的任务调度隔离，为用户提供了一个统一的、满足极致 Serving 响应时间要求以及高性能 AP 分析能力的系统。

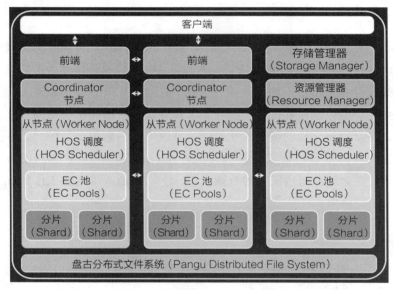

图 2-2-3 Hologres 架构

接下来看一下 TiDB 架构，如图 2-2-4 所示。TiDB 作为 HTAP 早期的实践者，具备 Gartner 最初定义的 HTAP 系统的各种能力，而且 TiDB 比许多 HTAP 实践更进了一步，为 TP 和 AP 数据带来了强一致的实时同步能力。在这个能力的支撑下，TiDB 能够在维持事务一致性的前提下，为用户的查询选择全局最优的执行计划，将单一查询的部分执行计划分别交给行存系统和列存系统去执行，以获得最优的处理能力，这是 TiDB 的一个创新点。

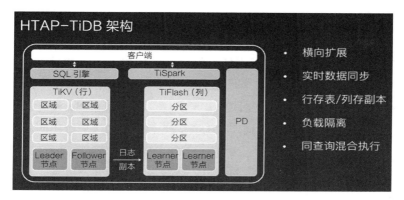

图 2-2-4　TiDB 架构

为了实现上面所说的强一致的 HTAP 能力，TiDB 利用 Raft 一致性复制协议，将在线交易的行存数据副本同步转变为可更新的列存副本，并且以更适合分析系统的方式重新组织数据切片。这种创新性的副本同步方式，在对数据和负载进行充分物理隔离的前提下，还能够让 AP 副本实现与 TP 副本一致的事务隔离级别。这种强一致的数据同步能力为 TiDB 带来了灵活的行存、列存混合执行能力，充分利用了行存和列存两种系统的优势。在单一查询中，同时使用两种系统自动地为用户提供最优的执行方案。当用户需要执行 SQL 查询时，不需要去指定这个 SQL 是运行在 TP 系统还是 AP 系统，TiDB 会去判断该 SQL 中的哪些部分更适合 TP 系统或者 AP 系统执行，自动选择一个最优的执行方案，最终将两个系统的执行结果汇总后返回。

TiDB 拥有灵活、开放的架构，在这个基础上可以有非常多的方式对系统进行不同的设计取舍，从而更好地支撑多样化的工作负载。Zetta 就是这样一款由知乎在 TiDB 生态中构建的数据库，它面向服务场景，性能和能力都得到了优化。

Zetta 项目立项于 2019 年，当时 TiDB 还处于 3.0 的阶段，知乎内部有一个非常有挑战性的 Serving 场景，而且当时 TiDB 集群的数据规模已经接近 300 TB。在这种业务规模下，如果可以根据该 Serving 场景的特点做有针对性的优化，毫无疑问，收益将会非常明显。除了这个场景外，知乎还有许多数据体量巨大的 Serving 场景，但是由 HBase 来支撑。为了统一 Serving 场景的技术栈，完成 HBase 向 TiDB 生态技术栈迁移，平台团队开始了 Zetta 系统的设计和研发。基于替换 HBase 的考虑，Zetta 系统还提供了兼容 HBase 协议的能力。后期为了降低开发成本，Zetta 系统还支持了 MySQL 协议，并且在这个基础上为用户提供了事务支持、二级索引和 SQL 接入。这些都是过去在 HBase 生态中缺乏的能力。

我们来看一下 Zetta 架构，从图 2-2-5 可以看出，Zetta 架构和 TiDB 的 DB 部分非常接近。

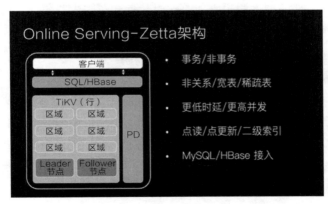

图 2-2-5　Zetta 架构

它在面向 Serving 方向的取舍，主要体现在以下方面：

首先，通过可选事务表和非事务表，给用户提供了性能和事务上的平衡能力。通过聚簇索引的方式给用户提供了数据分布的手动控制能力，通过非关系的宽表模型降低了业务开发的门槛，甚至能够支持单行数十万列的极度稀疏的数据。其次，Zetta 是仅面向点读和点更新进行性能优化的，所有的取舍都极大地简化了优化器和执行系统的实现，和同一技术体系的 TiDB 相比，这些取舍使 Zetta 的执行时间更短，在同样的资源投入下能够支撑更高的并发。现在知乎的大量线上业务已经从 HBase 迁移到了 Zetta，平台方明确计划将全部 HBase 业务迁移到 Zetta，并且完成 HBase 的下线工作。

### 2.2.3　HTSAP 的数据库

站在开发者的角度看，简化的系统架构和统一的技术栈具有非常大的成本优势，既然有了能够同时承载 TP、AP 负载的 HTAP 系统，也有了同时承载 Serving 和 AP 负载的 HSAP 系统，很自然地我们会问：为什么不能有同时承载 TP、AP 和 Serving 负载的 HTSAP 系统？如果有一款能够同时承载三种负载的数据库，它能够为用户带来一致的体验，简化后的单一系统也能够极大地降低学习成本和管理成本，该多好啊！

通用数据库听起来是一个非常诱人的目标，而且实现路径也非常直接，比如可以为 HSAP 数据库增加事务能力，也可以在 HTAP 数据库的基础上增强服务能力。这两种方式都能够扩展现有的混合产品，令其成为同时满足三种场景的、更全面的混合型数据库产品。图 2-2-6 是 HSAP+ 事务增强能力的架构。

首先，我们来看一下如果选择在 HSAP 数据库的基础上进行改造，则需要增强其事务能力。典型的实现方式可以和 TiDB 一样，采用两阶段提交的事务方式来维护事务的 ACID 语义。但是只具备事务能力还不能满足用户对 OLTP 数据库的全部期望，用户会期望它同时具备完整的关系查询能力。这会对数据库的数据布局和优化器甚至运行时等许多方面都提出更复杂的要求。满足了这些要求的 HSAP 数据库就能够成为一款覆盖 HTSAP 全场景的数据库。

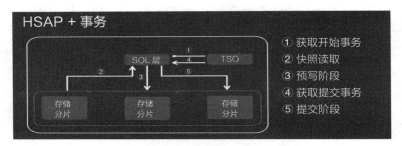

图 2-2-6　HSAP+ 事务增强能力的架构

图 2-2-7 是 HTAP+ 服务增强能力的架构。

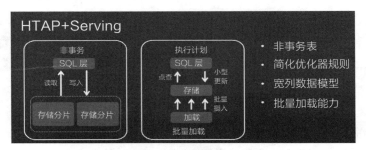

图 2-2-7　HTAP+ 服务增强能力的架构

类似地，我们也可以在 HTAP 的基础上弱化对事务的保障，让用户根据自己的实际业务需求，在强一致和弱一致之间进行选择，考虑极端性能和成本，从而强化系统的 Serving 能力。具体的实现路径有两个：①为用户提供非事务表的选择，在降低一致性和事务隔离级别要求的前提下，非事务表可以彻底避免锁机制带来的开销和锁冲突带来的等待；②降低 MVCC（Multi-Version

Concurrency Control，多版本并发控制）管理给系统带来的复杂度，在读性能和写性能上都能获得非常显著的收益。

可以对 SQL 优化器的规则做进一步简化，如 Serving 类的查询不支持复杂的跨表 Join 操作，只面向唯一索引查询进行优化。通过简化处理流程，降低 Serving 类查询处理的资源消耗，从而进一步缩短查询的响应时间。

在数据模型方面，增加 NoSQL 系统常见的宽列数据模型，降低现有 Serving 用户迁移的技术成本。

最后，在不影响在线服务的情况下，提供批量数据快速加载的能力，更好地处理海量数据，满足用户对在线服务的诉求。通过这些简单的调整，HTAP 数据库能够以较低的成本来增强 Serving 能力，演化成为一个可以全面满足 TP、AP 以及 Serving 场景需求的数据库。

如果选择在 HTAP 数据库上扩展服务能力，则可以以 TiDB 和 Zetta 作为参考，即如何把 Zetta 的服务能力迁移到 TiDB 上来。

Zetta 本身就诞生于 TiDB 社区，它和 TiDB 具有非常密切的技术关联，也共享着许多基础能力，所以将它们融合在一起是非常容易的。尤其是考虑到 Zetta 诞生于 TiDB 3.0 的阶段，而 TiDB 已经迈过 5.0，马上要迈向 6.0，融合起来难度更小。

Zetta 为提高性能做了许多取舍和努力，今天的 TiDB 已经具备了许多与之相似的能力。比如，聚簇索引已经为 TiDB 带来了数据分布的精细控制能力，具备更好扩展性的 Cascade Planner 这款优化器带来了灵活定制执行计划的能力，计划缓存（Plan Cache）能够复用从前的执行计划，从而进一步缩短响应的时间。又如，TiDB 现在支持 JSON 列，带来了 Schema 无关的数据组织能力。除了这里讲到的这些功能以及特性外，还有更多的细节改进,都对系统的性能和功能起到了巨大的提升作用。可以说,今天的 TiDB 在服务场景上已经有了和 Zetta 非常接近的能力。在这样的基础上,如果在 TiDB 中实现 HBase 或其他常见的 NoSQL 协议的兼容特性,那么对 TiDB 用户来讲,这样的 TiDB 就具备了 TP、AP 和 Serving 三大场景全面覆盖的能力。

除了实现路径低成本的可操作性之外,以 TiDB 为基础演进的 HTSAP 数据库还有一个非常重要的优势——TiDB 的架构是不与云平台或者说某一家具体的云厂商绑定的。用户可以不受限制,根据自身 IT 基础设施的特点,自由地在云下、云上或者混合云的环境当中搭建 TiDB,从而获得一个具备 TP、AP 和 Serving 能力的通用型数据库,来灵活地应对自己多样的业务负载。

### 2.2.4 TiDB 和 Flink

当我们仔细观察 HSAP 的代表——Hologres 的时候,我们会发现 Flink 是每个 Hologres 方案中必不可少的一部分,可以说正是 Flink 的数据处理能力为 Hologres 解决了 Serving 数据的生产问题,让 HSAP 理念成为可能。对 TiDB 来说,如果只是单纯自身具备 Serving 能力,同样无法为用户闭环解决全部问题。TiDB 成为一站式的数据平台,同样离不开 Flink 同步。

Hologres 和 Flink 的一个典型配合方式如图 2-2-8 所示。这是一个典型的实时数据加工链路,在链路上层层加工数据。根据加工层次的不同,这些加工产出的数据可能会用于 AP 分析,也有可能会用于为下游提供在线的处理服务。从数据流来看,Flink 作为上游为 Hologres 提供数据,Hologres 要提供服务,离不开 Flink 生产的数据。

与传统的不可更新或点更新能力较弱的大数据解决方案相比,Flink 实时数据加工也离不开 Hologres 提供的高性能写入的能力。对于那些更新要求不高的数据仓库场景,也可以用 Flink 的批处理能力,将数据首先加载到 MaxCompute 中,在分析阶段再交由 Hologres 进行处理。Hologres 不但提供了高性能的更新能力,还提供了非常强的 Serving 能力,可以帮助 Flink 在数据加工过程中支撑高吞吐的数据大宽表需求,Hologres 也是实时数据加工链路中维度表的一个非常理想的选择。不论从哪个方向来看,两者都具有非常强的互补关系,只有将 Hologres 和 Flink 配合在一起,才能为用户提供一套完整的实时数据服务能力,满足闭环用户的诉求。

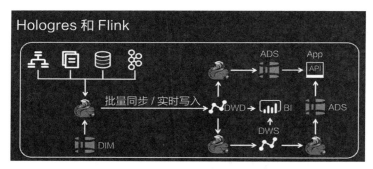

图 2-2-8　Hologres 和 Flink 典型的配合方式

图 2-2-9 是数据处理链路内部的一些实现细节,如果我们从外部用户的视角来看 Hologres 和 Flink 的整合,可以发现:Flink 作为数据的驱动者,从消息系统、在线交易数据库、日志文件系统等数据源中收集实时数据或者静态数据,完成这些数据的精加工之后,将结果统一加载到 Hologres 中;各种数据的消费方,比如实时大盘、BI 可视化、数据应用、API 服务,就都可以通过 Hologres 的一个入口,一站式地获取全部数据的 Serving 和 AP 处理能力。

图 2-2-9　Hologres 和 Flink 配合情况下数据处理链路内部图

图 2-2-10 是 TiDB 和 Flink 的配合方式。与 Hologres 和 Flink 的配合方式类似，在同样的实时加工链路上，Flink 负责对数据实时加工。根据加工层次的不同，加工产出的数据可以用于 AP 分析，也可以用于为下游提供在线的数据服务。与 Hologres 不同的是，这其中还包括了有事务需求的数据服务。

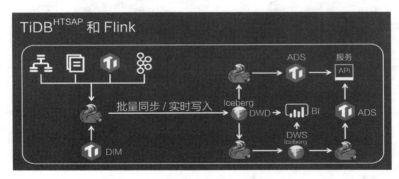

图 2-2-10　TiDB 和 Flink 的配合方式

因为目前 TiDB 列存还不能够脱离行存独立存在，所以对更新能力要求不高，并且数据体量较大的 DWD 或者 DWS 层的数据需求，数据湖 Iceberg 或者 Hudi 是目前性价比比较高的实时数仓（即数据仓库）建设方案。和 Hologres 类似，TiDB 也拥有非常高的存储查询能力，这样 Flink 在这个实时数据链路中也是维度表的一个理想选择。和只有托管服务的 Hologres 不同，开放的 TiDB 配合 Flink 能够运行在云下或者多云环境下。我们之前也提到，如果以 TiDB 为基础演进为一体化数据库（One Database）平台，它可以部署在各种基础设施环境下，不与任何云或者说某个单独的云厂商绑定。即便用户的基础设施没有在云上，或者说没有在阿里云上，TiDB 和 Flink 在这种情况下也仍然能够给用户带来一流的在线交易、在线服务，以支持数据仓库的能力。TiDB + Flink 支持数据仓库的能力如图 2-2-11 所示。

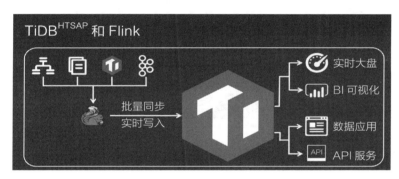

图 2-2-11　TiDB+Flink 支持数据仓库的能力

同样，从外部的视角来看 TiDB 和 Flink 的整合：Flink 同样作为数据的驱动者，负责从消息系统、在线交易数据库、日志文件等数据源中收集实时或静态的数据，在完成这些数据精加工之后，将结果统一加载到 TiDB 中；各种数据的消费方，如实时大盘、BI 可视化、数据应用、API 服务（包括有事务要求的在线交易型服务），都可以从 TiDB 这个入口一站式地获得全部数据的 TP、AP 和 Serving 的处理能力。

## 2.2.5 未来如何规划

我们刚才提到 TiDB 的列存副本现在不能够脱离行存独立存在，这其实拉高了大数据体量的数据仓库在 TiDB 上实施的成本，限制了 TiDB 在更广泛的 AP 场景中的适用性。但是 TiDB 社区在快速演进和发展，未来的 TiDB 在 TP、AP 和 Serving 方面的能力还会持续增强。伴随着这些能力的增强，我们对 TiDB 和 Flink 的未来也有一个更高的期望。TiDB 的优化空间如图 2-2-12 所示。

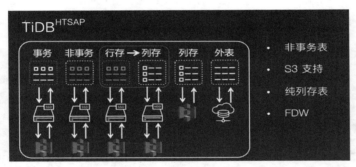

图 2-2-12　TiDB 的优化空间

TiDB 未来可以在以下方面进行优化：

继续强化 Serving，强化后尤其适用于有 Serving 需求的非事务表。在同一个实例中，用户可以用类似 MySQL 的方式，以表为颗粒度选择不同的存储引擎。通常在高并发场景下，在 MySQL 中选择非事务表，会导致其性能比事务表的差。但在 TiDB 中这种情况就不复存在了，这是因为非事务表的点读、点更新能力优于事务表的。

除此以外，TiDB 还会在 AP 方面进行更大的投入，让 TiDB 支持纯列存表。在处理好与行存表和列存表的强绑定关系之后，我们能够为列存表引入更低成本的 S3 作为存储方式，从而大大降低 TiDB 列存的存储成本,使得在 TiDB 上实施具备成本优势的大数据规模的数据仓库成为可能。FDW 是在 TiDB 社区呼声颇大的一个特性,它能够为 TiDB 带来整合外部计算引擎的能力,实现联邦查询的可能。

当 TiDB 具备了刚才提到的纯列存表的能力之后,我们再来回顾 TiDB 和 Flink 的关系。我们发现,挡在 DWD 和 DWS 层的成本问题将不复存在。整个实时数据仓库的生产链路都能够由 TiDB 和 Flink 闭环完成,不论是实时大盘、BI 可视化,还是数据应用和 API 服务,都可以在 TiDB 这一个入口一站式得到满足。TiDB 能够真正地成为一个 HTSAP 式的 One Database 系统,并且还具有很大的成本优势。

如果在 FDW(Foreign Data Wrapper,外部数据封装器)的帮助下,Flink 能够成为 TiDB 背后的一个计算引擎,那么它不但能够为 TiDB 带来数据湖上异构数据的联邦分析能力,还能成为 TiDB 自身的 MPP 引擎之外的另一个引擎选择,从而使得处理更大规模的计算成为可能,比如执行涉及成百上千个计算节点的任务。最关键的是,用户可以只关注 TiDB 这样一个统一的数据平台,而忽略整个系统背后的复杂性。

最后,前面提到的各种增强并不是终点,未来还会有更多的可能随着时间的推移浮现出来。TiDB 是一个开源、开放的社区,所有项目源码都是开源的,任何人都可以参与进来贡献自己的思想,贡献自己的力量。

相信随着 TiDB 的高速演进,以及配合着同样快速进步的 Flink,我们最终能够得到一个良好支撑 TP、AP 和 Serving 业务的开放通用数据库平台。这样一个平台能够为业务带来一致的开发体验,以单一的用户体验降低用户的学习成本和管理成本,为用户创造源源不断的价值。

## 2.3 HTAP 助力时效分析

### 作者介绍

**朱友志**：中通快递大数据架构师，负责中通大数据基础架构工作。

注：本文整理自中通快递数据智能基础架构部架构师朱友志在 DIVE 全球基础软件创新大会（2022）上的演讲，由极客邦科技编辑李冬梅整理。

当前，网购已经成为千家万户主要的购物方式，随着快递体量的飞速膨胀，分析时效成了摆在快递公司面前的重要课题，有没有办法既能降低成本又能提升时效呢？

整个快递的生命周期可以用"收发到派签"五个字概括。"收"是指用户下单，快递小哥来收件，网点建包；"发"是指快递在转运过程中发往运转中心，发往目的地；"到"是指末端中心到件，分拣到网点；"派"是指派件网点分拣，快递小哥开始派件；"签"是指快递小哥派件以后，客户签收。

中通快递有一套完善的自研的大数据平台（见图 2-3-1），ETL（Extract Transformation Load，抽取、转换、装载）数据建模支持到半小时的级别。中通快递大数据平台支持多种数据源的接入，如关系数据库 MySQL、Oracle，文档数据库 MongoDB 以及 Elasticsearch（ES）。基本上，所有实时任务都是通过大数据平台来管理的，支持 Kafka、消息队列（MQ）等的接入。不论是离线 ETL 还是 Spark/Flink 的实时任务，都通过大数据平台接入整个大数据的计算集群，最终进行计算。计算分析的结果再通过大数据平台提供给使用方：一是将数据推送到数据应用端，用于分析和报表;二是提供给 OLAP 的查询引擎,供用户或其他系统查询。

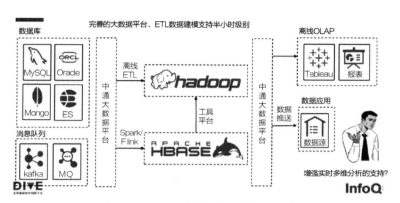

图 2-3-1 中通快递自研大数据平台

## 2.3.1 1.0 时代:满足业务和技术需求

### 1. 业务与技术需求分析

大数据平台首先要满足业务的需求。中通快递的业务具有如下特点:

1)体量很大:业务发展很快,数据量很大,而且每笔订单会有 5~6 次更新,甚至更多次更新。

2)分析周期长:业务方要求的数据分析所覆盖的周期越来越长。

3)时效要求高:对分析时效的要求也越来越高,已经不满足于 $T+1$ 离线计算,或者半小时级别的分析。

4)多维度:技术方案支撑多维的灵活分析。

5)可用性要求高:要突破单机性能瓶颈、单点故障,缩短甚至消除故障恢复时间。

6)并发高:QPS(Queries Per Second,每秒查询率)高,应

用要求达到毫秒级的响应。

以技术为出发点,需要实现:

1)打通多个业务场景,设置多个业务指标。

2)实现强一致的分布式事务,实现原有业务模式切换代价小。

3)分析计算的工程化,以及离线存储过程。

4)支持高并发写、高并发更新。

5)支持二级索引与高并发查询。

6)支持在线维护,单点故障对业务无影响。

7)支持热点自动调度。

8)与现有技术生态紧密结合,做到分钟级的统计分析。

9)支持100以上列的大宽表,支持多维度的查询分析。

### 2. 重构时效系统

基于上述业务需求和技术需求,中通快递引入了 TiDB,将多条业务线接到 TiDB 上,包括数据中台、实时宽表、时效分析、大促看板等。

中通快递的时效系统是对原有时效系统的重构。原来的时效系统整体架构(见图 2-3-2)比较简单,消费队列通过消息程序把所有数据写入到数据库,最终在数据库上建立很多存储过程,来对数据进行统计分析,最终将统计分析的结果提供给应用程序用于查询。

图 2-3-3 是升级后的时效系统架构。

在原有的架构上,升级后的时效系统引入了 TiDB 和 TiSpark,消息接入 Spark/Flink,最终的数据写入 TiDB。把原来的存储过程全部下线,替换成 TiSpark。数据会写入两端:轻量级的汇总数据直接写入 Hive(Hadoop 的一个数据仓库工具),通过 OLAP 对外提供查询服务；中途汇总的数据，直接写入关系数据库，如 MySQL。另外，每日使用 DataX 将 $T+1$ 的数据从 TiDB 的数据库同步到 Hive，以便在第二天做离线的 ETL（提取、转换、加载）操作。

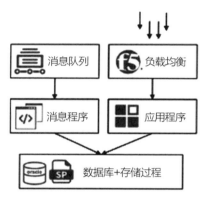

图 2-3-2　中通快递原来的时效系统整体架构

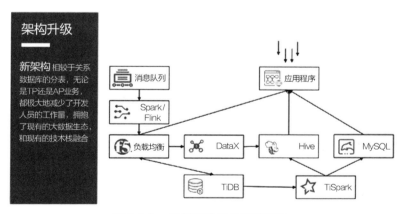

图 2-3-3　升级后的时效系统架构

升级后的时效系统架构相较以前的关系数据库的分表，无论是 TP 业务还是 AP 业务，都极大地减少了开发人员的工作量，并且把原来的消息接入切换成大数据的 Spark / Flink，拥抱了现有的大数据生态，和现有的技术栈融合。

整个架构的升级带来了很多收益。

1）已有系统的数据存储周期从原来的 15 天增加到 45 天，接下来会到 60 天，以后甚至会更长。在扩展性方面，升级后的架构能支持在线的横向扩展，随时上下线存储和计算节点，对此应用基本上是无感知的。

2）在高并发方面，升级后的架构能满足高性能的 OLTP 业务需求，查询性能略低于原系统，但是满足需求。

3）数据库单点的压力没有了，实现了 TP 和 AP 的"分离"，做到了资源隔离。

4）支持更多维度的业务分析，满足了更多业务分析的需求。

整体架构清晰，可维护性增强，相比之前的存储过程，升级后整个架构体系非常清晰。

### 3. 大宽表建设

接下来给大家简单地介绍中通快递的大宽表建设情况，如图 2-3-4 所示。

图 2-3-4　大宽表建设情况

1）目前宽表有 200 多个字段，至今还在继续增加。

2）接入了 10 多个主题（Topic）数据来源。

3）打通各业务产生的数据，并汇聚到 TiDB 生成业务宽表，借助流处理系统 Flink/Spark Streaming 把各个业务端的数据最终写入 TiDB 的宽表。

4）借助 TiSpark，从业务宽表输出分析结果，同步 3 亿余条数据到 Hive。

5）提供实时数据建设与离线数据 T+1 的整合，基本上可在 10min 以内完成。下边是各个接入端，如运单中心、订单中心等以及其他业务系统，接入端会把业务写入 MQ/Kafka。Flink/Spark Streaming 会将 Kafka 里面的消息写入 TiDB 的宽表（TDB）。TiDB 的宽表上面是 TiSpark，它会通过 TiSpark 的批处理最终将数据写入 DW 或者 DIM 层，也会将一些汇总数据写入 ST 层，而逐步汇总的数据会写入关系数据库。最终 Java 应用或者 FineReport 报表，会读取关系数据库的汇总数据以及 ST 层的数据。

另外，宽表也会对外提供大量 API 的服务，数据中台、时效系统、数据看板系统等产品，都会调用宽表提供的数据服务。在使用的过程中，我们也遇到了很多问题，我总结为量变引起质变。

1）热点问题：在业务高峰时，索引热点较为突出，很多业务是基于时间来查询的，在连续的时间段写入或更新会导致索引的热点。在大促的时候尤为明显，这样会导致部分 TiKV 的压力非常大。

2）内存碎片化的问题：在系统运行稳定一段时间之后，大量的更新和删除会导致内存碎片化。这个问题已经在后续的版本中修复，系统升级之后没有发现异常。

3）正确使用参数的问题：当读取的数据量达到总体数据量的 1/10 以上时，建议关闭 tispark.plan.allow_index_read 参数。因为在这种情况下，这个参数的收益会变成很小，甚至会带来一些负收益。

### 4. 运维监控

TiDB 已经有很丰富的监控指标，它使用的是现在主流的 Prometheus + Grafana，监控指标非常多、非常全。TiDB 支持用户的线上业务，同时也支持开发人员查询数据，因此可能会遇到一些异常的操作，甚至遇到一些 SQL 影响 Server 运行，对生产产生影响。基于 TiDB 提供的监控功能，并针对使用过程中遇到的一些问题，我们自建了自动监管和告警系统，监控线上特殊账号的慢查询，自动"杀掉"异常 SQL，并通知运维和应用负责人。我们还开发了查询平台让用户使用 Spark SQL 去查询 TiDB 的数据，兼顾了并发和安全。对一些很核心的指标，我们额外接入了自研的监控，将核心的告警信息电话告知到相关的值班人员。

### 2.3.2　2.0 时代：HTAP 提升

业务方的需求不断升级，他们不再满足于数据存得越来越多，还希望系统跑得更快，不仅希望系统要满足分析数据周期的增长，还希望更快地感知业务的变化。下游系统需要更多的订阅信息，希望信息不满足需求时，能主动调取。在开展大促活动时，TiKV 的压力非常大，我们需要真正地实现计算和存储分离。集群太大，不容易管理，问题排查很困难。所以，我们对架构再次进行升级，再次升级后的架构如图 2-3-5 所示。

2.0 时代我们引入了 TiFlash 和 TiCDC，为什么引入 TiFlash？因为 TiFlash 是一个列存数据库，当在 TiDB 上建一条同步链时，整个架构包括 TiDB 都不需要改动。数据写入的整个架构是不变的，仍然可以通过 Flink/Spark 写入 TiDB 宽表。我们虽然引入了 TiFlash，但是依然保留了部分 TiSpark 任务。由于业务特性，由一些数据汇总得到的结果数据可能会达到了几百万或者上千万的级别，全部通过 TiFlash 写入 TiDB，时效性跟不上。TiDB 对此需求提供了后续的解决方案，数据计算会部分切换到 TiFlash 上，TiSpark 和 TiFlash 是共存的。TiSpark 或者 TiSpark 的汇总数据还是会写到 Hive，也有一部分会写到 MySQL，它们都会对外提供数据服务。我们通过引入 TiCDC 把 TiDB 的 Biglog 同步到消息队列里，供下游的业务方使用，进行地域式消费。

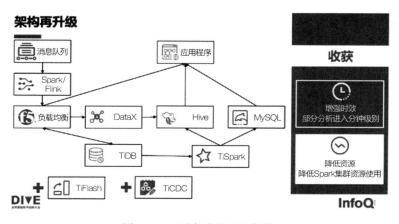

图 2-3-5　再次升级后的架构

架构再升级的收获共有两点：

一是增强时效，部分分析进入了分钟级，运行间隔从 5～15min 降到了 1～2min。

二是降低了资源的使用，降低了 Spark 集群所需的资源量，物理节点大概从 137 个降到了 77 个。

### 2.3.3　3.0 时代：展望未来

未来，仍然有很多问题等着我们处理，也有很多地方需要进一步提升。

1）监控一直是我们比较头疼的一个问题——我们的集群规模比较大，指标很多，而且有的时候加载非常慢，排查问题的效率得不到保证。监控虽然很全，但是出了问题无法快速定位，这也给我们线上排查问题带来了一些困扰。

2）执行计划偶发不准，会影响集群的指标，导致业务相互影响。这个情况可能与表的统计信息相关。过去数据清理还是比较麻烦的，我们现在是通过自己写脚本来支持旧数据的自动 TTL（Time to Live）功能。TiFlash 现在虽然已经支持很多函数知识下推，但是我们希望可以更多地支持一些应用中遇到的函数。

3）提升集群稳定性。

4）实现 TiSpark 对 TiFlash Batch 的支持。

5）支持用户、资源隔离，避免相互影响。

6）实现分区表支持、数据过滤，提高计算性能。

7）缓解计算抖动问题。

## 2.4　高性能 PolarDB 技术揭秘

### 作者介绍

**王康**：阿里云数据库产品事业部技术专家，负责开源项目 Pika、Zeppelin、Floyd 核心开发，从事 PolarDB 的内核开发工作，完整参与了 PolarDB 的大规模商业化和技术演进。

注：本文整理自阿里云数据库产品事业部技术专家王康在 DIVE 全球基础软件创新大会（2022）上的演讲，由极客邦科技编辑李冬梅整理。

不同于传统数据库，PolarDB 采用共享存储的架构，池化的分布式存储为数据库带来了诸如大容量、高性能、高弹性等优势。相对于传统的磁盘，分布式存储有着不同甚至完全相左的特性，这些特性给数据库的实现带来了新的挑战和机遇。同时，云上用户也会对数据库有新的要求，这也给 PolarDB 带来新的发展方向。本节会讨论其中一些点，以及 PolarDB 有针对性的工作。

本节主要分为四个部分：第一部分介绍 PolarDB 是在什么背景下出现的，以及它和别的架构的对比。第二部分是核心技术，就是 PolarDB 里面实现的从存储到物理复制的一些技术。第三部分介绍我们在内核层的一些优化，包括锁优化、I/O 路径优化和并行优化。第四部分介绍企业级的功能。

### 2.4.1 背景

传统的关系数据库有着悠久的历史，从 20 世纪 60 年代开始就已经在航空领域发挥作用。其因为严谨的强一致保证以及通用的关系数据模型接口，获得了越来越多的应用，大有一统天下的气势。这期间涌现出了一批佼佼者，其中有优秀的商业化数据库如 Oracle、DB2、SQL Server 等，也有我们耳熟能详的开源数据库 MySQL 及 PostgreSQL。这里不严谨地将这类传统数据库统称为 SQL 数据库。

#### 1. 从 SQL 到 NewSQL 的演进

（1）SQL 到 NoSQL

2000 年以后，随着互联网应用的出现，在很多场景下并不需要传统关系数据库提供的强一致性以及关系数据模型。相反，快速膨胀和变化的业务场景更加需要可扩展性（Scalability）以及可靠性（Reliable)，而这又正是传统关系数据库的弱点。新的适合这种业务特点的数据库 NoSQL 出现,其中最具代表性的是 Amazon 的 Dynamo 以及 Google 的 BigTable,以及它们对应的开源版本,像 Cassandra 以及 HBase。由于业务模型的千变万化,以及抛弃了强一致性和关系,技术难度大大降低,各种 NoSQL 版本像雨后春笋一样涌现,基本成规模的互联网公司都有自己的 NoSQL 实现。主要可以从两个维度来区分各种 NoSQL:

1)按元信息管理方式划分:以 Dynamo 为代表的对等节点的策略,由于没有中心节点的束缚而有更高的可用性。采用有中心节点的策略的,以 BigTable 为代表的数据库,则由于减少全网的信息交互而获得更好的可扩展性。

2)按数据模型划分:针对不同业务模型的不同数据模型的数据库,比较知名的有文档型数据库 MongoDB、KV(Key-Value)数据库 Redis、Pika,列数据库 Cassandra、HBase,图数据库 Neo4J。

(2)NoSQL 到 NewSQL

NoSQL 也有很明显的问题,由于缺乏强一致性及事务支持,很多业务场景被 NoSQL 拒之门外,同时由于缺乏统一的高级数据模型、访问接口,又让业务代码承担了很多的负担。图灵奖得主 Michael Stonebraker 甚至专门发文声讨,他在 *Why enterprises are uninterested in NoSQL* 一文中,列出了 NoSQL 的三大罪状:没有 ACID 保证(No ACID equals no interest),不支持 SQL(A low-level query language is death),太自由没有标准(NoSQL means no standards)。数据库的历史就这样经历了否定之否定,又螺旋上升的过程。

### 2. 鱼和熊掌兼得的方案

如何能在获得 SQL 的强一致性、事务支持的同时,也获得

NoSQL 的可扩展性及可靠性？答案显而易见，就是要在 SQL 的基础上像 NoSQL 一样做分片。通过分片将数据或计算打散到不同的节点，来摆脱单机硬件对容量和计算能力的限制，从而获得更高的可用性、性能以及弹性。那么如何分片，以及在哪一层分片就成为不同 NewSQL 数据库的标准，分片层次的不同会带来不同的 ACID 实现方式，遇到的问题也会大不相同。NewSQL 归根结底是要做分片的，而对分片的层次选择也是不同主流方案的根本区别。图 2-4-1 展示了更详细的数据库系统内部结构，以及主流的分界线及实现代表。

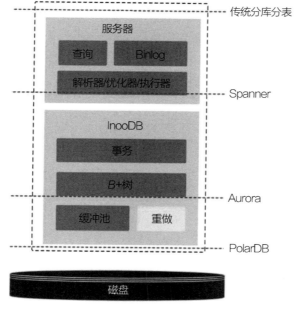

图 2-4-1　NewSQL 分片

为了方便说明，本节根据这个分片分割线的位置，将不同的方案命名为：Partition All、Partition Engine、Partition Storage 以及 Partition Disk。这里先说结论：随着分片层次的下降，可扩展性会降低，但易用性和生态兼容性会提高。下面就分别介绍每种方案中需要解决的问题、优缺点、使用场景以及代表性实现方式。

（1）Partition All：分库分表

最直观的想法，就是直接用多个 DB 实例共同服务，从而缓解单机数据库的限制，这也是很多大公司内部在业务扩张期的第一选择。这种方式相当于在数据库系统的最顶层就做了分片，理想情况下，整个数据库的所有模块都可以并发执行起来。

分库分表的模式，在良好的业务侧设计下可以获得极佳的扩展性，取得高性能、大容量的数据库服务，但业务耦合强，通用性差，需要用户自己处理分片策略、分布式事务、分布式查询。这也是为什么在各大公司内部有成熟稳定的分库分表的数据库时，却很难对外提供通用输出。

（2）Partition Engine：Spanner

采用 Partition Engine 策略的 NewSQL，将分片层次下移到服务器层之下，也就是只对引擎层做分片，从而向用户屏蔽了分布式事务等细节，提供统一的数据库服务，简化了用户使用。Spanner、CockroachDB、OceanBase、TiDB 都属于这种类型。

（3）Partition Storage：Aurora

继续将分片的分界线下移，到事务系统及索引系统的下层。这种策略由于关键的事务系统并没有做分片处理，避免了分布式事务的需要，因而将更多的精力放在了存储层的数据交互及高效的实现上。这个方向最早的工业实现是 Amazon 的 Aurora。Aurora 的计算节点层保留了锁、事务管理、死锁检测等影响请求能否执行成功的模块，将日志及数据的持久化、恢复、备份等存储相关能力下放到了存储节点。存储节点只需要执行持久化操作而不需要表决（Vote），并且计算节点维护了全局递增的日志序列号 LSN，通过跟存储节点的交互可以知道当前日志在所有分片上完成持久化的 LSN 位置，来进行事务提交或缓存淘汰的决策。因此，Aurora 可以避免 Partition Engine 架构中面临的分布式事务的问题。

（4）Partition Disk：PolarDB

自 2017 年，RDMA（远程直接内存访问）的出现及普及，大大加快了网络间的网络传输速率。PolarDB 认为未来网络的速度会接近总线速度，也就是瓶颈不再是网络，而是软件栈。因此 PolarDB 采用新硬件结合 Bypass Kernel 的方式来实现高效的共享盘，进而支撑高效的数据库服务。由于 PolarDB 的分片层次更低，也就能做到更好的生态兼容，也就是为什么 PolarDB 能很快地做到社区版本的全覆盖。

我们以可扩展性为横坐标，易用及兼容生态为纵坐标，可以得到如图 2-4-2 所示的坐标轴，越往右上角当然越理想，但现实是二者很难兼得，需要做出一定的取舍。首先来看传统的单节点数据库其实就是不易扩展的极端案例，同时由于它自己就是生态所以在兼容生态方面满分。另一个极端就是传统的分库分表实现，良好的分片设计下这种策略能在一定程度上获得接近线性的扩展性，但需要做业务改造，并且需要外部处理分布式事务，以及分布式查询这种棘手的问题。之后以 Spanner 为代表的 Partition Engine 类型的数据库由于分片层次较高，可以获得接近传统分库分表的扩展性，因此容易在一些跑分场景下取得好成绩，但其需要做业务改造也是一个大的限制。以 Aurora 及 PolarDB 为代表的 Partition Storage 类型的数据库则更倾向于良好的生态兼容，以几乎为零的业务改造换取了一定程度的可扩展性。

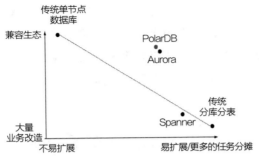

图 2-4-2 数据库优缺点对比

以使用场景上来看,大企业、银行等用户对扩展性要求较高。在可以接受业务改造的情况下,Partition Engine 类型的数据库及传统分库分表的实现很有竞争力。Aurora 和 PolarDB 等 Partition Storage(Disk)类型的数据库则在云数据库的场景逐鹿。

## 2.4.2 PolarDB 整体架构

一些采用共享存储的多读架构,相对于传统的主从方案各自维护一份独立数据的架构有着明显的优势:首先,降低了存储成本,一份存储数据可以同时支撑一个可写节点和多个只读节点;其次,可以获得极致的弹性,在维护独立数据的架构中,新增只读节点需要首先做数据的复制,复制数据所需时间与数据总容量相关,实践上可能会花费数小时甚至数天,但在共享存储的结构下,由于不需要复制数据,可以做到分钟级别;最后,由于只读节点看到的是跟主节点相同的磁盘数据,同步过程只需要更新内存状态即可,因此大幅缩短了同步延迟。图 2-4-3 就是共享存储数据相对于传统数据的架构演进示意图。

图 2-4-4 是 PolarDB 整体的架构。一个主节点及多个从节点

通过 RDMA 硬件连接到提供块设备接口的分布式存储。这个分布式存储由大量的数据节点（Chunk Server）及一些元信息及控制节点组成的，每个数据节点负责一些分片（Chunk）。数据的备份、容灾都是在分片维度进行的。

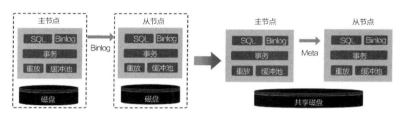

图 2-4-3 共享存储数据相对于传统数据的架构演进示意

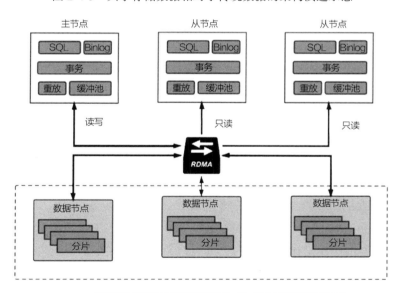

图 2-4-4 PolarDB 整体的架构

通过这一套架构,可以让 PolarDB 在兼容传统数据库生态的同时,尽量让用户少感知这些变化,无须业务改造,即可实现无缝数据库上云,同时也突破了传统硬件的一些限制,获得了大容量、高性能、极致的弹性,如图 2-4-5 所示。

图 2-4-5　PolarDB 架构的特性

## 2.4.3　PolarDB 核心技术

### 1. 共享存储

作为 PolarDB 整个集群的存储"底座",共享存储需要承接上层一个主节点及多达 15 个从节点的数据存储和读取请求,致力于提供大容量、高性能、高可用的存储服务。存储集群内部除了真正负责数据分片的数据节点外,还包括负责维护元信息的节点,负责请求转发的节点,以及一层将块设备接口转换成数据库所需文件接口的文件系统层。共享存储的核心技术有三个。

(1) 新硬件

在 PolarDB 的共享存储里面大量采用了新硬件,比如 NVMe、RDMA,使网络和 I/O 的开销尽量小。在新硬件的使用上,PolarDB 是比较先行的,通过对新硬件的使用以及软件层的适配,获得非常高性能的存储服务。

(2) 绕过内核 (Bypass Kernel)

在新硬件的加持下,为了不让性能的瓶颈出现在软件栈的调用中,PolarDB 共享存储的实现不像传统编程那样,有线程、锁、上下文的切换等需要操作系统内核介入的、方便开发的机制。相反，PolarDB 共享存储的实现尽量绕过操作系统，从而实现更精确的资源利用和更少的性能浪费。它会让每一个进程绑定 CPU，由进程自己来控制任务的调度，通过不断地轮询事件（Polling Event），来发现网络或 I/O 等事件，一旦发现就直接处理。这种做法相当于把之前一些操作系统内核需要做的事情由进程来做了，从而获得非常高的性能。我们在测试中发现这种方式（让每一个进程绑定 CPU）是接近于本地 SSD（固态硬盘）的时延的。

（3）ParallelRaft

提到分布式存储，就绕不开一致性协议：即使发生网络或节点异常，整个集群也能够像单机一样提供一致的服务，即在每次成功操作时都可以看到其之前的所有成功操作按顺序完成。提到一致性协议就不得不提到一致性协议的鼻祖 Paxos，甚至可以说所有的一致性协议都是一种改造的 Paxos。但由于传统的 Paxos 过于复杂，难以实现，大家通常更愿意采用 Raft 算法，Raft 算法的简单源于其本质上是一种进行了极大限制的 Paxos，这体现在 Raft 对顺序的扩展写（Append）、顺序确认（ACK）及顺序提交（Commit）的要求上。这种限制在带来算法简化的同时，也在一定程度上限制了算法实现的性能上限。

在 PolarDB 共享存储的实现里，采用了一种叫作 ParallelRaft 的算法。顾名思义，ParallelRaft 就是要在 Raft 的基础上增加并行度，但我们并不想大幅提升其复杂度。好在我们并不需要一个通用的一致性协议，考虑到共享存储中只需要提供块设备接口，而块设备接口按照偏移区间访问的模式，这使得我们能天然地、方便地判断两个请求之间会不会存在冲突，即偏移区间的重叠。利用这个特性，ParallelRaft 在一定程度上实现了并行的日志的扩展写，顺序确认及顺序提交，如图 2-4-6 所示。

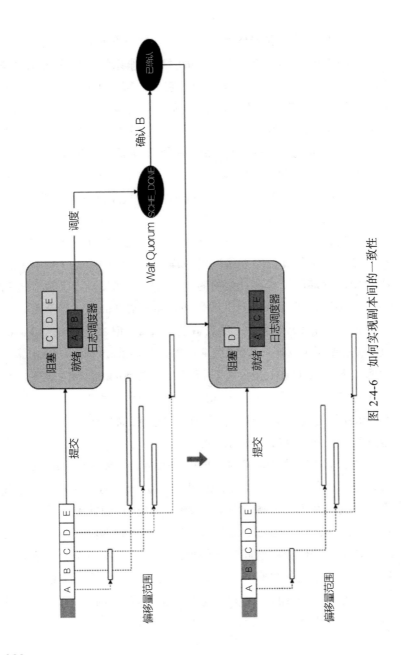

图 2-4-6 如何实现副本间的一致性

A、B、C、D、E 这五个待提交的请求到来时，通过它们要访问的偏移区间，可以看到 A 和 B 是互相没有重叠，可以并行提交（Submit），因此 A 和 B 被放到准备（Ready）队列进行顺序确认及顺序提交的流程，而 C、D、E 都跟 B 有重叠，因此需要阻塞（Block）等待。这个时候，假设 B 完成了提交，重新审视待提交的请求，发现 A、C、E 进入了准备队列，而 D 由于跟 C 的区间重叠继续阻塞等待。

**2. 物理复制**

（1）共享存储天然需要物理复制

主从结构的数据库系统中，从节点需要提供读服务。主从节点之间会采用同步日志（Log）的方式来保持一致。传统节点独立数据的架构中，通常采用的是逻辑复制的模式，也就是同步逻辑日志的模式，比如 MySQL 中的 Binlog。逻辑日志中记录的是事务对数据库做过的具体操作。从节点收到 Binlog 后会根据其中记录的操作在本地进行重放，从而达到与主节点相同的状态。然而在共享存储的结构中，这种逻辑复制的方式会有问题，那就是它无法保证复制前后物理数据的完全一致。以 B+ 树为例，即使插入同样的一批数据，顺序不一致其产生的 B+ 树结构也是不一样的。然而共享存储由于主从节点只有一份数据，显然是无法接受的，因此共享存储需要新的主从节点数据复制方式。这个方式就是物理复制，PolarDB 采用重放日志（Redo Log）来实现主从节点的同步，由于其物理日志的特性，保证了主从节点看到的是完全相同的数据。

（2）PolarDB 的物理复制实现

PolarDB 实现可以分为节点（Server）和引擎（Engine）上下两层：Server 层负责查询的接收、解析、生成执行计划，以及执行；Engine 层负责事务处理、索引维护、加锁、数据缓存等。传统物理复制主从结构中，主节点上事务提交之后产生 Binlog，通过网络传输给每个从节点，从节点会对收到的 Binlog 进行解析并重放，重放过程会完整地执行一遍与主节点上一样的从 Server 层到 Engine 层的完整路径，也就是一种自上而下的同步方式。相对应地，采用物理复制的 PolarDB，其复制模式是自下而上的，从节点从共享存储中读取重放日志，进行解析和应用，同时更新内存中的缓存数据页信息、事务信息、索引信息以及其他一些状态信息。物理复制的过程如图 2-4-7 所示。

（3）物理复制的性能优势

除了上述复制执行逻辑的区别外，物理复制还在复制延迟上有着显著的优势。由于逻辑复制是事务级别的复制，即事务在主节点上提交完成之后才可以在从节点上开始执行，那么复制延迟可以简单地计算为

$$延迟时间 = 事务处理时间 + 传输时间 + 重放时间$$

当有执行时间很长的大事务时，逻辑复制的复制延迟时间就会变得难以接受。在这方面，物理复制不同，由于物理复制的目的是在物理页的层面上保持主从的一致，从节点上也可以采用与主节点上同样的方式来做事务的回滚和 MVCC，因此物理复制可以实时发生在事务的整个执行过程中，因此物理复制的复制延迟变成

$$延迟时间 = 传输时间 + 重放时间$$

由于访问同一份重放数据，因此 TransmissionTime 可以很小，而重放的 ReplayTime 仅针对一个物理页的内容，相对于 Binlog 非常小，因此物理复制可以获得比逻辑复制小得多，且和事务大小无关的复制延迟，通常在毫秒级别。图 2-4-8 展示了这种复制延迟的区别。

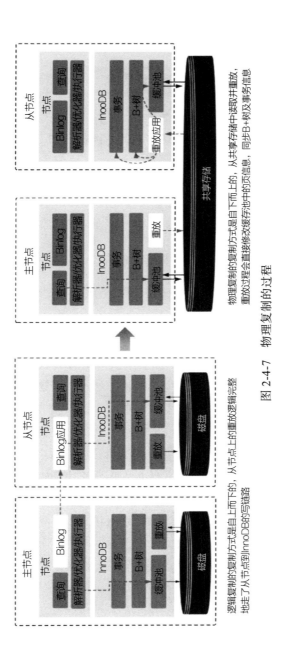

图 2-4-7 物理复制的过程

核心技术-物理复制-实时同步

- 减少一份日志写
- 实时同步，不需要等事务提交

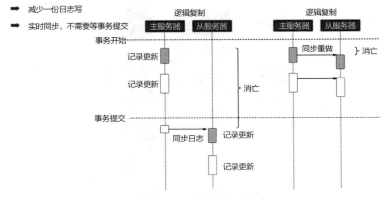

图 2-4-8　物理复制实时同步

（4）PolarDB 的物理复制核心技术

PolarDB 实现物理复制的核心技术主要包括物理一致性的保证、逻辑一致性的保证及从节点内存的维护。首先，所谓物理一致性，以 B+ 树的结构为例，当有节点需要分裂或合并时，需要保证并发的读请求不能看到中间的状态。这个问题在单节点可以通过加锁来解决，但如果这个读请求发生在只读节点上，则需要良好的复制机制来保证一致性的视图。其次，逻辑一致性也就是跨节点的 MVCC，MVCC 本身是为了避免读、写之间的竞争而引入的。实现上，读请求会持有当前活跃事务状态的读视图（Read View），之后的读会用这个读视图来判断自己可见的数据版本。单节点上读请求可以方便地看到活跃数据状态，但在只读节点上就不容易了。最后，除了页数据之外，数据库中还有各种内存缓存来加速查询、排序、索引等，只读节点上这些缓存都需要有完善的机制来及时更新。

### 2.4.4 内核优化

**1. 锁优化**

对锁的优化是提升系统效率的常见方向,PolarDB 也在这个方向上做了大量工作。主要的优化手段包括拆锁、锁分区以及无锁化。例如,我们对事务锁系统进行了一些分区;在活跃事务链表以及日志系统中进行了一些无锁化开发,以提高性能。锁系统细化分区如图 2-4-9 所示。

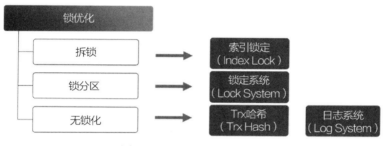

图 2-4-9 锁系统细化分区

这里重点讨论如何减少索引锁。需要说明的是,这种锁是用于保护数据结构的,它并不是事务中的锁,而是在数据库中称为 Latch 的锁。它确保了物理结构的一致性。例如,如果一个页面要被分裂(Split),你只能看到分裂前或者完全分裂后的结果,而不能看到中间的结果。这种锁被称为 SMO(Shared Mode Optimistic)锁,它在共享存储中更加常见的原因是,共享存储脱离了传统的硬件限制,许多用户设计的表越来越大,数据量越来越多,这导致 B 树结构变得臃肿,分裂情况也更加频繁。这种锁会产生很大的影响,一旦加锁,走过该页面的某些链路就会被阻塞。

为了解决这个问题,PolarDB 对每个节点添加了右向指针。

右向指针的作用非常直观，通过在节点之间提供一个新的链路，可以避免在分裂过程中对父节点加锁的问题。如图 2-4-10 所示的上半部分示意的实现中，父节点和子节点都需要加锁，否则可能会导致分裂中间结果不可见的问题。添加了右向指针后（见图 2-4-10 下半部分），我们可以通过原子节点的右向指针，找到新分裂出来的节点，从而找到需要的数据。这种优化在一些分裂场景比较多的情况下效果特别明显，例如一个有较长的行，并且数据量较大的 DB，我们实测出来的性能可以提升到原来的三倍。

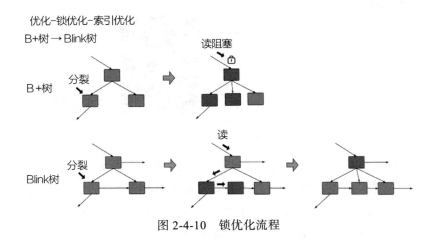

图 2-4-10　锁优化流程

### 2. I/O 路径优化

由于云上共享存储带来的介质特性与传统的本地磁盘完全不同，因此 I/O 路径优化也是非常有趣的一部分。介质的差异会导致某些指标的变化，比如以前我们假设随机写一定比顺序写慢，现在该假设不再成立。数据库里的很多实现，比如重放日志（Redo Log）、回滚日志（Undo Log），都是为了实现更灵活的缓存策略,从而尽量使用顺序写替代随机写的,但对云数据库而言,它们都需重新考虑。

如图 2-4-11 所示的对比图,来源于我们近期在 VLDB(Very Large Data Bases)会议上发表的论文"CloudJump: optimizing cloud databases for cloud storages",其中对介质特性的变化进行了整理:包括 I/O 时延更高、系统带宽高但利用率低、无页面缓存、I/O 调度隔离性低、大表问题加剧。其中更高的 I/O 时延是增加的网络转发导致的,而更高的吞吐则是共享存储的分片打散带来的,这两个特性一起带来了一个结果:顺序访问由于需要串行等待多个 I/O 时延,可能会慢于并行打散到不同的存储节点上的随机访问的速度。针对这些介质特性的变化,PolarDB 做了大量工作,从图 2-4-11 中也可以看到,PolarDB 是远好于云上 MySQL 的。图 2-4-12 是 PolarDB 所做的 I/O 路径优化图。

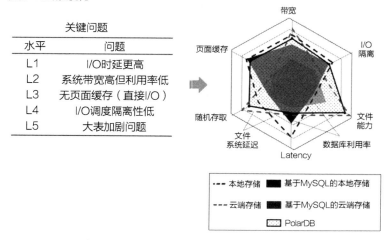

图 2-4-11　传统数据库与云数据库 I/O 对比

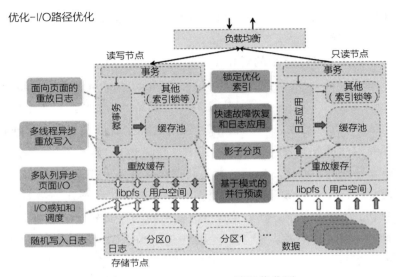

图 2-4-12　PolarDB I/O 路径优化图

重放以及页的 I/O 通常会成为数据库的性能瓶颈。为了提高性能，PolarDB 在这两个路径上做了大量工作，来适应介质特性的改变。例如，PolarDB 实现了重放分片，将不同的分片打到不同的存储节点（Storage Node）来充分利用共享存储的大带宽。此外，针对 I/O 密集型（I/O Bound）场景，PolarDB 也实现了多种优化措施，如多队列调度、延迟写等。

图 2-4-13 是改造以后的性能对比，灰色是传统的本地 SSD 上的 MySQL，相当于直接把针对物理盘设计的数据库直接搬到共享存储上来的效果，可以看到性能下降是非常明显的，低了很多倍。改造的目标是扬长避短，PolarDB 是能够做到比之前的本地 SSD 性能更优的。图 2-4-13 及图 2-4-14 分别是对重放及页面的 I/O 链路进行改造后，在 CPU 密集型及 I/O 密集型场景中获得的性能提升。

优化-I/O路径优化-重放I/O-收益

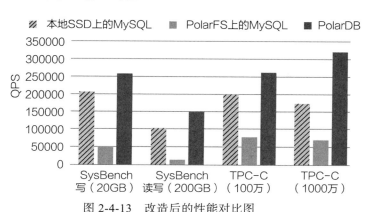

图 2-4-13　改造后的性能对比图

## 2.4.5　企业功能

PolarDB 在本文提到的核心技术及性能调优的基础上，向用户提供了大容量、高性能、高可用、极致弹性的数据库服务。除此之外，PolarDB 也在不断地提供更多、更方便、满足用户需求的能力或特性。

（1）备份恢复

除了传统的按时间点还原及单表恢复外，我们还提供了当前实例级别的回溯功能，支持快速将当前整个实例回退到过去的某一时间点，并支持这个时间点的来回选择，以及查询级别的回溯查询（Backtrack Query）功能，用户可以在 SQL 语句中使用 as timestamp 关键字来访问某一历史时间点的数据。

（2）全球数据库

支持在全球不同可用区部署多个 PolarDB 集群组成网络，网络中所有的集群数据保持同步。支持业务的跨地域部署，实现数据库访问的低延迟和高稳定性。

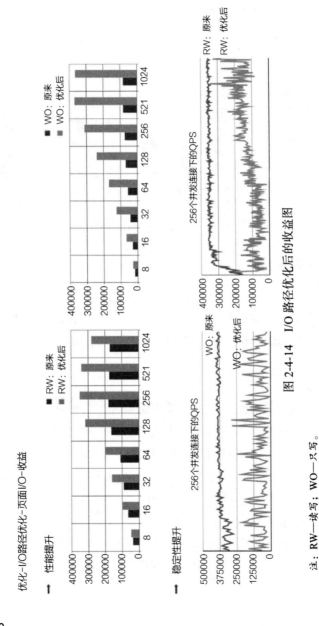

图 2-4-14 I/O 路径优化后的收益图

注：RW—读写；WO—只写。

（3）DDL 改进

除了对 DDL（Data Define Language，数据定义语言）操作做了大量的优化之外，还提供了并行 DDL、在线（Online）DDL、秒级修改字段等能力，来最小化结构变更对业务的影响。

（4）HTAP

提供列索引，支持实时事务级别的行列数据一致，列索引结合 SIMD（Single Instruction Multiple Data，单指令流多数据流）向量化和并行执行加速技术，在大数据量复杂查询场景中，相比传统 MySQL 数据库获得百倍以上执行性能加速效果。提供弹性并行查询，利用多只读节点资源，以高并行度执行查询，实现超低响应延迟。

（5）多主多写

多主架构主要面对多租户、游戏、电商等高并发读写的应用场景，实现可扩展写的能力。

## 2.5 Apache Doris 发展历程、技术特性及云原生时代的未来规划

### 作者介绍

**陈明雨**：百度 Doris 团队前技术负责人、Apache Doris 项目管理委员会主席

注：本文整理自 Apache Doris 项目管理委员会主席陈明雨在 DIVE 全球基础软件创新大会（2022）的演讲，由极客邦科技编辑李冬梅整理。

Apache Doris 是由百度自研并开源的一款 MPP（大规模并行

处理技术）的分析型数据库产品，其项目已于 2022 年 6 月正式从 Apache 孵化器"毕业"，成为 Apache 顶级项目。

## 2.5.1 Apache Doris 特性

Doris 数据流程如图 2-5-1 所示。

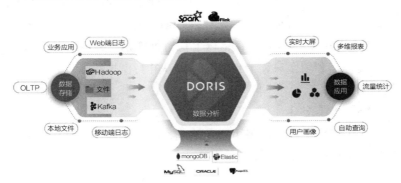

图 2-5-1　Doris 数据流程图

其中，上游数据源包括 OLTP 数据库中的数据、业务的应用日志、Web 端的埋点日志以及本地文件等，通过批处理或流处理系统，比如 Hadoop、Spark、Flink 等，对数据进行加工以后，把数据"灌入"Doris 中。

Doris 可以直接对外提供查询服务，比如支持实时大屏的数据展示服务、多维报表分析、用户画像场景支持等。同时，用户还可以通过 Doris-Spark(Flink)-Connector 等连接组件，使用外部系统直接读取 Doris 中存储的数据。最后，用户还可以利用 Doris 高效的分布式 SQL 查询引擎，对外部数据源如 Hive、Iceberg、Elasticsearch 等提供查询加速服务。

我们选取了六个 Doris 的特点，向大家介绍 Doris 在分析型数据库领域的一些特点。

### 1. 极简架构

Doris 的第一个特点就是它的极简架构,如图 2-5-2 所示。

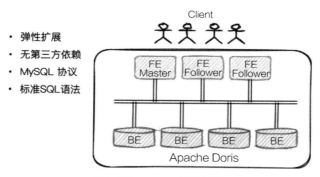

图 2-5-2　Doris 极简架构

从图 2-5-2 可以看到,Doris 只有两类服务节点:FE(Frontend)节点和 BE(Backend)节点。除了这两类节点以外,Doris 不再依赖任何第三方的服务。FE、BE 节点都可以横向扩展,以应对不断增长的数据。

此外,Doris 支持 MySQL 协议和标准 SQL 语法,用户通过标准的 MySQL 客户端,或者各种语言的 MySQL 连接库,就可以方便地接入 Doris,并使用标准 SQL 进行数据分析。

通过极简的系统架构和较低的学习成本,用户可以方便、快速地把原有业务迁移到 Doris 上来。

### 2. 高效自运维

在分布式系统中,存在很多系统故障,比如网络故障、磁盘故障、节点下线,甚至机房下线等。在这些故障发生的时候,分布式系统需要有一个很好的分布式管理层来自动进行故障恢复,降低用户的运维成本。如图 2-5-3 所示,在磁盘故障或者节点上下线时,Doris 可以自动地在分片(Tablet)级别对数据进行均衡或修复,保证整个集群能够在较短的时间内从故障中恢复过来,从而保证整个集群的可用性和可靠性。

- 多副本容灾与修复
- 数据自动均衡

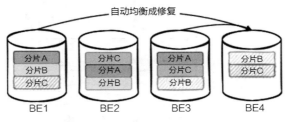

图 2-5-3　Doris 高效自运维

整个故障修复过程不会影响用户使用 Doris,整个过程是一个透明的、自动的过程。对于一个分布式系统来说,较低的运维成本和较高的故障容忍度,可以极大地提升整个系统的健壮性,保证业务 7×24 小时提供可靠的服务。

### 3. 高并发场景支持

市面上很多 OLAP 数据库都支持高吞吐的业务场景,而对高并发查询场景的支持并不是很友好。Doris 不仅支持高吞吐的业务场景,也提供了对高并发场景的支持。在单机情况下,Doris 可以支持 1000 QPS 的高并发点查询场景,同时可以通过横向扩展更多的计算节点来提高 QPS 的峰值。

这得益于 Doris 内部的一些技术实现。如通过分区裁剪,可以保证用户的查询最终仅落到某一个具体的数据分片上,避免不必要的数据读取。

此外，Doris 内部还提供了不同类型的缓存。例如，数据文件块级别的缓存，可以减少热点数据的磁盘 I/O 开销；SQL 结果缓存直接将查询结果进行缓存，对于相同的查询语句，可以直接返回缓存的结果；分区缓存可以缓存历史分区的数据，并在用户查询时，将历史分区缓存的数据和最新分区的实时数据合并，返回最终的结果。

通过缓存机制，降低查询时的磁盘 I/O 开销，并减少需要实时计算的数据量，保证单个查询的资源开销足够小，以提升同一时刻，整个系统能够承载的查询数量。

此外，在后续的 2.0 版本中，Doris 将通过包括短路规划、查询计划缓存、PreparedStatement 等更多技术，进一步提升高并发场景的支持能力，使得 Doris 能够在一些偏服务化（Serving）的场景中发挥作用。

### 4. MPP 执行引擎

Doris 具有完备的 MPP 查询执行框架，可以充分利用集群内的计算资源，完成高吞吐的多维数据分析请求。

MPP 查询执行框架的一个重要特点是其拥有对数据的重分布（Shuffle）能力。首先，数据扫描算子将数据从对应的存储节点读出，数据重分布，可以将数据发送到更多的计算节点，从而利用更多的计算资源完成上层算子的计算。数据重分布能力，使得查询所能利用的计算资源不再和数据存储资源绑定，从而提升集群的资源利用率。Doris 内部 MPP 执行引擎示意如图 2-5-4 所示。

此外，因为 Doris 采用无共享（Share-Nothing）的架构，每个节点都独立存储、管理整个数据集的一部分，所以 Doris 的 MPP 查询执行框架会将查询计划切片，不同的切片可以在不同的节点上并行处理各自节点上存储的数据。同时，在同一个节点内，

Doris 还会将一个切片进一步拆分，充分利用多核 CPU 的能力。通过节点间和节点内的并行执行，进一步增强 Doris 的数据处理能力。

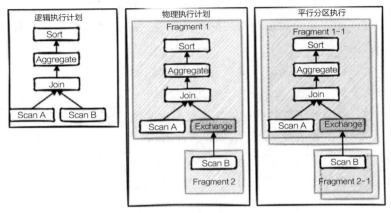

图 2-5-4　Doris 内部 MPP 执行引擎示意

在后续版本中，Doris 还将引入 Pipeline 执行框架。该执行框架会在现有的并行执行能力基础上，为 Doris 提供细粒度的资源管控、隔离能力，进一步发挥 Doris 查询执行框架的能力。

### 5. 明细与聚合模型的统一

Doris 的第五个特点是明细与聚合模型的统一。在实际业务操作中，用户可以首先将细粒度的原始数据存储在 Doris 中，这一部分数据称为明细数据，对应的表称为明细表。在明细表基础上，用户可以进一步建立针对任意维度的聚合表（或称物化视图）。

这里我们通过一个示例进行说明。如图 2-5-5 所示，原始的明细表包含 ID、日期、城市和消费四列。其中 ID、日期和城市是维度列，消费是指标列。

- 明细+聚合统一
- 数据一致
- 查询自动路由

| ID | 日期 | 城市 | 消费 |
|---|---|---|---|
| 1 | 2021-06-26 | 北京 | 100 |
| 2 | 2021-06-27 | 北京 | 200 |
| 3 | 2021-06-27 | 上海 | 300 |

| 日期 | SUM(消费) |
|---|---|
| 2021-06-26 | 100 |
| 2021-06-27 | 500 (200+300) |

| 日期 | COUNT_DISTINCT(ID) |
|---|---|
| 2021-06-26 | 1 |
| 2021-06-27 | 2 |

| 城市 | MAX(消费) |
|---|---|
| 北京 | 200 |
| 上海 | 300 |

图 2-5-5  Doris 明细 + 聚合

如果用户查询"某一个日期的消费的总和",则可以在明细表上建立一个由"日期"和"消费"列组成的物化视图。这个物化视图会自动地将相同"日期"的"消费"数据进行预聚合(累加,SUM),然后把累加后的数据直接物化存储在节点上。当用户查询某一日期的消费总和时,可以直接读取已经预先算好的数据,这样能够极大地加速数据查询。在整个查询过程中,不需要进行实时的数据累加计算,而是直接获取最终结果。同时,明细数据依然保留在明细表中,用户依然可以自由查询明细数据。这就是明细和聚合的统一。

Doris 也通过导入操作的事务性机制,来保证明细表和所有物化视图的数据的一致性。当用户将数据导入明细表时,Doris 会自动生成对应的物化视图的数据,并保证明细表和所有物化视图的数据原子性生效。这样用户无须担心脏数据,或者数据不一致的问题。

此外,Doris 还支持针对物化视图的查询的自动路由。用户无须指定要查询的具体物化视图 Doris 的查询优化器能够自动选择最合适的物化视图并返回正确的数据。

目前上述能力仅限于单表上的操作。Doris 会在 2.0 版本中提供多表物化视图的能力，支持对物化视图定义连接（Join）、聚合、过滤等操作，进一步提升在复杂数据查询场景下的能力。

#### 6. 便捷数据接入

Doris 在数据接入方面做了非常多的工作，来保证任何一个数据源都可以很快地接入 Doris，如图 2-5-6 所示。比如 Doris 支持例行导入作业，通过一条简单的 SQL 语句就可以订阅 Kafka 中的数据，并提供精确一次（Exactly-Once）的消费语义，实时地消费和存储流式数据。同时，Doris 提供了 Flink 和 Spark 连接器（Connector），通过这些连接器，用户可以通过批处理和流处理系统来读取 Doris 中的数据，或写入数据到 Doris 中。

图 2-5-6　便捷的数据接入

Doris 同时提供流式的和批量的数据导入方式，不管数据是存在对象存储系统、HDFS 上，还是 Kafka 中，都可以通过适合的导入方式来便捷地加工处理数据，并存储到 Doris 中，以进行快速的查询分析。

## 2.5.2 Apache Doris 极速 1.0 时代

在已经发布的 Apache Doris 1.0 中，主要突出以下三个特点：极速、稳定和多源。

**1. 极速**

在 1.0 版本中，Doris 引入了全新的向量化执行引擎，极大提升了查询性能。向量化技术的提出已有十几年的历史，而在近几年，通过 ClickHouse 等优秀的开源的数据库引擎，这一技术真正被带入生产级别的实践中，让大家真正意识到向量化能够给数据分析带来怎样的变革。

Doris 借鉴了包括 ClickHouse 在内的很多开源系统的优秀设计，同时也结合自身的特点，打造了一个完整的向量化执行引擎。通过对所有的算子和函数进行向量化改造，Doris 极大地提升了整体查询执行效率。这里我们从列式内存布局、向量化的计算框架、Cache（高速缓存）亲和度、虚函数调用、SIMD 指令集等几个主要技术点，介绍 Doris 在向量化执行引擎方面的技术实现。

（1）列式内存布局

Doris 的存储引擎采用的是列式存储。在数据分析领域，列式存储相比行式存储有诸多优势，比如更高的压缩比，数据可以按需读取以提升 I/O 的效率等。

虽然 Doris 采用列式存储，但在 1.0 版本之前，数据从磁盘读取到内存后，在内存中依然是以行的形式进行布局的，如图 2-5-7 中左边部分（RowBatch）所示。RowBatch 中的数据是按行排列的，这种内存布局对向量化计算框架不友好，所以向量化引擎改造的第一步就是把整个行式内存布局改为列式内存布局，即采用图 2-5-7 中右边部分（Block）数据结构。可以看到，在 Block 数据结构中数据是按列排列的，这种布局可以充分利用

Cache 亲和度、SIMD 指令集等特性，从而加速查询。

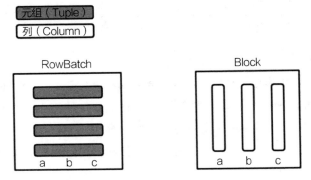

图 2-5-7　列式内存分布

（2）向量化的计算框架

基于改造后的列式内存布局，Doris 实现了全新的向量化计算框架，在新的计算框架中，所有算子之间的数据都是以 Block 的格式传递的，如图 2-5-8 所示。

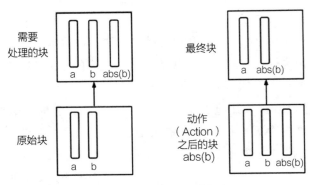

图 2-5-8　向量化的计算框架

在图 2-5-8 的左边，原始的 Block 是 a、b 两列，我们在 b 列上进行了一次 abs 函数计算。函数计算会生成一个新的列，来存储计算后的结果。之后，我们会对列进行裁剪。比如，如果上层不再用到原始的 b 列，我们会把 b 列删除，最终往上一层算子只传递 a 列和 abs 函数计算后的结果列。通过这种方式，我们可以通过内存预分配、内存复用等多种手段对算子提速。

（3）Cache 亲和度

Cache 亲和度也跟内存布局息息相关。前文提到，所有数据都是以列的方式，紧密排列在一个 Block 中的。所以在一次 CPU 指令中，可以尽可能地在一个 CPU 缓存行（Cache Line）中处理更多的数据。现代 CPU 有多级缓存，比如 L1、L2、主存，每级缓存的数据处理的延迟都是指数级增加的，所以要尽可能地在更贴近 CPU 的缓存中完成更多的数据处理。

（4）虚函数调用

虚函数调用问题也是 Doris 之前版本的计算框架存在的问题。现代 CPU 都提供多级流水能力以及分支预测能力。CPU 会根据依赖关系，将一条指令拆分到多个流水线（Pipeline）中并行处理，并且通过分支预测，抢先执行一些预测后的计算逻辑，如图 2-5-9 所示。

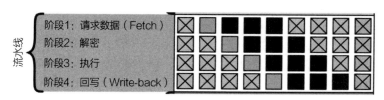

图 2-5-9　虚函数调用

但是如果出现了预测失败，那么多级流水就会被打乱，从而严重降低整个 CPU 在一个时钟周期内的处理能力。每一次虚函数调用，都会有一个虚函数表的查找操作，这个查找操作会打断 CPU 的指令流水，降低 CPU 的分支预测和指令流水的性能。所以在新的向量化执行框架中，Doris 引入了大量 C++ 模板和 C++ 11、17 的新语言特性，避免运行时的虚函数调用，提升 CPU 分支预测的准确度，提高 CPU 的利用率。

（5）SIMD 指令集

SIMD 指令能够在一条指令集中处理更多的数据。SIMD 指令集的实现分为两种，其中一种是自动向量化实现。现代化的 C++ 编译器，可以智能地将一些函数转换为 SIMD 指令。比如图 2-5-10 所示的例子中，for 循环是一个简单的两个数组的相加计算，编译器会自动地把这样一条指令变成一个 SIMD 指令。

```
const int dim = 1000000;
float a[dim], b[dim];

int main() {
    for (int n = 0; n < dim; ++n) a[n] += sin(b[n]) * cos(b[n]);
}
```

| Vectorization Disabled | Auto-Vectorized | Speedup |
| --- | --- | --- |
| 108.7 millisecs | 37.3 millisecs | 2.9X |

图 2-5-10　SIMD 指令集

通过 SIMD 指令，整个算法的耗时可以从 100 多 ms 降低到 30 多 ms，获得三倍的性能提升。这也就是说，通过对代码级别的改造以及编译器的自动编译优化，可以显著提升一些简单计算场景下的性能。

对于复杂的函数计算，编译器的自动向量化可能无法完成，因此需要开发者通过手写 SIMD 指令的方式，帮助提升一些算子的效率。通过编译器的自动向量化和手写向量化，可以极大地提升很多算子的效率。

通过向量化引擎的改造，Doris 在 ClickHouse 公司推出的

Clickbench（https://benchmark.clickhouse.com/）性能测试中，从众多数据库中脱颖而出，获得了前三的优异成绩。

**2. 稳定**

Doris 1.0 的第二个主要特点就是"稳定"。

首先，Doris 的 MPP 执行引擎是基于内存的，即所有数据的处理都需要在内存中。不论是导入操作、查询操作，还是系统内部的任务，都会产生内存开销。所以 Doris 也是一个内存密集型的系统。如果没有一个优秀的内存管理框架，很容易出现 OOM（Out Of Memory）错误，从而降低在高负载场景下或者复杂查询场景下系统的稳定性。

在 1.0 版本中，Doris 重构了整体内存管理框架，目标就是"对 OOM 说不"。

在 Doris 内部，我们通过 MemTracker 对内存进行管理和跟踪。MemTracker 是一个树状结构。根节点的 MemTracker 负责进程级别的内存总控，子节点由不同模块的 MemTracker 组成，比如查询模块的、导入模块的等。这些 Mem Tracker 共同组成了一个完整的内存管理和跟踪框架。

再进一步，不同模块的 MemTracker 还会有更细粒度的内存管理。比如针对查询模块，会对一个查询内部的多个执行分片，以及执行分片下面多个执行算子，生成一个树状的 MemTracker 结构，帮助我们观测一个查询任务的总内存开销、每一部分内存开销等，提升系统的可观测性。

在具体技术实现上，每一个工作线程开始运行工作任务时，都会生成线程级别的 MemTracker，同时还会基于 TcMalloc 的 Hook 机制，统一监控所有内存的申请和释放操作，保证不会遗漏任何一部分内存，使得整个内存是可控的且可被观测的。

内存管理的优化只是一个开始，后续 Doris 还会提供细粒度的 CPU 管理、I/O 管理以及负载隔离机制，使得不同的工作负载可以在同一个 Doris 集群中无干扰地运行，降低运维成本，提升使用体验。

### 3. 多源

Doris 自 1.0 版本开始，就全面开展湖仓一体的生态建设。新版本中的多源数据目录（Multi-Catalog）功能，能够帮助用户自动同步和映射外部数据源的元信息，并提供多种优化技术来提升对外部数据源的查询能力。比如，通过元数据缓存的能力提升访问 HiveMetastore 等元数据服务的稳定性和性能。通过分区裁剪、谓词下推，以及对 Parquet、ORC 等格式的文件裁剪、延迟物化、预读功能的支持，用户可以通过 Doris 获得比其他查询引擎快 3～10 倍的查询加速效果。

在新版本中，Doris 支持了 Hive、Iceberg、Hudi、ES、JDBC 等多种连接方式。用户可以将 Doris 作为查询加速层，在不进行数据迁移的情况下，直接分析湖上数据以及对多个数据源进行联邦查询。此外，在后续的版本中，Doris 会进一步支持湖仓能力，不仅提供对湖上数据的增量查询功能，而且提供自管理的数据湖表引擎，真正实现极速、统一的湖仓一体能力。

以上就是 Doris 在 1.0 时代最主要的三个方向的进展——极速、稳定和多源。当然，除此之外，Doris 还在不断添加和优化更多特性，欢迎大家前往 doris.apache.org 官网进行探索。

2023 年，Doris 会进入 2.0 时代。2.0 将是一次全面的进化。Doris 会在多模数据分析、湖仓一体、ETL、实时数据更新、查询优化器、云原生等领域提供更多的功能，并进行更多的功能优化。

### 2.5.3 关于 Apache Doris 开源社区

Doris 在 2018 年进入 Apache 孵化器，并于 2022 年正式"毕业"，成为 Apache 顶级项目。整个社区的发展非常迅速，截至 2023 年 4 月，累计贡献者人数已接近 500，每月活跃开发者人数也超过 100 位。整个社区处于蓬勃发展的阶段，也欢迎更多的人加入社区，一起开发和使用 Doris。

作为一个 Apache 项目，Doris 也将秉承"社区大于代码"的 Apache 理念，不断面向开发者和用户推出更多的社区活动。

Doris 的 Github 地址是 https://github.com/apache/doris。

在 Github 上可以找到很多丰富的新手任务，不论是在校学生、职场新手，还是真正使用 Doris 的资深用户，都可以通过新手任务快速地加入 Doris 社区，在提升自身技术能力的同时，也帮助 Doris 社区更好地发展。

## 2.6 基于云原生向量数据库 Milvus 的云平台设计实践

**作者介绍**

**栾小凡**：Zilliz 合伙人与工程总监、LFAI & Data 基金会技术咨询委员会成员、康奈尔大学计算机工程硕士。先后任职于 Oracle 美国总部、软件定义存储创业公司 Hedvig、阿里云数据库团队，曾负责阿里云开源 HBase 和自研 NoSQL 数据库 Lindorm 的研发工作。

### 2.6.1 向量数据库是什么

在现实生活中非结构化数据的体量变得越来越大。所谓结构化数据指的是像音频、视频、图片，包括用户数据、分子式数据、时序数据、地理位置数据等，这些数据相比传统的结构化数据更贴合人的需求，它们的描述能力更强，同时处理难度也更高。IDC 的调查显示，未来 80% 以上的数据可能都是非结构化数据。但是目前非结构化数据并没有被很好地利用起来。

传统上非结构化数据往往都是通过 AI 去处理的，各种各样非结构化数据通过深度学习模型转化成向量嵌入，即一组高维的稠密数据，这组数据通过其最近邻的关系可以演化出一些新的知识或者想法。

随着维度变得越来越高，向量表达原始数据的能力就会变得越来越强。当然，维度无限变大，也会造成很多处理上的困难：

1）高维空间中，数据通常更加稀疏。

2）高维数据的计算量会比较大。

3）维度高了，传统的数据库不再有效。

所以在这个基础上，我们演化出了向量索引，帮助用户快速实现高维数据处理的算法，常见的算法有以下几种：

第一种是基于哈希函数的算法。它的思路很简单，找到一组哈希函数，将这些哈希函数用于高维空间中的点，以此把这个空间划分成很多"桶"（很多份）。这些"桶"是低维空间的子集，每一份都代表原始高维空间的一个区域。哈希函数的设计使得每一个"桶"中的点尽可能接近，而不同"桶"中的点尽可能远离。因此，这种设计依然能表示出数据的近邻关系，即相近的数据点在哈希后的低维空间中仍然相近。在查询的时候，根据要查询的数据先进行散列计算，找到对应的"桶"，计算量就大大减少。

第二种是基于树分区的算法。该算法基于解释空间划分的思想，按照不同的维度把空间进行多次划分，最终形成一个树结构。

第三种是 IVF 算法（Iterative Version of K-Means，一种改进的 K-Means 聚类算法）。其本质上就是构建一个聚类，然后找到每个聚类中间点,在查询数据时和这些中间点做比较,距离比较近的就认为可能有最近邻的数据,只去搜索其中的一部分数据。

第四种是基于图的索引。它的实现方式是构建近邻图,在高维空间下构建这张图的时候,通过一种算法去找到一些最近邻,在查询的过程中,从图上任意一个节点出发,不停地通过最近邻找到最近的节点,直至发现周围没有更优解了,那么这个节点就是局部最优。如果扩散的节点数足够多,那么最终召回率就相对比较高。这种图结构索引的执行速度比较快,但也会占有相对多的内存。

前两种做法都存在一个比较大的问题,即召回精度不够,随着维度变大,召回精度可能会变得越来越低;现在在工业中主要采用后两种做法。

这些向量都在解决怎么索引高维数据的问题,但是没有解决一个很核心的问题:**如果数据量变得很大,内存会放不下,查询性能也达不到预期。**

所以我们做了向量数据库,以索引并存储向量嵌入,实现比较快的相似度查询。它要实现的功能主要有以下几个:

1)管理非结构化数据,支持 CRUD⊖、导入导出、备份、快照。

2)作为一个数据库,在现阶段要有很高的拓展性,同时要满足可用性要求。

3)持久化能力,要保证用户写入的数据不丢,这个也是传统向量索引所不具备的能力。

4)随着用户对实时性要求的提高,数据新鲜度也变得很重要。

---

⊖ CRUD 是 Creat(创建)、Read(读取)、Update(更新)和 Delete(删除)四个英文首字母的缩写。

5）易用性的改进。

## 2.6.2 云原生向量数据库设计实践

### 1. 云原生向量数据库的设计要点

接下来聊一聊我们是怎么做云原生向量数据库的。图 2-6-1 是 Milvus 的常见场景，图的最左端是一些非结构化数据，通过各种各样的模型或框架转换到高维向量空间里面，然后对高维空间里的这些数据构建索引，以查询对应的图片或者文本，而多模态的查询取决于模型或框架本身是不是有能力支持。

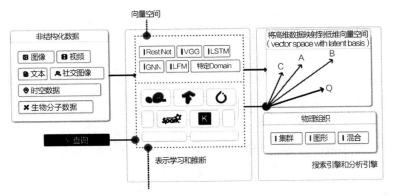

图 2-6-1　Milvus 常见场景

系统要满足哪些要点呢？

第一是数据新鲜度与效率。数据的可见性和查询的效率之间会存在冲突，两者难以兼得。为了解决这个问题，我们引入了批流一体化的数据处理模式：为了保持数据新鲜度，提供基于流式数据的实时查询能力；为了提升效率，我们用批式插入的方式，数据会写入对象存储系统，我们会为数据构建索引或者提供服务。如果流数据多了，我们会将数据处理模式动态地从流式转换为批处理，从而保证效率。

第二是性能与精确度。所有高维度的查询都不能做到 100% 精确，除非去做暴力检索，比如我要前 100 个结果，可能最终只搜出来 95 个。高维度查询本质上有一个牺牲查询性能换取精确度的逻辑，如果 BFS（广度优先搜索）每次读的节点更多，那么相对精确度就会更高。我们通过"可调节"模式来解决这个冲突，给用户提供不同的索引类型，还提供了很多查询的参数，让用户可以基于这些查询参数自己做性能与精确度之间的平衡。

第三是迭代效率与执行效率。我们进行了一定的权衡设计，分布式这一层都用 Go 语言去写，所有底层执行引擎都用 C++ 语言去写。大家一看应该就会清楚，Go 更偏向于系统的迭代效率，而 C++ 更偏向于系统的执行效率。

第四是扩展性与易维护。在很多人看来这个并不是需要权衡的方面，但是我们发现 80% 易于维护的开源产品的扩展性有很大的问题，而扩展性做得比较好的系统，维护成本又比较高。我们的解决办法是拥抱云原生，后面会进一步介绍。

### 2. Milvus 的设计原则

下面我们来聊聊 Milvus 的设计原则，首先来看看 Milvus 的系统框架，如图 2-6-2 所示。

Milvus 是个比较复杂的系统，有八种不同的节点其中：协调器（Coordinator）是传统系统里的 Master 角色，处理一些管理逻辑；节点（node）主要是执行不同的操作。底层还有三种依赖：一种用于流式存储，如日志代理；一种用于对象存储；还有一种用于元数据存储。有了这三种依赖之后，Milvus 就可以完全做到无状态。这样设计就有两个好处：一个好处是可以很容易地和 Kubernetes 结合，可以很快进行动态的扩缩容，弹性相对较好，所以我们可以认为 Milvus 是一个云原生系统。相比微服务模式，其另外一个好处是可以按需扩容。

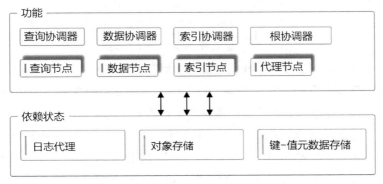

图 2-6-2　Milvus 系统框架图

图 2-6-3 是以日志为核心构建的系统，我们并没有采用现在数据库当中比较主流的同步协议，而是用 Pulsar 或者 Kafka 存储日志，这么设计最核心的部分就是减少系统的复杂度。作为一个 AI 系统，Milvus 对一致性的要求并不是特别高，写入链路的延迟也并不是特别高，Pulsar 和 Kafka 已经可以很好地满足需求了。

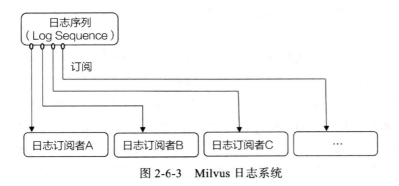

图 2-6-3　Milvus 日志系统

Milvus 整体系统图，如图 2-6-4 所示。

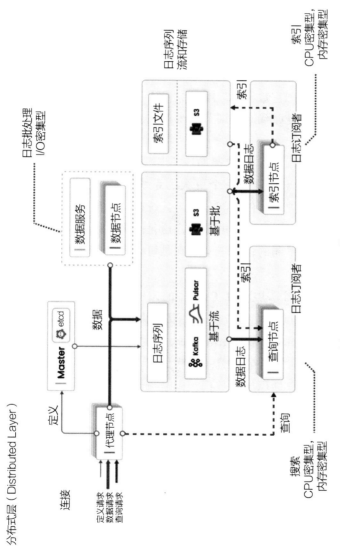

图 2-6-4 Milvus 整体系统图

最左侧的代理节点,同时支持 RESTful 和 gRPC 两种协议。根据不同的数据类型,选择不同的代理节点,比如在执行查询时,会把请求发到查询节点;在执行写入的时候,会先把数据写到日志序列里,日志序列会被数据节点和查询节点订阅,查询节点负责查询,数据节点负责流批的转化,把数据转化成一个更大的批式数据,把它放到 S3 上去;索引节点负责把批式数据转化成索引文件,再加载回查询节点来提供历史数据的查询能力,以提升整体效率。

在资源调配时,我们遵循以下原则:第一个原则是尽量池化,为 Milvus 未来变成一个更大的系统做一些铺垫;第二个原则是按照功能去做组件的切分,与传统模式不同,我们把系统分成了读写和索引几种不同的节点,这是因为系统对读写还有索引的要求是截然不同的;第三个原则是可以针对不同的类型按需扩缩容。

Milvus 的引擎层是用 C++ 写的,中间通过 CGO 对接查询节点、索引节点和数据节点。引擎层大概分成两个部分:标量与向量。向量的引擎叫 Knowhere,支持诸如 FAISS、HNSW、ANNOY 等主流的向量索引,当然我们也做了大量改造和性能上的调整。标量存储原始的数据,同时可以对原始数据构建倒排索引,帮助用户比较快地做标量的过滤。在这之上有一个解析器解析用户的查询,把它转化成逻辑计划,再通过优化器转化成物理计划做具体的执行。

通常用户的查询都是同时查标量和向量的:标量承担过滤的作用,向量做检索的任务。在最底层我们也对硬件做了很多封装,现在可以支持 x86,以及对 GPU 的支持,未来也会针对异构的算力提供更多的支持。

这么复杂的系统,除了开发上的挑战以外,测试也是一件更加困难的事,我们遵循的测试原则叫作:快速破坏(Break Fast)、单件测试(Test In Piece)、快速洞察(Quick Discovery)、敏捷修复(Fix Agilely)。这也就是希望在日常的过程中尽可能多地对系统造成一些破坏性测试,即尽可能地把每个模块分开去测,以便在遇到问题的时候能够快速发现问题,然后在版本发布之前提前修复,而不是把问题留到上线后。

因此,测试流程也分成了几大块。

第一块是日常测试,所有的代码在提交之前,有比较完整的单元测试和集成测试,每天晚上做回归测试,通常情况下百分之八九十的代码问题可以在这个过程中发现。2021年我们把单元测试覆盖率提升到了85%,发现了很多问题。我们会进一步提升到90%以上。

第二块是在发布的时候去做的,包括压力测试、混沌测试。我们不仅做了自己组件的测试,也做了很多依赖测试。这其实帮我们发现了很多发生故障以后恢复不了的问题。过去基本上是发版本的时候才会做基准测试,但我们发现如果不持续做这部分的测试,到发版本的时候性能基本上都会有一些回退。所以我们最近很重要的一个任务就是构建长期执行的基准测试,可以及时发现到底是哪个版本引入的问题。

第三块测试包含插件引擎测试,就是对向量索引、依赖的存储之类的底层做一些单独的测试,以及模糊测试和基于参数的测试。当系统发展到一个阶段以后,传统的测试很难轻易对它造成破坏,就需要引入一些随机测试。

### 3. 云原生向量数据库的部署及运维原则

发布版本以后,用户很自然会问:这么复杂的系统,怎么去部署、运维呢?我们的原则是将云作为第一优先级。这一原则有很多要点：

一是发行。我们很依赖 Kubernetes 的能力，因为整个系统本身已经非常复杂，而且依赖了很多不同的角色。我们尝试过线下部署，发现很难实现。

二是系统要足够健壮。未来我们做主备集群、数据同步，系统整体可用性相对会更高一些。

三是弹性。因为 Milvus 侧没有任何的状态，所以可以比较快地扩缩容。

四是交付。交付的过程应比较快速。

五是诊断。我们花了很多精力做可视化工具，如监控系统。我们把全链路的重要指标完整地梳理了一遍，希望帮助用户观测 Milvus 性能和排查问题。

## 2.7　国产金融级分布式数据库在金融核心场景的探索与实践

### 作者介绍

**贾瓛园：** 腾讯云数据库资深解决方案架构师。拥有 16 年金融银行 IT 工作经验，专注于银行核心业务系统、分布式/微服务技术架构、云原生以及信创等领域的技术工作。先后参与和主导国内多家银行核心系统架构设计和建设，从事金融领域数据库赋能、行业架构设计以及金融系统建设等相关工作。

注：本文整理自腾讯云数据库资深解决方案架构师贾瓛园在 DIVE 全球基础软件创新大会（2022）上的演讲，由极客邦科技编辑刘燕、冬雨整理。

## 2.7.1 国产分布式数据库建设的必要性

在国内 IT 系统中，长期以来数据库一直依赖国外产品。这种情况现已发生变化，国内云计算厂商基于云计算的架构升级，以及产业互联网数字化实践的不断推进，引领了新一代分布式云数据库技术与实践的突破。

随着 IT 对金融行业的作用日益重要，以及在信息安全、业务系统升级建设和云化等需求的推动下，国产分布式数据库得以在对数据库有着高要求的金融行业实现应用和落地，并逐步扩展至政务、工业制造等众多领域，满足了各行各业对数据库国产化和数字化转型的升级需求。在这一过程中，腾讯云企业级分布式数据库 TDSQL 在从技术突破到支持客户转型的实践中，积累了丰富的解决方案与实践经验。

基于基础理论与工程创新，企业级分布式数据库 TDSQL 构建了国际领先的国产分布式数据库，实现了高性能和强一致性兼顾的分布式多级一致性，以及基于 Severless 的弹性高可用。TDSQL 是国内首个将全时态 HTAP 数据库系统应用于国有大型银行的。TDSQL 在云数据库应用推广和社会基础设施应用方面都取得了丰硕的成果，帮助产业打破了业界对国外数据库的长期依赖，实现了国产分布式数据库在金融、政务、工业制造、电商零售等行业的规模化应用和生态发展，并推动了我国数据库基础技术突破与产业分布式技术升级。

目前，分布式数据库正在快速发展，基础软件厂商和金融行业都深受其影响。这意味着数据库的发展不仅要符合金融场景的专业特性，还要在技术上适应金融行业的外部环境、生态系统以及通用功能。因此，我们面临来自技术、研发和行业建设等多维度的挑战。

## 2.7.2 分布式数据库在金融领域的挑战

### 1. 在金融架构上面临的挑战

1)在设计、规划、解决方案的能力方面,行业对新事物的接受需要一个过程。与传统数据库不同,当前发展阶段的国产分布式数据库需要具备贴合业务场景和行业特性的能力,并能够通过分析行业应用的特点,提炼数据库的通用功能,提高金融客户和开发厂商使用的便利性。

2)在扩展能力方面,国产分布式数据库需要包括横向和纵向的扩展能力。

3)在稳定性和性能方面,国产分布式数据库需要涉及分表分库、数据分布式存储、数据路由、数据同步、分布式事务等功能和解决方案。

4)在高可用性方面,国产分布式数据库需要满足监管的要求和行业特点,支持多数据中心、多活(架构、数据)以及故障切换(低延迟、高稳定、智能切换)等方式。

5)在软硬件兼容性要求方面,国产分布式数据库需要包括当前发展并逐步投产的自主可控软/硬件以及虚拟化、云化资源等IT基础设施。

### 2. 在金融业务领域面临的难点

尽管分布式数据库已进入了高速发展和商用阶段,但它仍然是一个相对较新的产品和方案。分布式数据库既要满足当前使用场景的需求,又要兼顾在新技术领域的深度探索,同时还需要在安全、性能等方面持续攻坚,它必然会面临诸多难点和挑战。

**第一,保障业务系统兼容性。**目前,大部分业务系统已经趋向于采用基本的解耦化或分布式/微服务化架构。然而,在系统框架和金融业务系统无法完全重构的前提下,驱动、语法、系统应具有平滑的兼容性,以降低改造所引发的风险。例如,关键字、函数、语法、软件驱动甚至常规业务系统特性,都需要尽量平滑适配,并在产品设计层面加以全面考虑。

**第二,迁移同步的方案与功能**。在金融场景下,这是一个容易被忽略的问题。在考虑异构迁移工具和方案时,需要同时考虑业务场景数据同步和高可用要求下的数据同步等问题。例如,在异构数据库之间进行数据迁移时,仅仅考虑工具的功能是不够的,还需要考虑其是否符合金融领域的特性。这是因为在用户切换业务系统或同步场景时,需要考虑很多因素。此外,在分布式场景下可能会出现数据无法保持一致性的问题,仅由系统开发厂商和银行 IT 工程师编写工具来解决是不现实的。因此,数据库需要提供完整且有效的解决方案。

**第三,运维体系**。在分布式体系下,管控的维度变得更加复杂,因此,可视化和智能化管理平台和工具尤为重要。此外,还需要配备黑屏命令工具、监控工具等,以满足 DBA 的使用习惯。过去我们已经习惯了传统数据库的命令行操作,金融企业通过长期运维总结,研发了众多自有运行体系的小程序或工具,但它们趋于零散化和碎片化,同时也有独特性。当分布式和大数据场景出现后,成百上千甚至更多的数据库实例和参数,使得管理难度增加;同时当前业内对国产分布式数据库的掌握程度和解决方案还未达到完全成熟的预期,原有配套技术体系和对接兼容能力有待完善。上述两方面原因的叠加,导致传统的模式和工具已经无法满足当前强监管体系下的稳定、可控要求,与之相配套的人力知识储备和运维管理模式也同样面临挑战。因此,我们需要一体化、可视化、智能化的工具来完成管控任务。这些工具包括运维平台、审计工具、黑屏命令工具、监控工具、异常动态感知、运行数据健康统计等运维解决方案与运维系统。

**第四，服务与交付**。分布式数据库处于高速发展和不断迭代的时期，以往系统厂商提供的是"来料加工型"（问题与需求导向型）服务，服务即点对点支持，经常需要结合业务需求抽象出技术功能，并进行数据库功能调整和优化。经过长期的行业历练，厂商、金融客户的技术共识和生态已经建立。当下，国产分布式数据库既要满足原有的行业内业务使用需求和监管要求，同时又要满足海量数据下的支撑能力要求以及新技术新架构与当下金融业内技术发展要求，这势必给金融客户、国产数据库新兴厂商带来磨合和挑战。与此同时，在分布式数据库实施阶段，业务复杂度、技术复杂度、设计复杂度等对金融核心场景的人员、服务和交付实施提出了更高的要求。因此，需要多方协作探索出一条既不同于金融业务软件开发厂商的，又有别于传统数据库厂商的服务实施路线。详细分析可参见 2.7.3 节内容。

**第五，生态建设**。生态建设涉及如何建立、检索、查阅共享知识库，以及社区如何开展运营与认证培训，以促进生态合作等问题。一项新技术的发展，必然涉及从业人员从理解、掌握到精通的能力变化，以及营造技术探讨的环境和氛围，从而形成技术共建能力和认可度，提升业内整合方案能力和产品力。因此，生态建设能够为厂商、开发者、社区，以及金融等业内客户提供相互交流、促进和发展的平台。

总的来说，将分布式数据库应用于金融领域不仅是对其技术和产品能力的考验，还是对其金融场景和金融运转体系理解能力的考验，同时也是对其设计和服务能力的考验。

## 2.7.3 金融级架构探索与实践

金融核心业务的发展和合规需要建立在可靠的架构体系上，因此我们一直在探索和积累经验，以支撑金融级分布式架构体系，以使其满足监管合规的要求，完全实现自主可控，并契合金融领域的核心特点。

我们以满足金融级"四高两低"作为对基础能力的要求，实现多内核技术。在金融银行业中，不同的金融业务场景和不同的分布式业务架构需求，以及每家银行的建设因素和系统历史遗留问题不同，再加上系统的 OLAP/OLTP 属性，导致需要数据库产品具备多样的适应能力，因此多内核的兼容功能就显得十分必要。这种功能将保障新旧数据库的转换能力，保障业务系统平滑下移，并将用全方位的架构能力，来满足和解决当下及未来金融级系统与服务支撑等挑战：

1）满足合规要求，符合金融级"四高两低"原则。

2）具备多内核，兼容金融业务系统 OLTP 和 OLAP 场景、存量系统、业务场景。

3）探索和实践自主安全可控路线。

4）贴近开发，解决"开发不规范、调优困难"等问题。

5）融入金融业运维模式，解决"诊断困难、维护点多、时效长"的问题。

6）采用兼容通用协议的技术形态，兼容多种形式的部署架构和底座，不单一绑定某一技术形态。

图 2-7-1 是金融级分布式数据库架构，可以看到，该架构基本满足了前面提到的各种需求，解决了前面提到的各种问题。

### 1. 业务系统兼容性探索

在进行业务系统兼容性设计时，需要充分评估业务系统的背景和特点。由于不同的需求场景和特定方案无法覆盖各种场景和系统，因此应该按照不同的类型和维度进行兼容性适配，并考虑系统业务和当前的架构现状。

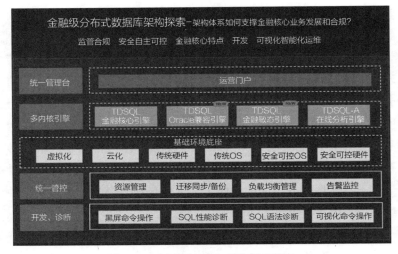

图 2-7-1　金融级分布式数据库架构

通常，我们会按照金融银行业系统的传统分类标准来进行梳理和归纳。从宏观角度看，金融业务系统是一套完整的体系；从微观角度看，它由许多系统组合而成，可以按照业务模式、数据模式、功能特点、作用等维度进行划分与分析。每种系统都有其特点、兼容性思路和技术诉求。

具体而言，我们进行了以下设计考虑：

（1）语法和开发兼容性设计

在语法和开发兼容性方面，我们主要关注数据结构梳理、基础数据类型、对象使用、SQL 执行对象、数据库基础集成等。在实施时，可利用工具化手段分析当前存在的问题，以保证实现快速兼容适配。

在语法与开发兼容性方面，我们按照系统情况进行梳理，主要包括：

1）**数据结构梳理：** 访问频度、数据量、关联关系、分片依据、水平/垂直分库设计规则。

2）**基础数据类型**：进行字段数据类型归纳，对不兼容的类型采用工具化的配置来转换。

3）**对象使用**：对存储过程、视图、非标准函数的使用进行分析，配合业务系统的调整。

4）**SQL 执行对象**：对索引、函数、锁、大查询、大事务进行分析与调整。

5）**数据库基础集成**：在会话保持、链接池参数、探活机制、驱动设置方面进行优化。

（2）系统兼容性设计

根据系统用途和特性进行兼容性分析。比如，渠道域、产品域、前置/服务整合域和管理决策域的系统，都有相似和不同的使用特性。

1）**渠道域**：数据结构相对简单，使用频率高，执行消耗低，响应时间短。

2）**产品域**：数据结构与 SQL 最为复杂，使用频率高低不一，执行消耗高，数据量大，关联数据条件复杂。主要用于 OLTP 场景，但也需要兼具 OLAP 特性（联机型业务系统，通常在数据查询的场景下，具有小规模大数据量的基础分析和查询，符合 OLAP 特点，因此需要适当解耦数据，有针对性地优化）。

3）**前置/服务整合域**：数据结构复杂度相对中等，需要进行多表关联、子查询、级联查询等操作。该类型系统使用频率高，但执行消耗低，响应时间短。

4）**管理决策域**：包括 PISA（支付信息统计分析类报表上报系统）、"1104"（非现场监管系统）、$T+1$（$T+1$ 类系统通常指金融业务数据统计分析类型的系统，通常在交易日 +1 天进行统计和分析处理，如报表业务；$T$ 日通常指金融业务场景交易当日）等各类系统，需要依赖上游系统提供数据，时效要求较低。主要体现在 OLAP 型系统，这类系统需要进行大数据量的统计和分析，对系统资源消耗较多。

系统类型与特性分析，见表 2-7-1。

表 2-7-1　系统类型与特性分析

| 系统类型 | 系统功能特点 | 数据结构 | 数据类型 | 数据处理准确度与响应速率要求 |
| --- | --- | --- | --- | --- |
| 交易型系统 | 多处在产品层、业务中台层，如核心系统、信贷、信用卡、支付类系统，涉及理财业务、资金业务、特色业务等 | 结构化数据较多 | OLTP 为主，涉及一部分 OLAP | 准确；高 |
| 前置系统 | 对渠道、业务请求、服务治理等提供技术和数据支撑，如企业服务总线（ESB）、加密平台、调度平台、外联平台、渠道中台等都属于这一类系统 | 结构化数据较多 | OLTP | 有一定容错；高 |
| 渠道系统 | 网银、手机银行、柜面、自动取款机（ATM）、互联网渠道 | 结构化数据较多 | OLTP | 准确；高 |
| 管理系统 | 银行内部各部门和岗位使用，类似于企业办公自动化（OA）系统，提供绩效、人力、财务管理等 | 结构化数据较多 | OLTP | 有一定容错；中 |
| 统计分析系统（实时） | T+0、T+1 等 | 结构化数据较多 | OLTP、OLAP 混合 | 准确；高 |
| 统计分析系统（非/准实时） | 数据仓库、"1104"、PISA、风险管理、反欺诈等系统都属于这一类系统 | 结构化与非结构化数据 | OLAP 为主 | 有一定容错；中 |

## 2. 数据迁移与同步的兼容和实践

在金融领域的系统切换演练、投产、并行等阶段，其中数据迁移（系统切换期间）通常是满足时效性以及安全平稳的最基础、最重要的环节。数据迁移主要涉及新旧系统切换过程中的业务表结构转换、参数映射转换、增量/全量数据清理、备份与迁移等。这种迁移不仅需要考虑源头到目标的数据复制型导出/导入，还需要考虑数据结构的变化、异构数据库的差异、业务系统数据含义及金融机构实施步骤与模式等因素。因此，金融级分布式数据库所提供的工具、方法论以及解决方案成为**数据库迁移**的必要因素。不同的数据迁移场景，有自身的特点和关注点。

（1）异构业务系统数据迁移

适用场景：系统升级建设的情况下，具有新旧系统表结构变化、业务数据映射、数据清理以及补录的需求目标和特点。

1）业务逻辑复杂，**业务数据**关联度高，数据量规模较大。

2）适用于定制化的业务数据迁移程序与方案，并配合数据库工具，进行数据迁移、清理和备份。

迁移过程中的关键步骤举例：

1）开发阶段：新旧系统参数映射、数据清理/补录、新旧业务表结构维护与对照等处理要素。

2）测试阶段：数据迁移过程中的业务表内/表间核对，参数/分户账/总分账核对，业务验证/模拟追账等步骤和功能。

投产阶段：全量数据备份，全量迁移/清理，业务核对。

（2）异构数据库迁移

适用场景：在系统建设过程中，不涉及业务逻辑以及表结构变化的情况下，仅仅基于数据库品牌或版本差别进行迁移。

1）在此迁移场景下，表数据以及业务逻辑的关联较少，迁移逻辑相对简单清晰，但数据量依然较大，需支持增量/全量数据迁移，并兼顾执行效率。

2）适用于数据库提供异构库迁移工具进行数据迁移。

迁移过程中的关键步骤举例：

1）开发阶段：需要进行数据表结构/数据库对象的对照与分析，以及表数据迁移配置。

2）测试阶段：需要进行数据表结构/数据库对象转换（不同版本/品牌的数据库存在微小的结构与语法差异），以及全量数据迁移测试/增量数据迁移测试。

3）投产阶段：需要进行数据表结构/对象/数据迁移，以及迁移对象/数据技术检核。

（3）异构业务系统+异构数据库组合迁移

适用场景：在系统建设升级并更换数据库的情况下，可能会出现最为复杂的使用场景，即综合采用前述两种场景方案。图 2-7-2 是异构业务系统数据迁移、异构数据库数据迁移的流程与场景示意图。

在系统投产建设后的运行过程中，业务和功能均可能需要数据同步，例如按照一定频率和时间要求进行有规则的数据同步，并且数据同步也具有与之关联的前置/后置业务执行步骤和条件。通常有三种类型场景：

1）金融交易数据向日终批处理/账务核算/数据仓库同步的场景。

**适用场景**：与业务系统配合，实现准实时分录、数据仓库/数据湖、核算等相关数据场景的同步。可以理解为跨业务系统的同步，通常具备一定数据筛选范围和条件，与金融业务开展和运行处理有强关联性。数据库架构本质上是提供可靠的同步技术/工具，避免业务系统耗费大量资源来确保数据的一致的性和准确性。在准实时业务场景中，以无侵入形式提供基础数据服务，实现数据级别的同步。

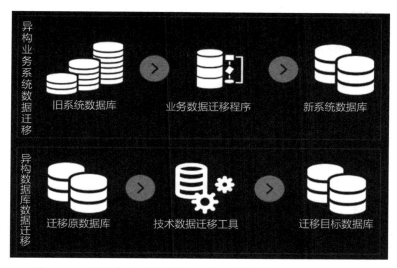

图 2-7-2　异构业务系统数据迁移、异构数据库数据迁移的流程与场景示意图

**业务特点**：业务属性较强，对于数据的同步完成有一定时间要求。

2）金融在线数据向近线库同步的场景。

**适用场景**：主要面对高频次大数据量查询业务，且业务数据短暂的滞后对于其他金融账务交易无关联影响。在分布式场景下同时需要一定的数据聚合能力，配合业务场景，筛选交易历史信息同步至历史近线库，业务查询访问历史近线库以进行交易处理，从而减轻联机业务库数据访问压力和数据增长压力（联机业务主库设置定时清理和备份机制，清理频度通常需要结合金融监管要求、金融机构业务以及 IT 运维体系来定制）。

**业务特点**：同步频繁，数据量通常以增量条件计算和同步。

3）异构数据库备份的场景。

**适用场景**：当前，国产化数据库处于高速发展和变化的时期，其稳定性和容灾能力仍有较大的提升空间，需在各行各业的应用沉淀过程中不断优化。因此，金融等涉及安全、民生的重点行业，其部分业务系统中需要设计和考虑灾难场景下的完整替代方式，以确保能够快速切换，解决国产化数据库系统临时宕机的问题和风险。采用传统、成熟的品牌数据库，并依托异构形式进行备份，成为解决方案之一。

**业务特点**：对业务系统要求较高，需要兼容两套不同架构的数据库；切换、备份流程和技术演练比较复杂，需要多方配合，并且责任和风险相对不容易明确。采用成熟且传统的品牌数据库，依托异构形式备份，此方案具有一定局限性，投入的人力与设备资源较多，因此提升国产化数据库的容灾与备份能力才是长远的解决方案。

### 3. 运维架构探索与实践

从历史和长远发展的角度进行总结与分析，IT 运维可划分为三个阶段：字符界面运维、图形化运维以及智能化运维。金融级数据库的运维方向也是如此。

**字符界面运维阶段**：数据库运维操作已经实现了基础功能，但是人工管理流程复杂，且过度依赖人员能力，对 DBA 个人的能力要求很高，本质上属于被动式运维。

**图形化运维阶段**：操作学习成本和误操作降低，DBA 日常工作强度降低，实现了统一监控、告警、消息推送、问题辅助分析、自助巡检、备份/恢复、版本升级及扩缩容等功能。这一阶段的特点是主要采用工具，降低了容错风险和管理成本。图形化运维也是当前我们所采用的成熟的模式。

**智能化运维阶段**：实现全面的可视化，能够感知运行异常并进行智能化根本原因分析，实现智能切换和避障联动，同时能够智能收敛告警指标，实现无人化运维。这一阶段的特点是通过主动风险预警、主动探测和提前预警，来避免运维风险和修复开发缺陷，从被动问题发现转化为主动需求驱动的优化，从而降低不可预见性风险和突发风险的管控难度。这一阶段的努力方向是为未来融入 DBASS 模式奠定基础。智能化运维也是当前研发和前瞻性探索的重点。

智能化运维是趋势，实现全面可视化和异常感知，为金融领域用户的运维工作提供帮助和服务，同时推动安全可控体系更加完善。

#### 4. 探索新的实施与服务模式

（1）传统、成熟的数据库厂商

在经历了在众多行业的建设和积累后，它们已具备成熟的实施与服务模式，即关键节点保障型实施与服务模式。多数开发人员以及相关技术人员均具备一定程度的数据库经验与知识储备。鉴于系统和产品的成熟稳定现状，以及已达成的技术共识和业界掌握程度等因素的情况，实施过程中存在的本质问题（主要指产品功能、行业适用与兼容能力）较少。因此，面向用户时，数据库厂商技术团队通常以 DBA/架构师为主，采取一对一（甲方项目）或一对多（甲方项目）的服务模式，不需要全程投入。

**特点**：人力投入量与成本相对单个项目较少。

（2）金融软件的开发厂商

它们通常聚焦于业务系统的发展，基于金融场景的差异化（不同银行以及相关金融业机构，其技术架构、开发厂商、业务场景的不同导致差异化），采用定制化方式进行系统设计与建设。因此，系统建设工作需要在银行整体组织下进行大规模完整周期的实施和调整，还需要组建具有多项职责和分工明确的团队，其中角色与岗位包括技术架构师、DBA、业务专家、项目管理人员以及开发人员，由组建的专业团队或项目组为用户提供系统建设的全周期服务和全周期运维保障。

**特点**：人力投入量和成本相对较高，且成员大部分独占式服务于项目。

通过如上的行业分析与探索，并结合我们多年的研发、实施经验，可以得出结论：当前分布式数据库既需要保障数据库的交付与落地，又要兼顾成本和投入，并及时进行经验回归和产品打磨。

**因此，结合行业经验以及国产化数据库当前发展现状与特点，提出以下建议方向和实践方向。**

第一，帮助金融行业客户将数据库融入行业架构规划中，以更好地帮助金融行业客户理解分布式数据库知识架构，为未来数据库的使用和在行业中的长期应用奠定基础。

第二，重点关注行业客户IT系统建设与特点，总结其系统数据库分布、使用特性和特点，在服务于行业客户的同时，丰富国产化数据库在行业应用领域的功能支持类型，提升其高可用能力等。

第三，在设计与交付之初，提前设计与规划数据分片，以符合业务特点，并匹配运营模式，同时将数据吞吐量和数据节点支撑能力等因素纳入系统建设架构设计中来。

第四，在投入模式上，会配置金融行业架构师、数据库架构师和DBA等角色，让他们共同参与系统建设，以适应和匹配金融行业服务特点及开发厂商交付模式，同时也为国产化数据库的发展积累产品级经验、提升产品能力。

#### 5. 生态建设

当前分布式数据库仍属于数据库发展的新兴领域，正处于高速发展并不断迭代和完善中，应充分发挥高校、合作机构、金融软件企业、金融客户等的经验和优势，展开合作与探索。在数据库厂商层面，需要深入建设共享知识体系，包括社区、生态合作、培训认证、研讨会议等机制与模式。

具体而言，生态建设包括以下几方面：

1）生态不仅包含分布式数据库厂商，还包括金融IT开发厂商等领域内的相关机构，它们将实践方案、调优的技巧经验、系统兼容性设计经验、金融系统运维经验等丰富资源整合到整个金融实践体系中。

2）拓展社区广度和深度，如聚焦于碎片化问题解决、共享知识体系搭建、基于金融场景的特性优化、技术论坛创建等。

3）深入生态合作，学术研究机构、信息技术应用创新（简称信创）基础软硬件厂商、金融软件企业和金融客户各相关方密切合作，推进相关标准的研发和完善。

4）通过认证培训普及常规能力，如通过第三方进行金融客户服务相关的知识转移、技术认证，为行业领域人才储备夯实基础。

### 2.7.4 建设模式探索与实践

金融领域核心业务系统分布式数据库的建设模式大体可以分为两种，即关键系统/模块下移模式（见图2-7-3）和业务系统升级/建设模式。

（1）关键系统/模块下移模式

关键系统/模块下移模式是将整体建设拆分为多个阶段、多个模块，而非一次性完成。此模式的优点包括低成本、风险较低且循序渐进。但该模式对系统规划、建设周期布局以及管控能力要求较高。

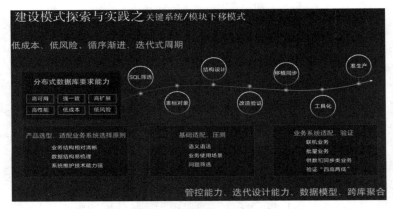

图 2-7-3　建设模式探索与实践之关键系统 / 模块下移模式

分布式数据库能够满足"四高两低"的要求。从产品选型到适配业务，原则上必须保证数据库兼容业务系统，同时也要做到业务结构清晰、数据结构易梳理，以及系统维护技术能力较强。

从系统聚焦的角度来看，SQL 筛选、非标对象、存储过程下移等环节，更多的是以分模块建设的方式循序渐进实施的。这些环节对管控能力和迭代设计能力都有一定的要求，例如，跨数据库的聚合场景需要丰富的金融级分布式实践经验。

在基础适配、压测阶段，重点关注语法语义、业务使用场景和问题筛选。在业务系统适配、验证阶段，要重点关注联机业务、批量业务、供数和同步类业务等场景，同时业务功能和验证满足"四高两低"特性。

此类循序渐进的模式主要适用于两类金融机构 / 银行：第一类是国有大型银行 / 大型股份制银行，其系统众多、业务丰富度高，系统交互繁杂，稳定性、风险性是其考虑的首要因素；第二类是比较有实力的中型银行或开展众多跨地域金融业务的城商银行。

（2）业务系统升级/建设模式

业务系统升级/建设模式通用性强且难度相对较低。系统要升级就自然面临新系统的变化改造，通过开发设计过程屏蔽数据库缺失或不完善功能，主动兼容数据库特性。此场景下没有历史包袱，有利于直接适配分布式数据库特性。该模式对管控能力的要求相对较低，同时还可以检查和调整业务系统中的非标准数据用法、数据规范命名和数据层级，帮助业务软件开发厂商和金融机构/银行提高系统数据架构设计的规范性和稳定性。

该模式主要适用于希望一次升级关键业务系统的股份制银行，同样也适用于中小型城商银行系统换代。该模式的建设周期相对较短。金融核心或者关键业务系统建成之后，其经验可以输出到相关的关键业务系统。但从投入成本、科技能力、服务能力来看，业务软件开发厂商和金融机构/银行也会面临一定的挑战。

两种模式各有优劣，在实际建设中，仍需要进行统一规划和分析。

## 2.7.5 未来挑战

云时代，IT设施从零散走向集中化、规模化，交付方式从软件交付走向服务标准交付，开发方式从底层（IaaS+PaaS）走向上层（SaaS），数据形式及应用场景从单一化走向多元化。

鉴于上述情况，我们需要继续探索和创造更多可能，以推动分布式数据库在金融领域的演进。

首先，在分布式事务的业务场景方面，我们已经能够保证分布式数据库的事务处理能力，从而满足全金融业务场景的需求。我们也在不断努力，按照分类进行一定规模的研发和实践探索，以降低应用的复杂度。

其次,随着外部环境的持续变化,我们需要不断提升数据库的兼容性和自主可控的内核能力,加强数据存储级的能力和研发。

最后,我们需要整合完整的金融级解决方案,既符合金融级监管要求,又满足客户的个性化特点,最终实现多对一的、统一的数据库产品。

# 第 3 章

# 操作系统研发实践

## 3.1 领域专有时代的操作系统"龙蜥"是如何炼成的

### 作者介绍

**杨勇**：龙蜥社区技术委员会主席、阿里云操作系统团队技术总监。曾就职于 EMC（现已被 DELL 收购）、甲骨文、Sun 中国工程研究院等公司，领导过业界一系列存储、操作系统产研团队的创新和工程项目。在体系结构、I/O 虚拟化、资源隔离、存储产品架构方面有丰富的经验，目前主要负责龙蜥社区的技术路线演进和社区协同研发。主要兴趣在数据中心和云上的操作系统创新，包括但不限于系统性能和 QoS（Quality of Service，服务质量）的保障，以及软硬协同等优化方向。

注：本文整理自龙蜥社区技术委员会主席、阿里云操作系统技术总监杨勇在 DIVE 全球基础软件创新大会（2022）上的演讲，由极客邦科技刘燕策划、冬雨整理。

在后摩尔定律时代，领域专有架构（Domain Specific Architecture，DSA）成为未来计算机体系结构创新的主旋律。以垂直场景为中心、以应用为中心的系统设计（System Design for Application）时代再度到来。

在数据中心领域，传统 IT 业务"云化"是一个长期的过程，一云多芯与异构的数据中心逐渐呈现场景多样化的局面。从资源池管理，到操作系统、基础软件、业务软件的部署，计算场景碎片化的时代已经到来。

龙蜥操作系统是国产操作系统中的佼佼者。本节一起来了解龙蜥操作系统是什么，以及龙蜥操作系统如何应对新时代的挑战。

### 3.1.1 龙蜥操作系统的社区、技术布局与产品矩阵

#### 1. 关于龙蜥社区

龙蜥社区即龙蜥开源社区是由 21 家理事单位共同发起、共同治理的社区，包括了主流的芯片厂商、服务器厂商、操作系统厂商以及云厂商。目前，龙蜥社区通过开源免费产品以及九大商业衍生产品，构建了满足社区用户和商业客户多样化需求的产品矩阵。

自成立以来，龙蜥社区一直致力于吸纳更多产业链上下游的合作伙伴，目前已经形成较为完整的产业覆盖。

这些产业力量加入开源社区以后，以社区为平台展开协同合作，启动了众多开源项目，当前社区项目围绕着"三大主线、六个方向"开展，形成了体系化布局。

龙蜥社区的技术方向，即"六个方向"是编程语言、云原生、安全可靠、高性能、软硬协同、多芯片支持，如图 3-1-1 所示。

图 3-1-1　龙蜥社区技术方向

## 2. 三大主线

下面重点介绍一下龙蜥社区体系化布局的"三大主线"。

"三大主线"分别是应用生态、基础软件以及硬件生态。

首先，从应用生态的视角来看，近年来，云原生的编程范式对应用开发模式产生了比较大的冲击。此外，更多的编程语言涌现，同时一些早先流行的编程语言也产生了新的需求。社区在编程语言、云原生上会保持长期的投入。

其次，在基础软件方面有两个非常重要的方向——安全可靠和高性能，这也是所有基础软件必须考虑的问题。

最后，为解决未来计算平台碎片化的问题，硬件方面需要做好软硬协同以及对多芯片的支持。

## 3. 龙蜥操作系统的两种产品形态

龙蜥操作系统产品矩阵目前有两种形态：一种是经典的 Linux 发行版，即龙蜥操作系统（Anolis OS），目前已经发布了多个版本；另一种是云原生场景专属操作系统，即容器专属操作系统 Lifsea OS。

（1）Anolis OS 8

Anolis OS 8 发行版的整体情况，如图 3-1-2 所示。

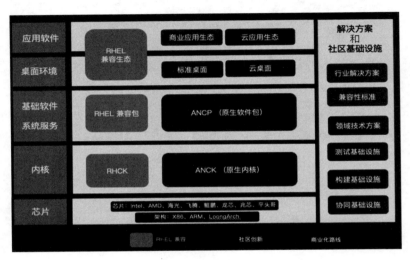

图 3-1-2　Anolis OS 8 发行版的整体情况

Anolis OS 8 是龙蜥社区发布的服务器操作系统（长期稳定版）。2021 年，CentOS 停止服务以后，提供了低成本的 CentOS 迁移解决方案及工具。在发布伊始，Anolis OS 8 就支持了国内外的主流芯片，特别是国产芯片。Anolis OS 8 的软件栈由三部分组成，分别是 CentOS 兼容组件、社区创新自研组件以及商业化组件。其中，CentOS 兼容组件为 CentOS 用户系统迁移提供了高度的兼容性。社区创新自研组件则因社区用户需求和技术规划而持续迭代演进，特别是其中的 ANCK 4.19 和 5.10 内核，均在阿里云客户及阿里巴巴集团"双十一"场景中得到了规模化验证，经受了高压力生产环境的苛刻考验。商业化组件则是由下游 OSV

(Open System Vendor)厂商在下游商业衍生版本中集成，社区版本并不会集成，但在技术架构上，Anolis OS 8 为下游衍生版的研发保留了高度的可扩展性。

（2）云原生场景专属操作系统

随着云的演进、云的发展，传统操作系统在云原生场景下暴露出种种"不适"，主要体现在以下三个方面：

1）体积臃肿：系统镜像体积大、启动慢。

2）版本零散：集群内不同节点软件包版本不一致，给集群运维带来困难。

3）安全风险：冗余的组件带来更大攻击面，系统黑屏，运维操作难以追溯。

于是，针对新的云原生场景的专属操作系统应运而生，龙蜥推出了 Lifsea OS，以期实践云原生场景下的不可变基础设施的理念。Lifsea OS 有很多优势：

1）比传统操作系统更精简，系统攻击面更小，启动更快速。

2）默认集成云原生组件，系统开箱即用。

3）通过根文件系统只读、原子升级回滚，保证集群节点运维一致性。

更重要的是，这个产品已经服务了众多使用云计算厂商提供的容器化和无服务器计算产品的用户。

## 3.1.2 领域专有时代的挑战

计算产业未来的趋势一定是云计算，而在云时代，操作系统面临哪些挑战呢？

站在云厂商的角度，我们看到，未来有三大挑战（也可称趋势）。

一是系统设计以应用为中心，目前已出现了因云而专门设计的硬件系统。由于摩尔定律的失效，为了提供更有竞争力的算力，许多硬件系统都是以应用为中心进行设计的。

二是场景都是碎片化的，没有一个通用的操作系统能满足所有场景的挑战。

三是资源分配精细化，原来应用部署在一台物理机上，现在变成了几十个、上百个容器或者虚拟机。

这些趋势使操作系统面临各种问题，比如算力难以充分释放，研发成本高，运维管理成本高。

面对这三大挑战，云厂商有哪些应对之道？关键在于垂直协同优化。

一方面要做好分层抽象，同时产品要具有自适应甚至智能调优的能力，让用户的操作变得更简单。另一方面也需要考虑具体实际问题，具体场景大致可归纳为以下三类：

1）系统设计以运营为中心，异构数据中心成为趋势。希望有统一的资源池管理这些异构数据中心，以减少异构系统的统一资源池管理带来的性能差异以及降低管理复杂度；随着面向应用场景设计的 DPU（Data Process Unit，数据处理单元）的出现，支持 DPU 接口多样性、真正释放硬件潜能也越来越重要。

2）场景碎片化，系统无法做到"开箱即用"的最佳性能。同一套通用操作系统支持多个场景，常常会引发系统优化方向上的冲突，到底是保障吞吐，还是保障延迟，到底是优先做负载均衡，还是要优先确保缓存局部性，系统程序员往往难以取舍。云原生的部署方式让我们不需要再做取舍，既能提供通用镜像，也可以提供针对不同垂直场景优化的定制镜像，却没有非云场景的定制镜像的部署成本。

3）云原生高密部署呼唤更精细化的资源分配。在微服务、多租户，制定异构资源池的容器高密部署场景下的细粒度资源分配方案面临非常多的挑战。

下面结合龙蜥社区的部分技术创新特性,对其应用场景做一个简单的解析,通过对这些技术特性的解析,进一步介绍社区是如何应对云时代的三大挑战的。

### 3.1.3 技术特性解析

#### 1. 轻豚

首先,介绍一下轻豚(KeenTune)。

轻豚作为一款集成了 AI 算法的智能调优工具,适用于以下场景:

1)场景碎片化,开箱即用的性能无法得到保障。

2)性能调优门槛高、成本高,且非常容易出现"跷跷板"现象。

3)在相似的场景下,业务代码持续迭代变更,调优经验难以固化。

通过解决上述场景的问题,轻豚为系统管理员和业务带来了以下价值:

1)引用 AI 算法来协助进行敏感参数识别及参数调优,有效降低系统管理员调优门槛和成本。

2)使用专家知识库进行复杂参数关系管理,解决管理员经验固化问题。

3)在裸机、虚拟机、容器等常见的应用场景中,达成平均 30% 以上的性能提升。

#### 2. Plugsched SDK

Plugsched SDK 是一个内核调度器热升级开发框架,给内核开发工程师提供了一个低风险、低开销、易应用的开发设施,它解决了内核开发工程师面临的以下问题：

1）内核调度算法优化工作在碎片化场景下开发难度极高，风险极大。

2）内核发布周期长，升级内核成本高。

3）优化容易引发性能问题，且回滚难。

通过这个 SDK 框架，可以给内核开发工程师和运维管理员带来如下帮助：

1）提供调度器算法开发框架，帮助构建和发布模块插件。

2）热安装模块插件，安全简便，让内核研发敏捷高效。

3）支持回滚卸载，降低风险。

目前，这个内核调度器热升级开发框架作为社区的重要创新项目，其相关论文已经得到国际顶级会议的认可。

### 3. 精简 UDP 协议栈

精简 UDP 协议栈（Express UDP）是一个用户态协议栈。它诞生之初，主要解决如下场景问题：

1）在数据中心，QUIC（快速 UDP 互联网连接）协议正逐渐成为 HTTP 3.0 时代的事实标准，但在 DPU 芯片上并没有释放出最佳性能。

2）DPU 芯片的虚拟接口（VIRTIO）对 Linux 内核的 XDP 特性（网络协议栈）支持不友好，在此特性场景下存在可用性问题。

龙蜥社区通过内核和用户态协同研发和设计，成功解决了上述，并实现如下效果：

1）针对 DPU 芯片对接 QUIC 场景时带来的性能和易用性问题，通过应用协议栈、内核、芯片形成软硬协同设计的方案。

2）UDP 协议在收发性能方面可以提升 3～8 倍的性能，协议端到端性能可提升 50%。

3）升级了 Linux 内核的虚拟 I/O 接口（VIRTIO）规范，使之成为事实标准。

#### 4. 基于共享内存通信的新型协议栈

基于共享内存通信的新型协议栈（SMC-R）是一个支持 RDMA（远程直接内存访问）的内核协议栈，它主要面向的场景和挑战如下：

1）随着 DPU 芯片在云计算场景的普及，RDMA 成为一种广泛使用的标准协议接口，得到大规模部署，逐渐普及。

2）RDMA 相关的应用生态缺乏，当前很多云上应用都不支持此协议，移植成本高。

通过新的技术，上述问题得到了很好的解决：

1）所有网络应用都可以通过标准接口使用 DPU 芯片的 RDMA 接口；新的内核协议栈、芯片，通过软硬协同设计的方式，无缝支持了存量应用，避免了应用移植的问题。

2）得益于新的网络协议，网络性能提升 20%～50%。

3）大量性能优化、功能及稳定性增强贡献到上游 Linux 内核社区，让龙蜥在该社区的贡献仅次于 IBM 公司。

#### 5. CPU 突发控制

CPU 突发控制（CPU Burst）是一种弹性 CPU 带宽控制技术，它主要面临的场景和挑战如下：

1）多容器部署时，主机 CPU 资源分配不合理，经常引发容器 QoS 问题，预留空闲资源容易造成 CPU 利用率低。

2）采用高密度部署时，必需的 CPU 限额保护方案，经常因应用突发负载带来 CPU 限额控制，进而引起系统性能抖动。

龙蜥社区通过如下方式解决了上述问题：

1）提出 CPU 突发控制特性，更精细化地分配 CPU 资源，允许容器通过累积记账的方式将过去未使用的 CPU 资源记录下来，在需要时突发使用 CPU 资源，避免非预期的 CPU 限额控制。

2）帮助用户同时获得高 CPU 利用率并确保性能。

综上所述，龙蜥社区的技术创新，覆盖了操作系统的全栈：利用算法和数据进行智能调优，从应用态到内核态的优化，再从网络协议到芯片的新型接口协议的对接，涵盖了系统软件研发的众多典型场景。对此感兴趣的读者，可以通过访问龙蜥社区的网站（openanolis.cn），或者加入龙蜥社区的用户开发者社群，进一步了解更多技术案例。

### 3.1.4 未来展望

作为面向未来发展的、技术领先的开源社区，龙蜥社区一直不断探索和思考未来的技术演进方向。龙蜥社区认为面向未来的系统能力如图 3-1-3 所示。让我们设想一下面对云时代的三大挑战，一个理想的社区以及理想的操作系统应该是什么样的。

图 3-1-3　面向未来的系统能力

首先，如果未来的计算平台是以应用为中心去设计软硬件的，那么操作系统的软硬协同设计也应以应用为中心展开。这里面临的最大挑战就是，解决应用场景的抽象、分析理解、建模问题，以及将软硬件的协同设计优势发挥出来，形成技术竞争力。龙蜥社区已经产出了围绕应用协议栈、内核协议栈、数据处理专用芯片的整体协同设计的技术创新，为未来此类探索研究做出了有益的尝试，并已经获得国际开源社区的认可，部分协议成了社区认定的事实标准。

其次，由于场景的碎片化、软硬协同的能力以及系统软件开发的能力，所以需要有一个体系化、标准化的输出方式。例如：

1）调度器热升级项目，需要以 SDK 开发的方式，在统一资源池场景下，支持内核调度器模块的热升级部署和快速回滚，以适应云原生敏捷部署和容错的要求。

2）用 SDK 的方式，让操作系统的开发者在各个碎片化场景下，定制开发和部署调度器插件，实现统一框架下的算法定制优化，以得到最优化的系统。

3）在未来以场景为中心的时代，需要系统提供更多的 SDK，实现上层应用定义的系统软件。

最后，还有一个非常重要的点，那就是操作系统要帮助用户做到数据化、智能化的资源分配。云原生化、容器化，使得应用混合部署成为常态，进而带来了场景碎片化。小规格、高密度的部署方式，进一步引发了资源的细粒度控制诉求。这就需要容器调度管理平台，通过控制平面，为应用提供更多的控制和优化机制，同时这些控制和优化机制也需要更加智能化的、基于数据驱动的资源分配算法和系统控制手段。龙蜥社区在人工智能调优的探索方面，积累了宝贵的经验。然而，人工智能和系统软件的结合才刚刚开启，未来还有更多问题需要解决，这也是近年来业内的一个重要发展方向。

## 3.2 智能时代的操作系统升维所面临的挑战

### 作者介绍

**刘寿永**：中科创达软件股份有限公司（简称中科创达）首席架构师。2011年至今在中科创达从事软件开发相关工作，目前任职北京奥思维科技有限公司（中科创达控股子公司），负责奥思维操作系统相关技术和产品的设计与研发，熟悉高通、Intel、ARM、海思、展讯、MTK等多个芯片平台，主要专注在Linux、Android、OpenHarmony、RTOS等操作系统整体架构设计和生态建设。积极贡献LF、CNCF、RISC-V、OpenAtom、openEuler、OpenHarmony等开源社区和技术联盟。和芯片厂、ODM、OEM、操作系统厂商、互联网、开源基金会等产业链上下游共同合作，为行业客户提供稳定易用的移动/物联网等操作系统平台方案和产品。

近年来，智能操作系统的火爆程度不亚于芯片。很多人都使用操作系统，尤其是开发者，有的人用Windows，有的人用Linux，还有些人用macOS。操作系统众多，从UNIX到今天的智能手机操作系统。

在智能时代，操作系统的升维会面临哪些挑战？操作系统后续如何演化呢？下面将分享一下我对这些问题的思考。

读史可以知古鉴今，我们可以通过操作系统的历史演化，来预判其未来发展趋势。

### 3.2.1 操作系统历史回顾

从20世纪70年代的UNIX小型机，到20世纪八九十年代的个人计算机，到2007年第一台iPhone手机诞生——标志着移动互联网时代正式开始,再到 2008 年第一届国际物联网大会在瑞士苏黎世举行——开启了物联网时代,通过人工智能和端云的结合,经过数十年不断锤炼,智能物联网已经成为我们生活的一部分。纵观每个发展时期,每个时期都会出现不同的操作系统并被某个操作系统主导,都有其成功因素和核心理念。操作系统历史如图 3-2-1 所示。

图 3-2-1　操作系统历史

比如 UNIX 系统的主要核心技术包括提供分时共享的功能,以及统一的 C 语言的编程接口。其主要成功因素则是将目标市场定位于通用计算,同时对硬件进行抽象,做到一切皆文件的特性。到今天为止,大部分类 UNIX 操作系统的核心概念还是文件。

到了 20 世纪 80 年代,PC(个人计算机)问世以后,操作系统以 macOS 和 Windows 为典型代表,主要强调图形界面交互。另外,它们有了自己的应用软件,尤其是办公软件。

到了 20 世纪 90 年代,随着因特网的发展,Linux 横空出世。Linux 是因为因特网诞生的,它的一个著名发行版是 Red Hat(红帽),提供了优秀的操作系统和服务。Red Hat 的主要成功因素是互联网服务和开源运动。现在整个 Linux 世界里,几乎所有软件都是开源软件，它们推动了 Linux 整个生态和基础软件的发展。

到了 21 世纪 10 年代，智能手机出现，典型的操作系统代表就是 iOS 和 Android。它们更强调多点触摸式交互，而非键盘式交互，并随之出现了"应用商店"。所以，iOS 和 Android 最主要的成功因素是移动互联网的发展和更好的用户体验。

到了 21 世纪 20 年代，物联网的发展更强调自然交互、端云整合，超越了触摸式交互，不限于视觉、手势、语音，而是各方面的交互。这主要取决于人工智能的发展，还有开放协作的模式，能够把物联网系统打造得更流畅、更人性化，交互体验更好。

### 3.2.2　操作系统面临的挑战

在每个时代，每种操作系统都有自己的挑战。当一个时代发展到某个程度时，某一类操作系统变得不再适应时代的发展，它要么自我突破，要么被另外一类操作系统取代。在不同的时代，操作系统都做了哪些突破？

21 世纪初时，MID（Mobile Internet Device）设备出现了。以前的手机屏幕很小，这时出现了大的交互式屏幕，因此图形系统就显得尤为重要，大家都致力于如何提高图形性能和交互性。

到了智能手机时代，操作系统又面临另外一种挑战。智能手机发展得越来越复杂，硬件设计越来越复杂，功能系统也越来越复杂。硬件的复杂使得整个系统的模块越来越复杂。现在整个 Android 系统的代码行数可能有上亿甚至 10 亿，已经远远超过了以前的系统。另外还有了"应用"生态。很早以前，应用和系统是绑定的，没有人要单独装一个应用。随着智能手机的到来，各种各样的应用出现了，比如大家经常刷的抖音、社交经常用的微信，还有一些轻音乐软件，甚至还有一些行业应用等。为什么现在有了"应用"生态？因为脱离了这些应用，手机可能就只是一个打电话的工具了。

到了智能时代、物联网时代，操作系统的发展又面临一些新的挑战。

第一，在物联网时代，设备形态越来越多样化。大家可以观察一下自己的家里和外面，无人机、扫地机、监控摄像头以及语音交互设备等的形态并不一样。设备形态的多样化导致产业链上下游的路径会变得越来越长，进而会导致不同的硬件供应商、软件供应商、AI算法供应商、系统集成商、云服务供应商等交织在一起，形成了复杂的供应链，如图 3-2-2 所示。

图 3-2-2　复杂的供应链

第二，不同的设备上运行着不同的操作系统。如何打通这些多样化的操作系统，是现在的挑战。不是说所有设备上都必须安装统一的操作系统，但是所有设备的互联互通成为智能物联网时代应该解决的问题。

### 3.2.3 从更高维度看智能系统

#### 1. 软件 × 硬件 = 设备

现代的操作系统已经包含了软件和硬件两个部分。底层的硬件从设计到产品,支持上面运行的软件。软件则包含了一些可拆卸的模块,比如用户界面(User Interface,UI)模块、多媒体模块、互联模块、设备管理模块、安全模块、AI 模块。每个模块功能各有不同,这些模块是可以拆卸、组合,根据不同的设备形态和应用场景,把这些模块做一个排列组合,就能形成一套系统,来适配物联网设备。

所以我们把软件和硬件的结合,称为统一的智能系统,就相当于人体一样——由肌肉、骨骼、血液组合在一起,就形成了整个人体。所以不能单纯从软件角度看智能系统,应该把硬件也囊括在内,从软件和硬件统一的视角看待整个智能系统的发展。

#### 2. 计算 × 感知 = 智慧

再从另一个维度看一下,如果人有了骨骼、肌肉,还需要有什么?需要有大脑和感知。人能和自然界交互,主要就靠这两样。人能够感觉到、看到、触摸到、听到,才会对外部世界有感知。有了感知以后,更重要的是大脑要进行处理,也就是计算。

2001 年,云计算发展伊始,采用了中央控制的计算模式。现在,随着硬件和边缘感知技术的发展,计算和感知在云端、边缘端甚至设备端融合到了一起。此时操作系统有以下几个特点:

第一,超低功耗。即便是超低功耗的设备,也可能具有感知和计算能力。

第二,维护方便、容易。之前的电话线、网线都是有线连接,通过无线连接,设备可以做到随时更换,系统更容易升级。

第三,隐私安全。一些与隐私安全相关的问题可以直接在设备端进行 AI 分析，比如人脸识别、物体跟踪，而不用传输到云端。路径越短越安全，路径被限制在一个局域网的范围之内，不会到广域网，就不容易被黑客攻击。

第四，集成智能。内置丰富的 AI 算法可以供设备端使用。

第五，丰富连接。尤其通过 Wi-Fi、BT（Bit Torrent）、ZigBee 等无线连接协议，设备可以无缝连接。

未来，计算与感知的应用领域也会非常广泛，比如像智能零售、智能楼宇、智慧家庭、安全监控、入侵检测等，如图 3-2-3 所示。

图 3-2-3　计算 × 感知 = 智慧

### 3. 人 × 物 = 社交

未来的社交范围也扩大了。现在是人与人之间的社交，以后是人与物之间的"社交"，比如边缘端和近端的交互、边缘端和云端的交互。

另外，人与物之间也产生了交互。未来，人的交互对象未必是一个人，可能是一个物。人与物之间也可以进行一些交流，这样可以建立人与物之间的互动场景。

通过软件可以定义一些场景模型。就像现在比较火爆的元宇宙一样，人可以进入一个虚拟环境，物也可以进入一个虚拟环境，虚拟与现实结合，形成很大的社交群体——人、物的社交群体，如图 3-2-4 所示。

图 3-2-4　人 × 物 = 社交

### 4. 技术 × 行业 = 数字化

传统行业的技术落后于互联网发展，也无法满足行业本身的发展需求。如果把一些新技术应用在传统行业上，帮助传统行业做数字化改造，形成一套广泛应用的行业操作系统，这时操作系统就有了新的定义。比如，在视觉融合平台中，引入人工智能相关技术，在产线上配套一些摄像头，内部有一些预处理模块、AI 算法、绑定账户，形成操作系统。该操作系统就可以进行缺陷检测、物体识别、尺寸测量。该操作系统被部署到工业场景，对工业场景的数字化改造会有非常大的帮助。

不能简单地看待操作系统。传统意义上的那种操作系统有一个内核、几个中间件，能跑在 X86、ARM 或者 RISC-V 上，现在操作系统并不是那么简单的，我们可能更多地要基于场景来驱动与定义不同行业的操作系统。图 3-2-5 就是一个融合智能工业视觉平台的架构。

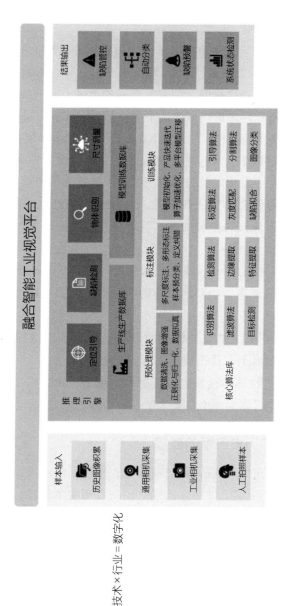

图 3-2-5　融合智能工业视觉平台的架构

5. 端 × 云 = 边

现在,边缘计算发展非常迅速,应用场景也越来越多。边缘计算未来会形成自己独特的领域,现在很多云计算的场景、技术,可能会下沉到边缘。这是因为随着处理器的速度、AI 的运算能力在边缘侧不断增长,无论技术还是平台,都可以移到边缘端。

边缘端会发展为由许多边缘设备组合形成的边缘集群网络,然后在边缘集群网络上运行一些边缘组件,比如设备的编排、算力网络的编排、容器化以及边缘协同、边缘链接等组件。

另外,边缘侧会内置一些算法。因为有些情况下,需要进行实时交互,如果能在边缘侧处理,就尽量在边缘侧处理,不需要绕到云端。

一些操作系统的核心模块,比如开发者进行低代码开发、H5 编程的模块,或者连接物联网设备的模块,在边缘端都可以轻而易举实现。

一些边缘模块,如安全相关的设备认证、区块链加密的模块,可以放在边缘上,让边缘变得更加安全。

另外,一些特殊的模块也可能融入边缘端,比如图形处理模块、机器人模块(作为一个机器人的控制中心)。

### 3.2.4　创新和历史包袱的碰撞

从应用场景创新来看,到目前为止,操作系统的发展还是比较快的。但这产生了另外一个问题:创新和历史的碰撞。创新就意味着要破除旧的东西,那么是不是旧东西就没有用?就应该抛弃它?下面分享一下我的观点。

1. 内核的纠结:安全还是效率

提到 Linux 时,我们讲得更多的是 Linux 内核(Linux 内核是一个宏内核的结构，历史上就有微内核和宏内核之争）。没有内核就没有顶层的应用，世界上能提供安全内核的没几家，尤其是在消费市场上。

内核作为操作系统最底层、最核心的模块必须具备安全、可靠、高效率等特性。高效率往往和安全、可靠是一种平衡关系。用户应根据具体的场合选用合适的内核。关键还是要发展自主内核，这条路我们还是要坚持走下去，因为内核是操作系统的根基。

### 2. 中间件的缺失：新生还是移植

为什么中间件如此关键？Android 系统之所以被称为操作系统，正是因为它在 Linux 内核上叠加了一层中间件，这就是它与 Linux 的最大不同。Android 的硬件抽象层和 Linux 不一样，其中间件、框架层和以前 Linux 的 PulseAudio、GStreamer 等也是不完全相同的模式，它顶层支撑的应用也有单独的 API，包括应用商店。所以，中间件的创新对整个操作系统而言是非常关键的创新。

现今的操作系统的问题多是由于中间件的缺失，这意味着由于缺失基础软件的创新。如果缺失了中间件，我们就回到了原始的编程状态，比如：要用 API 去调 POSIX（Portable Operating System Interface，可移植操作系统接口）；如果要画一张图，还要去操作帧缓冲。

为什么说中间件需要创新？从开源的历史上讲，软件设计思想都集中体现在开源模式以及以前的软件设计模式里。如果跳出以前的软件设计模式来看现在的应用场景、现在的系统设计模式，可能是不一样的。

### 3. 应用要扎根

说到中间件，不得不说应用，因为所有的中间件都是用来支撑应用发展的。很多人从应用角度讲生态。如果没有应用,操作系统就是没有用的。应用非常关键,它也是一个操作系统生态能够野蛮生长、顺利成长的一个关键因素。但不是说有了应用就可以抛弃中间件和底层内核,它们是基础。如果地基不稳,大水一来,整个城堡都会垮掉。

### 4. 人才不足

目前,我国基础软件领域尤其是操作系统部分人才不足。在智能系统的发展要素里,硬件或云的发展、物联网设备的种类、人工智能技术等都不是关键,创新型人才才是真正的关键。如何去培养这种创新型人才?如何给予这些创新型人才精神和物质上的资助?这些很关键,做好培养和激励才能让这些创新型人才不停前进。基础软件的商业模式还面临很多困难,所以培养人才比较关键。只有从学校到社会的共同支持,才能打通创新型人才的发展路径。

### 5. 开源是机会

开源对操作系统发展来说是很大的机会。如果了解操作系统和开源的历史,尤其是理查德·斯托曼(Richard Stallman)发起的开源运动,就知道开源对操作系统来讲是一个绝妙的机会。开源带来了几点好处。

首先,开源这种合作模式是一个全球异地化的合作模式。

其次,它需要企业之间的合作、协同。单一企业不可能生产出一套软件来。现在的软件越来越庞大,系统越来越复杂。

除了是企业之间的合作模式外,开源也是人与人之间的一种合作模式。它有利于更好地提升软件的可交互性和稳固性。

我希望开源软件未来有比较好的商业模式,只有这样才能支撑开源软件的发展。比如在单个项目的开源版本、商业版本、收费服务、订阅服务方面，我们需要尊重开源软件、基础软件开发者的劳动成果。开源项目产品化也是开源的一种商业模式。

开源软件的生态环境也很重要，它也是为什么开源能够发展得如此顺利的一个重要原因。比如开源芯片 RISC-V 在短短的几年之内发展势头非常迅猛。

Linux 操作系统自 1991 年诞生已经有 30 多年的历史了，现在依然占据着很重要的位置。中间件如 Kubernetes、EdgeX 等边缘中间件，编排管理中间件，以及一些调度中间件，形成了操作系统中间件的很稳固的生态。从生态环境来看，从底层到上层，从硬件到软件，开源有利于整个生态的发展。

对每位工程师来讲，开源是一个可以自我成就的过程。对组织而言，开源是全球协作分工。很多开源项目都源自大企业，参与者都是顶尖人才。

开源有助于培养出更多具有先进软件工程思想的人才，有利于发展基础软件，所以开源是我国操作系统发展的一个绝佳机会。

## 3.2.5 小结

我们要坚持内核的持续改进和创新，因为内核是根本。如果内核通过了 ASIL-D 认证，那么它就是一个功能安全的内核，可以应用到很多需要功能安全的行业里去。

中间件是最需要创新的。未来的操作系统与现在的相比，一定是在中间件方面有很大不同的。中间件也是需要改变软件架构思想的地方。

应用非常关键，它连接、繁荣整个生态。但是没有好的中间件，没有好的内核，应用也会死亡。

所以，未来的操作系统是一个软硬结合的系统，软件离不开硬件，硬件离不开软件；未来的操作系统也是一个端云结合的系统，从端侧到云侧，端、边、云协同工作，成为一个整体。

技术与行业相结合，移动互联网的技术以及其他新技术被应用于行业当中，有助于行业做数字化转型，推动行业发展。技术与行业相结合，是未来智能系统的一个很关键的要素。

我认为边缘是操作系统发展的未来。无论是端侧，还是云侧，现在都开始往中间走，所以我认为边缘是一个很重要的场景。边缘算力网络未来必定会成为整个智慧行业的中心。

## 3.3 麒麟桌面操作系统运行安卓移动应用的技术实践

**作者介绍**

**孟庆彬**：麒麟软件桌面研发部资深研发工程师。拥有 10 余年工作经验，长期从事 Linux 系统与 Android 系统融合方向的技术研究。在麒麟公司主要负责麒麟移动运行引擎的设计与开发，以及将 Android 生态引入国产操作系统的工作。

注：本文整理自麒麟软件桌面研发部资深研发工程师孟庆彬在 DIVE 全球基础软件创新大会（2022）上的演讲，由极客邦科技编辑刘燕、嘉洋整理。

### 3.3.1 国产桌面操作系统应用生态现状

截至 2022 年年底，150 万余款的生态软件已经得以适配。经过分类统计，生态软件主要聚焦在办公软件、影音软件、金融软件、游戏软件、社交软件、安全和存储软件等类别上。

目前，国产操作系统的用户主要分布在政府相关的 ToB（面向企业）行业。ToB 行业的应用场景主要集中在办公安全方面，对其他应用场景的投入不足，这也导致国产操作系统的应用场景依赖于 Linux 原生生态。

目前 Linux 生态系统的短板之一是应用生态不够丰富，与移动和 Windows 生态的差距较大。未来，国产操作系统需要着手增强自身的应用软件生态，在技术和生态方面深耕，并加强与行业合作伙伴的合作，以共同推进自身发展和普及。

目前国产操作系统基本上都使用 Linux 桌面技术，银河麒麟桌面操作系统（简称麒麟系统）为了兼容目前大量移动应用，在移动应用领域进行了技术研究。该操作系统作为国产操作系统的核心力量，还在某些关键领域和关键行业解决了国外操作系统"卡脖子"的问题。下面以麒麟移动运行环境（KMRE）的技术为例，分析麒麟系统是如何融合移动应用生态的。

### 3.3.2 麒麟系统的 KMRE

麒麟系统的 KMRE 技术，具有易融合、便捷和高性能的特性。接下来结合 KMRE 的主要功能和工作原理来介绍这几个特性。

（1）可运行 Android App，支持海量 App 运行

要想在 Linux 上运行 Android App，主要有两大技术方案。一是 Google 的 Arc 容器类方案，Google 的 Arc 是商业的 Chrome 组件，支持应用有限，效率一般。二是应用虚拟机和模拟器，诸如 BlueStacks 和 Genymotion，但是它们的效率都比较低，资源占用率很高，需要环境与宿主系统完全隔离。KMRE 使用的不是虚拟机技术方案，而是一套类似于容器又不同于传统意义上容器的技术方案。KMRE 真正将 Linux 操作系统和 Android 操作系统合二为一，真正让麒麟系统支持 Android App 的运行。

总体来说，我们是在容器的基础上创造了一个不是容器的技

术方案。

（2）使用硬件，性能无损

KMRE 目前可共用内核，直接使用硬件，做到无性能损耗与资源共享，目前支持 ARM 和 x86 架构以及多种 CPU 和 GPU。KMRE 目前有两种显示模式。一种是通用模式，通用模式主要是适配了驱动闭源的 NVIDIA 卡、Intel 显卡，兼容性比较高。另一种是高性能模式，目前适用于开源的驱动，比如 AMD 的显卡，目前是零性能损失。例如，KMRE 在运行《和平精英》游戏时，画质是不错的，实际的操作流畅度很高，帧率也很高，在高性能模式下体验非常好。

（3）显示窗口融合

在操作系统上运行 Android App 时，一个被广泛提及的概念是"多应用多窗口同时运行"。但实际上，Android 手机和平板计算机基本上只能同时运行一个应用程序。如果用户想同时运行多个应用，就必须频繁地切换，而且用户在某一时刻只能操作一个应用程序。但是在桌面系统中，我们已经习惯了窗口化的应用程序，可以同时打开多个应用程序窗口，并在同一屏幕上查看和使用它们。此外，大家熟悉的笔记本计算机和台式计算机的屏幕通常是大屏幕，可以同时打开多个窗口，以获得更好的显示效果。

（4）桌面共享

正常来说，Linux 应用或 Windows 上会议类应用的共享桌面，都是共享自己的主界面。当然对 Android 而言，只能共享 Android 手机的窗口。对此，我们做了一些有针对性的改进工作。现在，在 Linux 下运行腾讯会议或者 QQ 共享桌面时，实际共享的是整个桌面。图 3-3-1 右侧展示了 Linux 原生的整个桌面，这保证了操作体验，也保留了在 Windows 下的共享桌面习惯，比较方便。在开会场景下共享桌面，用户大概率会想要共享整个桌面，而不是单独的一个窗口。

图 3-3-1　Linux 桌面共享

（5）文件互通

大家应该比较熟悉 Linux 及 Android 的文件系统。Android 文件系统的目录相对比较混乱、零散。Linux 文件系统的显示与 Windows 更像，用户体验更好。我们通过采用一些手段，目前可以在 Android 上直接访问 Linux 文件。

在微信界面要给朋友发文件，正常操作是在微信上打开文件系统，找到对应的目录。我们做的优化是选择 Linux 目录下的文件直接传，通过微信发出去。图 3-3-2 右侧所示即把 Android 的文件系统显示在 Linux 下的效果。通过 Linux 文件管理器，能直接看到 Android 完整的目录结构，也可以按类型查看。Android 目录结构比较混乱，但按分类模式查看，也相对便捷。我们在这方面做了优化，既能够按照符合 Windows 习惯的目录结构去看，也可以按照符合 Android 习惯的便捷方式去看，比如按图片、音频、视频、文档。

（6）适配多款摄像头

Android 摄像头分辨率比较高，摄像头可以随着横竖屏方向旋转。但 PC 上的摄像头一般分辨率比较低，且固定在某个位置，正常情况下很少有人去旋转它，这就导致 PC 在摄像头使用上与 Android 存在一些区别。我们的场景是 PC 上的摄像头使用 Android 设备，所以我们在这方面也做了比较多的工作，目前已经适配了多款摄像头，支持绝大部分具有拍照、录像功能的 App，尤其对微信、腾讯会议这样的重点应用。目前我们内部的使用体验表明，视频通话很流畅，体验很好。

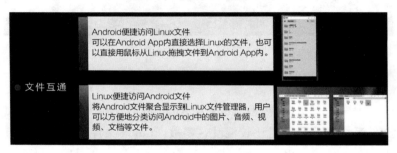

图 3-3-2　文件互通

（7）统一中文输入法

大家可能比较习惯先在手机中点触一个位置，手机会弹出各种各样的输入法，如手写、拼音、九宫格等。实际上在 Windows 环境下，大家都习惯直接用键盘、鼠标输入。在 PC 上用键盘、鼠标打字速度很快，体验也不错。基于这一点，麒麟系统也在考虑如何去实现更好的用户体验，实际上现在也实现了用 Linux 的中文输入法直接输入内容到 Android 系统的功能。

在 Android 中今日头条 App 用的输入法是 Linux 的输入法，输入法会跟着光标走，如图 3-3-3 右半部分所示。另外，不管是用 Windows 还是用 Linux，大家都习惯了用一些快捷键，如复制、粘贴、全选、撤销，在原生的 Android 中可能需要长按，因为它没有键盘、鼠标。麒麟系统已经完成了这些快捷键的适配工作，用户可以通过快捷键去操作 Android，并且体验到流畅。

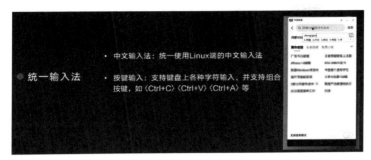

图 3-3-3　统一输入法

（8）游戏体验增强

Android 里的游戏现在也适配了 Linux，包括 PC 的键盘、鼠标和游戏手柄。我们可以通过手柄、键盘、鼠标去玩一些游戏，体验很不错。为什么特别强调这一点呢？因为我们在适配游戏场景时遇到了一些问题。打游戏可能需要 10 根手指多点触控，但实际上 Linux 对这方面的支持不是特别友好。针对滚轮、游戏的轮盘操作，以及手柄类自定义的组合键比较多的情况，我们做了很多工作，解决了轮盘的转换，以及键鼠的多点触控和组合键问题。目前，在麒麟系统中已经实现了通过游戏手柄去玩大型的游戏。

（9）打开方式互通

什么叫打开方式互通呢？一般 Android 应用默认都是用 Android 系统打开，但 Android 应用通过 Linux 本地系统打开，或者 Linux 本地应用在 Android 系统打开，这样在有些场景中能带来便捷性。比如，用微信的时候，用户突然收到了一个文档，虽然用 Android 内置的 WPS 可以打开，但是如果也能够用 Linux 下的 WPS 打开，体验是不是更好？又如图片查看器在 PC 上直接操作非常灵活，要是也能在 Android 上操作，体验是不是更好？

我们在 Android 里面做了一个插件，通过这个插件，一些文件类型能够直接用 Linux 原生打开。例如，别人给你发了一个 Word 文档，在 Android 系统中右击后会打开快捷菜单，这时就可以用 Linux 原生的应用打开它了。

（10）切换融合

希望让用户不要感知到运行的是 Android 应用还是 Linux 应用，就要用到切换融合功能。我们从安装到使用都做了很多改进，比如在安装的时候，让用户从应用商店下载、安装。在应用商店，用户只需要搜索对应的软件就可以，无须关心这个软件到底是 Linux 软件还是 Android 软件，下载完成后，我们会为用户自动安装。安装之后会在桌面上显示图标，这也符合常用的 PC 操作习惯，任务栏也会有对应的图标，入口风格和 Windows 是统一的。用户用的时候直接点击即可，想用几个就开几个应用窗口，支持多窗口。

这些窗口都是完整的独立的窗口，符合用户习惯。它们既然是窗口应用，当然支持用〈Alt+Tab〉快捷键进行应用切换。在任务栏可以预览每个应用，用户不会感知到打开的是 Linux 应用，还是 Android 应用。

（11）通知消息互通

从安装到使用用户体验的一致性都得到了保证。应用安装好之后，在开始菜单就会有对应的图标，也可以在"自定义"的桌面里看到对应的图标。用户也可以把应用固定到任务栏，或者通过快捷菜单创建桌面快捷方式，让用户沿用 PC 上的习惯。在 Android 主界面上有一个下拉的通知栏，很多通知都会在那里显示。现在为了和 PC 桌面深度融合，系统的通知栏里会弹出气泡以通知用户。如果应用是在任务栏下面的，它和 QQ、微信的

Windows 习惯一样，会用闪烁形式的通知告知用户有消息来了。

以上是 KMRE 主要的功能。

目前 KMRE 已经完成了与 4000 多种移动应用的适配，以后还会适配更多应用。通过 KMRE，4000 多个移动应用被引入 Linux 生态，即麒麟操作系统把 Android 应用快速、低成本地迁移到 Linux 生态上来，实现了对 Linux 生态的大规模补齐。

总体来说，KMRE 目前适配了以下重点应用：

1）金融类应用，如同花顺。

2）影音类应用，如爱奇艺、抖音、QQ 音乐。

3）社交类应用，如 QQ、微信。

4）教育类应用，如腾讯课堂、学习强国。

5）游戏类应用，如《和平精英》《QQ 飞车》。

6）办公类应用，如钉钉、腾讯会议。

### 3.3.3 麒麟移动引擎架构与功能设计

麒麟移动引擎的整体架构如图 3-3-4 所示。麒麟移动引擎最下面是硬件平台，有不同的 CPU、GPU，除此之外，麒麟移动引擎需要适配其他不同的硬件，因此抽象出了一个硬件的适配层（HAL），只需简单配置即可，方便、快捷。

下面结合麒麟移动引擎架构介绍其功能设计。

（1）通信模块

操作系统内核（Kernel）是共享的，所以只有一套。我们在内核的基础上增加了一些自己的模块，有一些是自己开发的，有一些是参考 Android 的。比如 IPC Binder：Android 的 Binder 可以解决进程间通信问题，用起来特别方便，但 Linux 一般是用 Socket 来解决通信问题的，因此我们参考了 Android 的 IPC Binder 实现，在 Linux 下也可以使用 Binder 进行通信。Share

Memory、ION、VirtWifi 也是我们自己实现的。

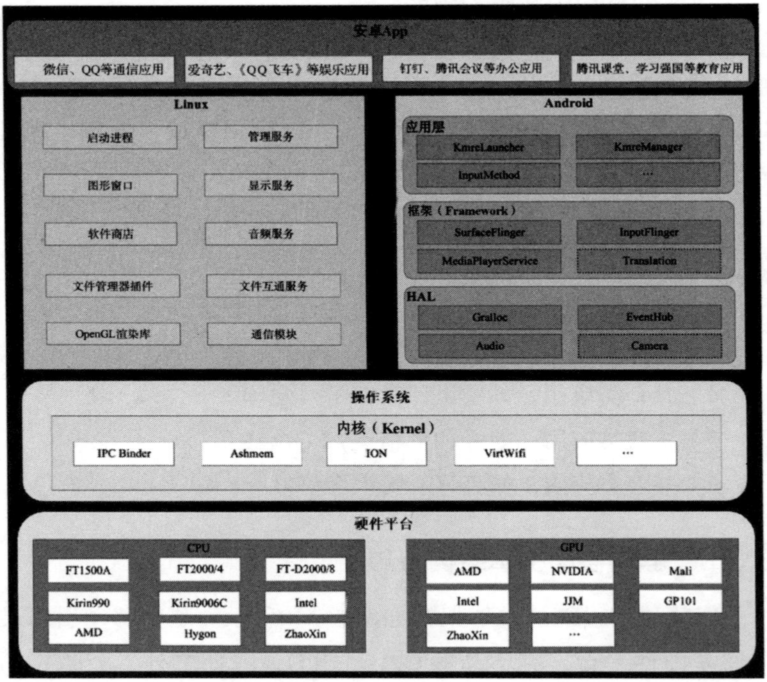

图 3-3-4 麒麟移动引擎的整体架构

为了解决 Android 上网的问题，毕竟网络还是在 Linux 侧，Android 侧应用也要上网。我们实现了一个 VirtWifi 内核模块来解决 Android 内部的上网问题。我们目前也在努力，比如原来是一个虚拟的网络，目前基本实现了 Android 可以感知的真实网络。

在共用内核的基础之上，麒麟里面有两套系统：一套是 Linux 系统，另一套是 Android 系统。两个系统之间要紧密耦合，一些组件要交互或共用。实际上在 Linux 中有一个类似于启动进程的模块，这个模块类似于 Android 的 AMS（负责 Android 应用的生命周期管理)。

(2)管理服务

管理服务就是管理 Android 的生命周期。对 Android 而言,既要保证它在用户使用时的响应速度,也要解决不使用(挂起)的功耗问题。另外,实际上窗口与显示都是在 Linux 侧来融合的,所以图形窗口与显示服务就是为了解决 Android 显示窗口与 Linux 的融合问题。

(3)软件商店

在软件商店方面,因为安装的时候用户无须感知是 Linux 软件还是 Android 软件,所以我们对软件商店也做了一些修改。音频服务就是为了解决数据、音视频通话、输入/输出设备问题。文件管理器插件就是为了解决文件系统互通的问题。文件互通服务就是为了解决分享层面的问题,用应用打开时涉及的一些文件路径同步问题。OpenGL 渲染库是为了解决显示相关的问题。通信模块是为了解决 Linux 和 Android 高效通信的问题。

在 Android 部分,我们也做了比较深度的修改。例如在应用层,我们有自己的 KmreLauncher、KmreManager,还有 InputMethod。KmreLauncher 替代了 Android 原生的 Launcher,因为现在要做的工作是与 PC 深度融合,所以不需要 Android 的 Launcher,KmreLauncher 可以完成启动加载工作。KmreManager 是为了解决 Linux 侧 Android 端的管理以及通信问题。InputMethod 主要是为了解决输入法的问题。我们也做了一些框架(Framework)的修改工作,比如显示相关的 SurfaceFlinger、输入相关的 InputFlinger 等,它们都是为了更好地将两个系统融合到一起。HAL 在显示和硬件方面做了修改,如 Gralloc、Audio、EventHub、Camera 等。手机上的传感设备比较多,如果 PC 上有就用 PC 的,如果 PC 上没有,就需要在 PC 上给 Android 创建一个虚拟的设备。

将这些模块组合之后，我们就在一套内核上运行了两套系统，从而支持这两套系统的生态，Linux 和 Android 的应用在麒麟系统中都可以比较灵活地使用。

（4）图形窗口

多窗口实际上是基于 Android 11 的虚拟屏技术来实现窗口的多活的。Android 本身有多个窗口显示的能力和接口。但考虑到 Android 实际的产品，如手机、平板计算机没有这种场景，所以这项技术用得不是特别多。

目前 Android 最新的版本也在往大屏方向切换，这个技术可能被使用得越来越多。我们是基于 Android 的扩展屏技术让应用在某些扩展屏的指定位置打开的，并控制扩展屏的生命周期，即什么时候应该显示，什么时候应该销毁。通过多个扩展屏之间的交互来解决窗口多活的问题。

（5）文件互通服务

下面再介绍下麒麟移动引擎的文件互通是怎么实现的。Linux 可以访问 Android 的文件管理器，Android 也可以访问 Linux 的文件管理器，这是怎么实现的？

本质上，Linux 系统与 Android 系统的文件管理器在整体设计上是统一的，没有多大的差异，主要的差异点在于权限。Linux 文件的权限体系与 Android 文件的权限体系不一样，目录显示、挂载都一样，但在访问时就会涉及权限问题，只能看不能用是不可接受的。

我们主要修改了文件内核的一些模块，做了权限映射，这样就可以解决 Linux 与 Android 权限体系不同导致的无法访问问题。权限问题解决了，其他的问题就只是关于文件显示、挂载等操作的，可以做的事情就比较多了。

显示有两种模式：一种是性能模式，另一种是兼容模式。

正常的 Android 应用可以通过 SurfaceFlinger、OpenGL ES、Gralloc、fb 来显示，如图 3-3-5 所示。

在性能模式（高性能）下，为了实现 Android 和 Linux 窗口的融合，我们使用 Linux 作为窗口管理器，将 OpenGL ES 指令传输到 Linux 的 Mesa 库，并通过 Mesa 库操作 DRM（直接渲染管理器），直接显示到窗口上，这样可以提高性能。这相当于将 Linux 的显示系统与 Android 的显示系统融合在一起，形成了一个完整的显示系统。

性能模式参考了 AMD 驱动的开源方案。在沙箱（Sandbox）中，由移动环境执行图形渲染和合成，Linux 端只进行绘制和显示。这样可以减少 GLES 命令传输和翻译带来的性能损失，提高 Android 的运行效率和显示效率。

在兼容模式下，因为一些显卡的驱动源码没有开源出来，所以我们需要将移动环境中的显示指令转换为 Linux 上的显示指令，以进行渲染和合成。这种改进方案可以满足大部分硬件加速需求，对显示环境具有良好的适应性，能够实现更好的显卡兼容效果。使用兼容模式可能会增加指令传输和内存复制的损耗。

Android 也有视频编解码能力，但与 Linux 系统融合时不能使用软件解决方案，因为这样 CPU 的资源占用率会太高。Android 本身有 OMX 接口，这个接口是为一些移动厂商提供定制解码能力的。我们采用了这个接口，在硬件设备支持的情况下，优先使用解码芯片来加速解码，这样就减少了对 CPU 的占用，保证了系统的性能和流畅度，也充分利用了硬件加速能力。

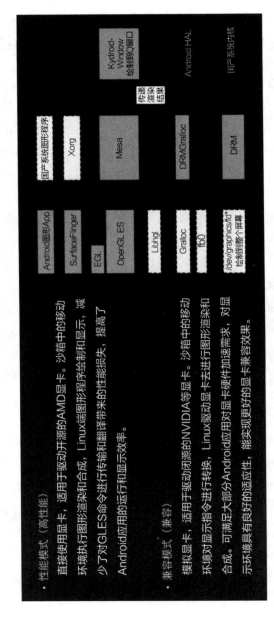

图 3-3-5 文件互通的实现原理

### 3.3.4 麒麟系统在移动生态上的规划和布局

麒麟系统在移动生态方面的规划和布局方面，KMRE 能够有效地将移动生态引入 Linux 系统中，填补了 Linux 系统生态的不足。随着一些新技术的应用，应用程序上线的速度将更快，并且会上线更多的应用程序。

我们在一套内核中运行了两个系统：一个 Android 系统和一个 Linux 系统。虽然有些模块和组件可以重复使用，一些模块中也进行了一些深度耦合，但实际上，麒麟系统仍然使用一套内核运行两个系统。

我们现在正在思考如何构建一个真正的融合系统。我们也参考了业界一些比较好的实践，以期打造一款真正融合的系统。只有一个系统和一套内核的融合系统，在技术上看起来不会有分裂。我们在朝着这个方向努力，同时也在打造麒麟最新一代操作系统，持续探索和突破。

目前，移动设备非常丰富，手机、平板计算机、穿戴设备随处可见。那么用户如何与麒麟系统交互呢？麒麟系统在移动设备上如何更好地使用？在这方面，我们也有自己的思考，我们正在打造麒麟系统自身的移动办公生态。毕竟，我们的大部分客户都有一些移动办公的需求。因此，我们也在努力开发一些不同寻常的产品，希望为用户带来不同的体验，帮助他们解决一些实际问题。

## 3.4 KubeOS：面向云原生场景的容器操作系统

### 作者介绍

李元戎：操作系统开发工程师，openEuler 社区 KubeOS 开源项目负责人，目前从事容器和操作系统的开发和创新工作。

注：本节内容由极客邦编辑王一鹏整理。

### 3.4.1 云原生场景下 OS 管理问题与解决方法

现在说起容器，大家想到的基本上都是 Docker。Docker 在 2013 年开源以后就立即火爆起来，可以说 Docker 将容器技术推向了巅峰。那么 Docker 技术到底解决了什么问题呢？Docker 自己宣传的口号是："一次构建，到处运行"（Run Anywhere）。

Docker 一举解决了开发、测试、生产中的环境不一致等困扰业界多年的问题。从更高的维度来说，Docker 其实解决了软件到底应该通过什么样的方式交付的问题。当软件的交付方式变得清晰明确以后，我们构建托管软件的平台也就变得非常简单明了了。

Docker 提供了三个概念：容器、镜像和镜像仓库。通过 Docker Client 可以以 RESTful API 的方式去管理容器的全生命周期。那么 Docker 最核心的创新是什么呢？其实就是 Docker 镜像这个概念，我们可以通过 Docker 镜像将一个应用软件运行所依赖的全部环境都打包在一起，使应用软件通过 Docker 容器运行的时候可以与操作系统无关。这样就基本上实现它所宣传的"一次构建，到处运行"。

Docker 镜像为了可以共享资源，在制作过程中引入了层的概念。也就是说，如果想做一个新的容器镜像，不需要从头开始做，只需要找到一个有 Root FS 的基础镜像（Base Image），以后需要什么都可以一层一层地往上叠加。Docker 容器其实也是基于分层概念的：容器开始运行，就会在镜像上面增加一个可写层，也就是我们常说的容器层；容器层下面是镜像层，镜像层都是只读的。容器镜像的一个核心特性就是写入时复制（Copy-on-Write），可以把对容器的修改全都限制在容器层下，不会影响其他共享这个镜像的容器。Docker 在单机上打包、发送、运行的性能是很优秀的，但只在单机上运行并不能发挥它最大的价值。业界更希望能够基于 Docker 技术形成云化的集群系统，然后进行业务容器的调度和编排。我们接下来就要说 Kubernetes 了。

可以说 Kubernetes 现在已经真正成为全球的主流技术。2017 年，Kubernetes、Swarm 和 Mesos 三个容器编排系统的竞争就基本上结束了，Kubernetes 成为最后的赢家，成为容器编排系统的事实标准。Kubernetes 的思想是将一切都视为资源，比如 Node、Pod、Deployment、Service 这些日常的、内置的资源对一般的系统部署升级和管理而言是够用的。但是在一些特定的场景下，当内置的资源不满足需求的时候，Kubernetes 又提供了一种扩展的机制：把需要的新资源抽象成 Kubernetes 的 API 对象，然后注册到集群中，和其他资源一起来使用，即 CRD 机制。说起 CRD 就不得不提 Operator。其实从 Kubernetes 的设计和定义来看，Operator 其实似乎更适用于无状态的应用。

但是 CoreOS 公司基于 Kubernetes 的声明式 API 机制提出的 Operator 可以有效解决有状态的应用或者是分布式应用的状态描述问题，Operator 当中的 API 对象不再是描述单状态应用的状态，而是描述分布式应用集群的状态。也就是说，Operator 把一个完整的分布式应用的集群都算作 Kubernetes，它需要维护这种最终的状态。当所定义的分布式应用集群的状态发生改变以后，Operator 会根据实现代码执行相应的逻辑功能，然后实现向预期状态不停演进的功能。

可以说容器和 Kubernetes 促进了云原生生态的发展，在基础设施纷纷云化的情况下，云原生场景下 OS（操作系统）管理的问题也就随之而来了。

第一个问题是 Kubernetes 并不能对集群节点的 OS 进行管理，

所以云原生场景下 Kubernetes 和 OS 是分别管理的，如图 3-4-1 所示。

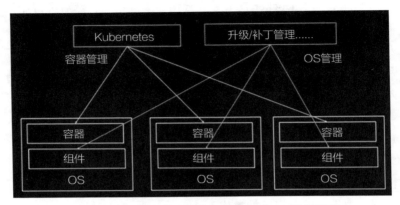

图 3-4-1　Kubernetes 不对集群节点的 OS 进行管理

Kubernetes 也需要更新和维护，然后进行用户权限控制，这和 OS 的管理其实非常类似。所以当运维人员分别管理 Kubernetes 和 OS 的时候，他往往需要进行很多冗余操作。按理来说它们能够互相感知是最好的，但是实际上这两套系统互相协调是非常困难的，甚至它们之间根本就没有协调。当 OS 升级影响到了节点可用性的时候，Kubernetes 无法感知。如果 OS 要升级，又希望集群中业务不中断，运维人员首先需要锁定节点，让工作负载不再分配到这个节点，再把这个节点上的 Pod 调入其他节点，然后才能升级这个节点，最后再把这个节点解锁，恢复正常的应用，这无疑增加了运维的难度和开销。

第二个问题就是 OS 的版本管理问题。一个通用的 Linux OS，一般都会内置一个软件更新升级的包管理器，通过这个包管理器，每一个包独立进行安装、升级、删除，这对于 OS 来说非常灵活。但是在云原生场景下，这往往会带来版本分裂的问题。

如图 3-4-2 所示，一开始这个集群中两个节点的包版本都是一致的。但是随着使用，有的包升级了，有的包没有升级，或者升级的版本不一致。时间久了，集群中每一个节点都会有不同的软件包，不同的版本，这造成的版本分裂问题是很严重的。

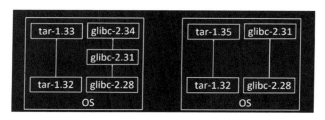

图 3-4-2　云原生场景造成的版本分裂问题

如果 OS 和业务耦合得比较紧密，OS 进行大版本的升级也会比较困难。业界比较主流的思想是通过改造 OS 来解决以上问题。因为容器把应用运行所依赖的环境都打包到了容器镜像里面，所以它所需要的 OS 功能越来越少，所以就有了轻量级的 OS。为了容器运行而设计的这种轻量级 OS，称为容器 OS（Container OS，也可以叫作 Container Specific OS）。

对一个容器 OS 来说，首先它肯定要有一个 Linux 内核，然后要有容器引擎，比如 Docker，还需要有一些安全机制，这些就够了。所以容器 OS 有三个特点：第一个特点是极简化，容器 OS 包含的软件包比较少，相应的攻击面和漏洞就少，它就更安全；第二个特点是不可变，只有在部署的时候才可以修改，一旦部署就是固定的；第三个特点是原子更新，因为它不可变，所以只能整体更新。应用以容器的形式运行。

## 3.4.2　KubeOS: 面向云原生场景的容器 OS

近年来容器 OS 又有了新的发展，Kubernetes OS 除了具有上面讲的容器 OS 的特点以外,最显著的特征是集成了 Kubernetes 的某些社区版本。它会把 OS 的管理交由 Kubernetes 去做,由 Kubernetes 来控制 OS 的更新。其实业界一些主流的 OS 公司已推出了这样的容器 OS,KubeOS 就是 openEuler 推出的这样一款容器 OS。

KubeOS 的镜像都是基于 openEuler Repo 源进行构造的。KubeOS 部署以后,用户在 master 节点上,仅通过命令行和 .yaml 文件就能够管理集群所有 worker 节点上面的 OS 版本。KubeOS 将 OS 作为 Kubernetes 的一个组件接入集群中,这样 OS 和其他业务容器就具有同等地位,可以通过 Kubernetes 统一管理容器和 OS,实现 OS 和业务容器的协同调度。另外,我们还基于 openEuler 的版本进行了一些定制化改造,让 KubeOS 可以进行原子化更新升级,避免版本分裂的问题,其原理如图 3-4-3 所示。

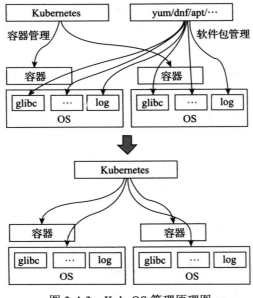

图 3-4-3　KubeOS 管理原理图

下面对 KubeOS 进行详细的介绍。

#### 1. KubeOS 特性

KubeOS 的第一个特性是将 OS 作为组件接入 Kubernetes 中。我们利用 Kubernetes 的 API 扩展机制为 OS 设计了一个 CRD 的 API 对象,然后把它注册到集群中,并依托于 Kubernetes 的 Operator 扩展机制定义了一个 OS 控制器(OS controller),去对之前注册的 OS 对象进行管理和监控。这样就让 OS 和集群中其他内置资源具有同等地位,都可以通过 Kubernetes 管理。用户只需要修改 OS 的 CR,然后输入预期的 OS 版本和状态;其他操作都可以由 KubeOS 和 Kubernetes 完成。这样 OS 的管理就能够在云端进行了。

KubeOS 的第二个特性是 OS 是进行原子升级的,KubeOS 中不提供包管理器,软件包的变化即 OS 版本的变化,也就是说每一个 OS 的版本都会对应一个确定的 OS 镜像,或者说一组确定的 RPM 包的组合。软件包的更新即为 OS 版本的更新,使得任何时候集群中 OS 的版本都是确定的、一致的,有助于大规模应用的部署。OS 是尽量轻量化的,只包含 Kubernetes 和容器运行所需要的组件,这样不仅能够减少攻击面,使 OS 更加安全,而且使 OS 能够快速更新、快速升级。

#### 2. KubeOS 的架构

图 3-4-4 是 KubeOS 的架构设计。

KubeOS 的架构一共分成三个模块。

1)OS Operator 部署在 master 节点上的,它是全局的 OS 管理器,会监控集群中所有节点 OS 的状态。当用户更改集群中 OS 信息时,比如指定了新的版本,Operator 会感知到,然后把升级任务下发到各个节点上。

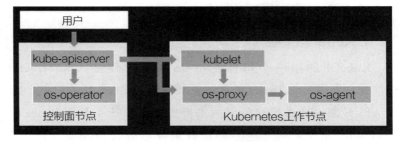

图 3-4-4　KubeOS 的架构设计

2）OS Proxy 部署在每一个节点上，作为单节点的 OS 管理器，监控当前节点的状态。当它接到 Operator 下发的升级任务时，会执行封锁节点、迁移 Pod 等操作，并且把需要升级的 OS 信息转发给 OS Agent。

3）OS Agent 是真正的 OS 升级的执行单元，它接收来自 OS Proxy 的相关信息，完成升级和重启操作。

图 3-4-5 是 KubeOS 的文件系统布局设计。

1）Root 分区。KubeOS 采用了双分区升级的方式，每一个分区都会存放一个 OS 的版本，所以分成了 RootA 和 RootB。其中一个分区每次升级的时候会下载 OS 镜像到另外一个分区，在下次启动的时候将启动目录切换到另外一个分区，就完成了双分区的升级。

2）KubeOS 文件系统是只读的，这也是为了保证安全。但是 KubeOS 还提供了一个 Persist 分区，用它存放持久性的用户数据。Persist 分区分为两部分：① Union Path，采用 overlay 的形式在镜像上增加叠加层；② Writable Path，主要使用 bind mount 形式直接在镜像上增加一个可写层。

3）Boot 分区存放的是 grub2 文件。

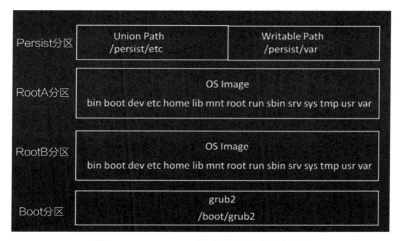

图 3-4-5　KubeOS 的文件系统布局设计

### 3. 升级的流程

下面介绍 KubeOS 的升级流程。

1）用户通过修改 OS 的 .yaml 文件，指定要升级的 OS 信息，比如 OS 的版本、存放镜像的地址以及一次升级的 OS 数量。

2）在集群中 OS 的状态发生了变化以后，OS Operator 就会感知到这个变化，查询集群中所有节点的状态，若发现和当前节点的状态不一致，就会把需要升级的节点标记为升级节点，这相当于把任务下发到各个节点了。

3）OS Proxy 监控发现当前的节点被标记为升级节点了，就开始执行升级操作，从集群中获取要升级到的 OS 版本。它驱逐当前节点的所有 Pod，并把当前节点锁定，把 OS 的信息发送给 OS Agent。OS Agent 接收到相关信息以后，从一开始用户指定的存放升级镜像的服务器下载镜像，然后设置启动分区，进行重启和升级。升级以后，OS Proxy 发现当前节点的状态已经升级完成，就把当前节点解锁，并且取消升级标记。

### 3.4.3 未来展望

接下来我们首先需要不断丰富 KubeOS 的功能，比如提供系统配置下发的功能，提供更多的安全策略。其次我们要不断提供更全面的支持，比如支持更多的架构、更多的容器引擎等。最后就是让 KubeOS 的使用和部署变得更加方便，比如提供一键式部署。

# 第 4 章

# 编程语言新风向

## 4.1 WebAssembly 的核心语言特性与未来发展

### 作者介绍

**王鑫**：英特尔（中国）有限公司技术总监，主要专注于计算机语言运行时（Runtime）技术领域，如 Java、WebAssembly 和 JavaScript 等语言运行引擎，以及编译、可信执行环境、工业物联网等技术。曾带领团队开发兼容 Java 语言的轻量级虚拟机 Intel Micro Runtime，创建开源项目 WebAssembly Micro Runtime，参与推动英特尔、微软、Mozilla 等组织成立 WebAssembly 技术字节码联盟（Bytecode-Alliance，BA），曾任字节码联盟技术管理委员会的创始成员。

### 4.1.1　WebAssembly 标准发展

WebAssembly（简称 WASM）是一个可移植、体积小、加载快并且兼容 Web 的全新字节码格式，运行在一个沙箱化的执行环境中，同时也定义了一个等意的文本格式用来调试、测试、实验、优化、学习、教学或者编写程序。

2015 年，WebAssembly 第一次被对外公布。2017 年 MVP（Minimal Viable Product）规范完成，并在 Chrome、Edge、Firefox 和 Safari 等主流浏览器上得到支持。到了 2018 年，W3C 工作组发布了三个公开的 Drafts，包含 WebAssembly 的 Core Specification、JavaScript Interface 和 Web API。2019 年，WebAssembly spec 1.0 正式发布。同年 10 月，英特尔、Mozilla、Fastly、Red Hat 四家组织成立 BA，主要的目标是构建与推广基于 WebAssembly 以及 WebAssembly System Interface 的安全软件栈。2021 年，BA 正式成为非营利性组织，微软也成为其协作会员，目前 BA 有 30 多家的会员，发展情况非常好。

2021 年—2022 年，行业内出现了两个基于 WebAssembly 的经典使用案例，如图 4-1-1 所示。

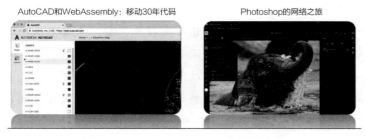

图 4-1-1　WebAssembly 经典使用案例

图 4-1-1 的左侧是 AutoCAD 在浏览器上运行，WebAssembly 可以将数十年积累的桌面应用代码移植到浏览器上面。2021 年另

外一个标志性事件就是 Adobe 也把它的经典软件 Photoshop 搬移到了浏览器上面。相关技术分析表明，Photoshop 的 Web 版应用主要是基于 WebAssembly 的，在运行应用的时候，可能会有高达 1GB 的本地磁盘缓存，而只需下载 10 多 MB 的网络资源，启动时间大约 3 秒。Photoshop 充分利用了 WebAssembly 和多核技术，使得在运行一些操作的时候，调用最频繁的 20 个函数中的 SIMD 向量化计算约占 40%，这说明 WebAssembly 通过类似于向量化计算的能力，已经具备了支持开发强计算应用的能力。

## 4.1.2　WebAssembly 语言特性

WebAssembly 语言的特性具体包括以下六点：

1）在基础设计上，WebAssembly 语言定义了四种基本的数据类型，即 32 位、64 位的整数，以及 32 位和 64 位的浮点精度；支持二进制和文本两种格式的文件；执行模式基于 Stack，使其编译生产的代码体积更小，实现起来更加容易。

2）WebAssembly 的内存设计也很有特色，支持托管的内存（Managed Memory）和非托管的内存。非托管内存也叫线性内存，一个 WebAssembly 实例可以有多块的线性内存。目前线性内存的布局是由编译器来定的。为什么要了解这个呢？因为现在 WebAssembly 支持多种前端语言的编译，当每个编译器都有自己的内存布局时，这会导致不同语言模块之间静态链接问题。

3）WebAssembly 的流控是结构性的。它的函数调用需要使用函数表（Function Table）。与基于 C 语言编译的机器指令相比，WebAssembly 的机器指令不会直接跳到目标物理地址，而是使用索引代表的间接地址来进行访问。WebAssembly 的函数调用操作代码后面都跟着一个索引号，这个索引号就是目标函数在函数表里的索引值。如果是间接调用函数，则需要进行函数类型检查。

4）WebAssembly 对一系列关键组成元素支持 Import（导入）和 Export（导出）语法，一个 WebAssembly 程序会定义需要从外部导入什么样的元素，如线性内存、函数，也可以定义哪些元素可以暴露给外部宿主环境进行访问。宿主环境可以是浏览器的 JavaScript，也可以是独立的 WebAssembly 引擎。宿主环境通过编程的方式，来访问和控制目标的 WebAssembly 导入、导出对象。

5）WebAssembly 提供了 SIMD 硬件向量化计算的支持，就像上面介绍到的，Photoshop 里面大量用到 SIMD 这种硬件加速能力。

6）WebAssembly 是个强类型的类型系统（Type system），它也定义了 GC（Garbage Collection，垃圾回收）和组件模型，GC 能够支持更多的高级编程语言，组件模型可以帮助构建一个覆盖多种前端语言的应用生态。

下面我们来讲解 WebAssembly 的字节码和内存模型，以帮助读者深入理解 WebAssembly。

### 4.1.3　字节码与内存模型

这里引入一个示例，其执行的示意如图 4-1-2 所示。

**1. 字节码的格式解析**

在图 4-1-2 的最左边是一段 C 语言的源码（以下简称左图），这段代码会被编译到图 4-1-2 的中间部分（以下简称中图）的 WebAssembly 字节码，图 4-1-2 的右边（以下简称右图）展示了运行态的内存布局。下面结合图 4-1-2 来分析 WebAssembly 的编译过程：

1）C 语言源码定义了一个全局变量 count，一个 add 函数。add 函数会把输入参数 x 与 count 相加，把结果更新到 count。

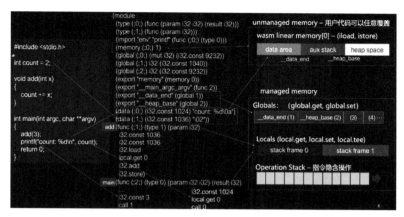

图 4-1-2　字节码与内存模型演示示例

2）这段代码在 main 入口函数中调用了 add(3)，然后打印 count 值。由左图可知，C 语言源码开始部分是几个函数的 type（类型）定义，0 和 1 是 type 的索引值，可以把索引可以看成一个表。这张表标识了每一个在代码中出现的 type，索引值则对应了所有被引用的函数，如 add、main、printf 函数。

3）字节码的第四行表示要导入一个 printf 函数，这个函数在字节码里面本身没有提供实现，需要宿主环境来提供。第五行定义了一个线性内存空间。第六行至第八行定义了三个 Global 类型的对象，Global 对象在 WebAssembly 可以作用于全域，但不一定对应到源码里边的全局变量，比如从中图里可以看到源码里的全局变量 count 并不是被映射到 WebAssembly 的 Global 对象。每个 Global 对象都有编号，它同时包含其原型的定义以及初始化的值，像 9232、1040 都是 Global 对象的初始化值。

4）导出 Memory 对象，这样宿主环境可以获取 WebAssembly 程序的 Memory 对象，从而进行访问。WebAssembly 代码接着又导出了三个对象：第一个对象是 function #2，即暴露给宿主环境的 main 函数，其他两个对象是 Global，用于表示 data_end 与 heap_base。

5）接下来的数据（data）表示 WebAssembly 程序的静态数据，每个数据都有一个编号和线性地址位置。编号 0 就是 printf 打印的字符串的内容；编号 1 中的"\02"代表 count 的初始值，count 在 C 源码中是一个全局变量，实际上，它存在于线性内存的 data 区。

6）中图索引号为 1 的函数是由 C 语言源码 add 函数编译过来的，包含了函数类型说明，和中图最上方函数 type #1 是对应的。倒数第四行（索引 #2）对应到 main 函数，type #0 是它的类型的定义。

7）右图上部是一个线性内存，该线性内存支持 WebAssembly 通过编程任意访问其中的一个位置。线性内存的读写访问需要通过 iload 和 istore 指令实现。iload 指令将线性空间中的数据移动到操作栈。其具体过程是 iload 指令从操作栈里获取偏移量，再使用偏移量从线性空间中取值，然后将值压回栈里。istore 指令则是执行一套反向的流程。

8）如果是以 LLVM 编译生成 WebAssembly，则会有一个约定的内存布局。首先是数据区（data area)，主要存放源码定义的全局数据和静态数据。中间的 aux stack 在 WebAssembly 程序运行中，作为辅助栈用于非基本类型的数据存储，它与数据区的边界地址是用一个 data_end 的 WebAssembly Global 来表示的。WebAssembly 程序调用 malloc 时从其自己的 heap 中分配数据，heap 区的起始位置通过名为 heap_base 的 Global 对象来指定，它的初始值在编译中就已经计算好，从中图的第六至八行代码可以看到 WebAssembly 文件里包含其初始化的值。

### 2. 托管内存模型

在 WebAssembly 中，除线性内存（非托管内存）以外，其他都是托管内存，这些内存对象的目标地址不是由用户代码来完全控制的。第一种托管内存类型是 Global，可以把它看成一个一维数组。在本示例中，data_end 就是索引值为 1 的 Global 型托管内存对象，heap_base 是第二个 Global 型托管内存对象。托管内存的访问有专门的字节码支持，叫作 global.get 或者 global.set，这些字节码后面会跟随目标 Global 对象的索引值。

第二种托管内存叫作 Local，Local 对应的字节码叫作 local.get 和 local.set，以及 tee。Local 是以当前的栈为基准的，即在执行指令的时候，默认以当前栈为基础来进行访问和定位。源码中基本类型的函数局部变量可以使用 Local 来映射，其他类型局部变量则会使用线性内存中的 aux stack 来管理。和线性内存操作相比，Global 和 Local 操作目标的索引值是固定在 WebAssembly 文件中的，这说明索引值在编译时就已确定。线性内存的访问地址是由 WebAssembly 程序逻辑本身在运行时来计算并获得的。

第三种托管内存叫作操作栈（Operation Stack），WebAssembly 许多操作码里隐含着操作栈访问，但没有任何操作码可以显式地控制操作栈。比如前面提到的 add 操作，会自动在栈里面取两个数，把计算的结果再返回栈中。

### 4.1.4 控制流与函数调用

下面介绍 WebAssembly 程序的控制流以及函数调用的示例。

（1）控制流与跳转机制

WebAssembly 设计了一种结构化的控制流，它定义了四类相关操作码：

1）Label：block、loop。

2）if、else、end。

3）Branch: br、br_if、br_table。

4）Function Call: call、call_indirect、return。

第一类是 Label 定义，其中 block 是定义一个块，loop 定义一个循环块；第二类包含 if、else 和 end 三种条件跳转操作指令，这种方式就更接近于源码的语义，而非 C 语言编译生成的条件跳转目标指令；第三类指令表示分支跳转（Branch），这种指令比较接近编译后的跳转机器指令；第四类指令是函数跳转（Function Call），如函数的 call、call_indirect 和 return。

下面程序是一个 WebAssembly 文本方式表示循环的简单示例，循环有个标识为 my_loop，在 WebAssembly 二进制里边对应一个 Label 索引号。

```
;;label the loop so that it can be branched to
(loop
$my_loop
i32.const
0
(if
  (then
    ;; do something
  )
  (else
    ;; do something else
  )
)
br $my_loop
)
```

这段代码将常数 0 压到栈中，作为后面比较指令 if 的判断条件。if 操作码后面跟随满足条件时的一组执行的操作码，之后可能会跟随 else 操作码，以及该条件下执行的指令系列，else 段落结束后会有个 end 的指令。代码中最后的 br 操作码，执行跳转到 my_loop。

（2）跳转机制的特点

WebAssembly 结构化跳转机制有以下特点。

1）Label 是类型化的，它具有输入和输出的参数。所以在进入 if 段落之前会压栈，Label 进入之后会有一个独立的操作栈，可以保证在里面有 pop 类的操作，不会把上级的栈破坏掉，而且退栈时很容易回溯到上级栈的位置。

2）栈的跳转不能像 C 语言一样，跳到一个任意的 Label，它通过一个索引向上返回一级或者若干级，从而规避了栈溢出的风险。

3）函数调用操作码的立即数是一个索引值，索引值代表函数在表中的位置，表中会指出函数的真正物理位置。间接调用的索引不跟随在指令码里面，而是从栈里面调取：调用者可以通过压栈，把函数指针传进来再调用它。

### 4.1.5 数据类型系统

WebAssembly 是强类型语言，也就是说，WebAssembly 会在文件中提供类型定义，以及在 Opcode 中显式提供操作对象类型信息，这有利于脱离编译器与语言的依赖而实现模块链接，减少运行时的隐式类型依赖，也有利于加载时的类型验证，从而使运行时的类型验证尽量按需执行。

WebAssembly 类型体系的特点是：主要描述低级的数据布局，没有源码层面的信息。在 WebAssembly 中，所谓的子类型主要是指内存布局有包含关系，而不是类似于 C、C++ 或者是 Java 里语言层面的显式继承。在生成的目标指令中，操作码后面会带操作对象的类型索引号。C 语言的生成目标里面是没有类型的，在编译的时候，编译器知道所有的类型信息，但是不会在生成目标的机器码里包含类型信息。WebAssembly 把类型信息放到目标文件中，这样就提供了一种既接近于底层的机器，又可以基于不同硬件架构来实现的虚拟指令集。

这样的设计的确有一些好处——发行模块包含类型信息，有利于脱离对编译器语言的依赖来实现模块的连接。在之前的原生机器码的模块系统中，即便都是 C 语言源码编译器，不同的编译器对类型的定义也有可能是不一样的，比如对结构或数组的理解或者约定可能是不一样的，更别提不同的语言之间的一致性问题了。所以 WebAssembly 把目标的类型都放到二进制的模块里面，从而使不同的语言、不同的编译器生成模块之间的连接变得更加容易。

这也会减少运行时对隐式类型的依赖，由于类型都被显式地提供给运行时，因此运行时不再需要依赖某些隐含的约定。另外这也有利于在加载时刻（Loading Time）完成类型验证，因为以文件中包含的类型信息为基础，所以运行时很容易完成类型的推导和验证，比如检查压栈或者传参是否符合它的调用目标函数类型，尽可能地减少在运行时类型验证所消耗的 CPU，大大提升执行效率。

### 4.1.6　内存垃圾回收

WebAssembly 垃圾回收（GC）特性目前进入了文本可用的提案的阶段 2，引入了结构（struct）、数组（array）等新的数据类型。

1）结构：结构类型定义具有静态索引的异构字段的聚合（struct.new/get/set）。结构的成员变量是用索引号来访问的，比如说声明一个对象之后，get 或者 set 一个成员变量。

2）数组：数组类型定义具有动态索引的同类元素的聚合（array.new/get/set/len）。

3）函数：引入类型化函数指针的概念（ref.func、call_ref、func.bind）。函数就引入了一个类型化函数指针，叫作 ref.func 和 ref.call_ref。用户可以直接传递函数指针，而不是传递一个索引号，这样能够大大加快函数指针调用的速度。目前因为要做大量的类型检查，所以间接传递的效能不是很好。

4）运行时的类型引用（rtt.canon, rtt.sub）。运行时可以对一个类型生成一个类型的引用，类型引用可以通过变量或者传参来传递。

5）未装箱的标量（i31ref）。

6）类型等价与测试（ref.eq, ref.test）。

7）子类型化（Subtyping）。

8）强制转换和运行时类型（ref.cast, ref.as_xxx, ref.is_xxx, br_on_xxx）。

注意：关于 GC 的提案，请读者以 W3C 的官方提案文本为准。

下面来看一个关于结构的例子。这个例子首先定义了 time、point 结构，time 包含一个 32 位整型和一个 64 位的精度浮点成员；point 包含三个 64 位浮点成员 x、y、z。

```
(type $time (struct (field i32) (field f64)))
(type $point (struct (field $x f64) (field $y f64) (field $z f64)))
```

下面是一个函数，它的传参是 point 结构的对象，因为 p 是它的传入参数，get $p 就是把 p 的指针放到栈里面，按它的 point 类型取 x 字段，x 最后是一个索引号，取到之后，放到栈里边。把 x 值从栈里面取出来，再赋值到 y 字段里，这就是该函数做的事情。

```
(func $f (param $p (ref $point))
```

```
    (struct.set $point $y (local.get $p)
      (struct.get $point $x (local.get $p))
  )
)
```

下面使用 struct.new 来对结构进行分配，struct.new 后面跟的是一个类型，以及每一个成员初始化的值，它会返回一个结构的引用对象。

```
(func $g
  (call $f (struct.new $point (i32.const 1) (i32.const
    2) (i32.const 3)))
)
```

WebAssembly 并没有定义一个常规运行时的 GC 完整实现，它更像是定义了一个工具箱，包含一个完善的 GC 系统所需要的很多工具，每个运行时可以通过这个工具箱去实现自己的 GC。

### 4.1.7　模块的组件模型

目前模块连接与组件模型的相关规范正在制订之中。模块连接的规范定义了一些典型的连接模式，典型的两种模式如图 4-1-3 所示。

图 4-1-3a 描述了所有 WebAssembly 模块之间的静态依赖（Static Dependency），其中 parent（父）模块会访问 WASI（WebAssembly System Interface）文件系统，child（子）模块也需要访问文件系统（File System）。我们并不想真的用 child 模块去访问物理的内存，可以引入虚拟化（Virtualization）模块，它会向 child 模块提供 WASI，child 实际上是使用 Virtualization 模块导出一个虚拟接口，Virtualization 模块中间会做一些转换或者一些检查，然后去实际访问真正的文件系统。这样的模式叫作链接时间虚拟化（Link-time Virtualization）。

这里的 WASI 是标准化 WASM 的模块和原生宿主环境之间的

一个调用接口，这个接口和上层的编程语言是无关的。其中 wasi-libc 提供了 libc 的支持，把原来的像底层和内核对接 syscall 的调用接口，换成了 WASI 的接口，这样大家可以在 WebAssembly 里继续实现类似于 FileOpen 这样的系统调用，也可以在所有运行时上运行，从而达到一个很好的跨平台特性。

图 4-1-3b 所示的模式叫作共享所有 C- 家族动态链接（Shared-Everything C-family Dynamic Linking），在动态过程中，支持由不同的模块创建不同的实例协同调用。其中，zipper 引用了 libc，它可以构建一个单独的实例，img 可能也引用了一系列模块，包括 libc、libzip，但是它们可以组织成一个独立的实例，既具有很好的隔离性，又具有很好的灵活性。

组件模型中的每一个组件都会包含一系列模块，并由如下若干部分组成：

1）模块定义：静态的模块包含关系，代表不可变代码。

2）实例定义：定义好有哪些实例，创建实例需要导入的全部参数。

3）类型定义：静态接口类型（intertype）；实例化时刻接口类型（deftype），即将加载器（Loader）部分工作前置。

4）函数定义：定义了基于线性内存的可配置的 ABI（二进制接口）。POST-MVP 可以添加适配器功能以允许更多的程序自定义接口。

5）启动入口函数定义。

类型的定义主要用于实例化过程，如果用 Linux 系统的链接器做对比，它就等同于编译的时候，只需要知道链接对象的引入符号就可以了，不需要关心其他要引入的更多内容。但是当实际加载模块开始运行链接时，每一个被链接的链接库文件所依赖的符号问题也需要被解决，要像一个链式一样去找到所有被链接的符号,最终程序才能跑起来,这就引入了许多不确定性。

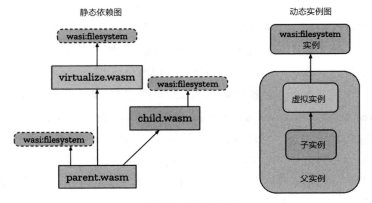

a)链接时间虚拟化

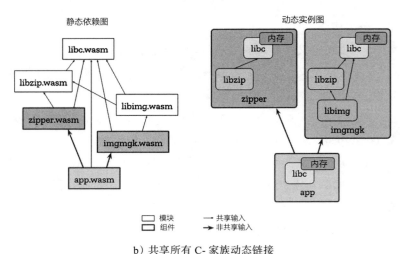

b)共享所有 C-家族动态链接

图 4-1-3　两种典型链接模式

函数的定义目前主要还是基于一个线性内存的新的 ABI,但是它已经有一部分可配置的能力。目前接口类型(Interface Type)

给程序提供了更多自定义接口的能力。

以上就是 GC 现在的情况。从上述信息来看，基于 WebAssembly 的强类型系统有很强的灵活性，它就像一个积木式系统，可以用不同的语言搭建出很多模块，这些模块又可以搭建出很多的组件。未来它会有非常好的潜力，去构建一个跨越语言的应用生态系统。如果一切像预期一样发展，WebAssembly 也许是一种远远比现在更加广泛的语言生态。

## 4.1.8　WASI 与字节码联盟

字节码联盟是一个致力于构建 WebAssembly 开源软件栈的非营利性组织，目前该组织发展很快，已有众多技术人员加入。参与的组织成员如图 4-1-4 所示。

图 4-1-4　参与的组织成员

目前字节码联盟主要在推进 Runtime 开源项目、WASI，以及一些工具和组件生态的方案。2022 年，字节码联盟发布了管理委员会（TSC）章程，我有幸作为技术委员会的创始成员参与了章程制定。TSC 章程参考了很多成熟社区的章程，兼顾了多方面的考虑，读者可以从 https://github.com/bytecodealliance/governance/blob/main/TSC/charter.md 查阅。

目前字节码联盟的 Runtime 开源项目主要有两个：Wasmtime 与 WAMR（WebAssembly Micro Runtime）。WAMR 最早是由英特尔开发的，在 2019 年贡献给字节码联盟。目前除了英特尔持续在上面开发之外，很多企业如亚马逊、索尼、蚂蚁、小米、阿里巴巴、西门子公司也贡献了很多特性和功能。

WASI 定义了一个叫作"基于能力的安全"（Capability-based Security）的规范，简单地说，在启动一个实例时，可以给实例指定一个目录，在实例里面 WASM 应用无论通过何种方式访问目录，它看到的根目录都是已指定的目录，因此一切操作都是在本机的一个子目录里面运作的。这样该实例就没有能力去访问磁盘上它无权访问的文件系统。WASI 目前发展得非常好，有很多标准都在制订之中，读者可以在 W3C 的网站上查阅相关资料。WAMR 技术特点与参数如图 4-1-5 所示。

图 4-1-5　WAMR 技术特点与参数

WAMR 是基于 C 语言实现的，它有两个解释器的实现：Fast，速度优先的解释器；Classic，内存优先的解释器。Fast 比 Classic 要快一倍左右。WAMR 同时支持 JIT（Just in Time，即时编译）和 AoT（Ahead of Time，预编译）编译，目前二者都是基于 LLVM 框架来实现的，整个 Runtime 的特点是 VMCore 很小，在 100KB 以内，但它的性能非常好。

一方面，借助 LLVM 这个优秀的编译框架，WAMR 的性能可以和 GCC 相比，根据不同的工作负载，比如 60%、70%、80%、90%，甚至可以快过 GCC 原生编译。另一方面，WAMR 的 AoT 也是一个很有特色的设计，因为它有一个完全自定义的加载机制，不依赖于系统的加载器（Loader），在很多环境中都可以使用，如 Linux 环境、SGX 环境以及 MCU 嵌入式操作系统环境。另外，它还支持向量化计算，能够非常好地支持 Intel SGX 和 TDX 这种安全的执行环境。它也支持多线程、pthread、引用类型（Reference Type）和多模块（Multi-modules）等丰富的特性，值得行业内开发者深入了解。

## 4.2　基于编译器的静态代码分析与软件开发效率、质量和性能

**作者简介**

**李隆**：目前担任鉴释科技的首席科学家，专注于代码验证基础架构的研发。于 2008 年在中国科学技术大学获得计算机软件和理论博士学位，专门研究基于编程语言的理论、技术在构建高效、可靠软件方面的应用，并发表了数篇期刊和会议论文。毕业后，加入了三星电子，在先行技术小组从事统计机器翻译的研发

工作。于2010年加入HP编译器团队，从事HP Non-Stop服务器编译器后端及工具链的研发工作。

注：本文整理自李隆博士在DIVE全球基础软件创新大会（2022）上的演讲，由极客邦科技编辑李冬梅整理。

随着软件规模不断增大，架构日益复杂，在软件开发过程中兼顾开发效率、软件质量和软件性能越来越困难。为了追求更高的开发效率和更短的交付周期，软件质量和性能往往成为被忽视甚至牺牲的对象，给软件开发带来长期损害。静态分析是指在不实际运行程序的前提下，利用编译器技术中的词法/语法分析、控制流/数据流/别名/上下文分析建立代码的静态视图，在此基础上应用各种检查逻辑和规则来确定程序中影响软件质量和性能的问题代码。通过静态代码分析工具与DevOps流程紧密结合、CI（Continuous Integration，持续集成）/CD（Continuous Delivery，持续交付）集成和扫描差分报告，在编码过程中实施编码规范和惯用法检查，结合预定义和自定义规则的语义和业务逻辑检查，实现更高的开发效率、更好的软件质量和软件性能。

下面主要从四部分展开，分别是静态分析工具在当前软件开发流程中的应用、编译相关技术在静态分析工具中的应用、编译相关技术在提升软件质量和性能上的更多应用以及未来展望。

### 4.2.1　静态分析工具在当前软件开发流程中的应用

静态分析工具（SAST）在不运行程序的情况下进行源代码、代码中间表示，甚至二进制代码上的分析。这种方式用于发现程序中的潜在漏洞并及早修改，从而使发布的程序更安全、更可靠。静态分析也可以用于程序优化，提升程序性能。后者通常由编译器自动完成，无须开发人员参与。

一个完整的软件开发生命周期遵循需求分析→详细设计→代码实现→测试→客户端部署→维护的流程，如图 4-2-1 所示。程序在正式交付之后，根据客户的实际需求还会做相关的调整，并继续迭代。静态分析不仅可以在代码实现、测试环节，甚至在程序部署环节都能发挥一定作用。

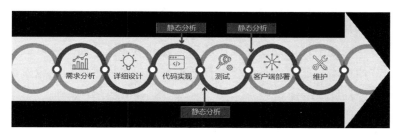

图 4-2-1　完整的软件开发生命周期

我们为什么要强调在软件开发生命周期中应用静态分析？根据 IBM 的统计数据，开发阶段的修复缺陷的相对成本最低，在测试和产品发布后修复缺陷的相对成本将会大幅增长，如图 4-2-2 所示。

图 4-2-2　修复缺陷的相对成本

注意：修复在开发过程中发现的错误会致使成本提高 6.5%，而修复在测试阶段发现的错误会致使成本提高 15%，产品发布后修复错误会致使成本提高 100%。

另一份报告中则指出，缺陷修复成本是随着周期的推移而逐渐增高的，代码缺陷数量大多出现在开发阶段。但是实际的缺陷修复大部分都在较为靠后、成本相对较高的阶段。通过静态代码分析工具，我们可以在较早期，也就是开发阶段找到缺陷。在此时修复缺陷不仅可以提高程序的安全性和可靠性，而且可以极大地节约成本。这也就是为什么目前静态分析愈发重要，也愈发被各个开发厂商所强调。

### 4.2.2　编译相关技术在静态分析工具中的应用

开发人员在代码编写阶段可能更熟悉代码的自动补全。这是一个几乎所有 IDE 上都有的简单功能，能够极大地提升开发人员的编写效率，如图 4-2-3 所示。

图 4-2-3　代码自动补全

另一种开发人员熟悉的功能则是编码规范的检测。像是 MISRA 之类的规则集中虽然包含很多编码规范相关内容，但是检测其实也可以放在 CI/CD 的流程中。在软件开发生命周期流程中，CI/CD 可以进行各种漏洞和规则的检测，如检测常见的空指针引用或使用未初始化变量等漏洞，以及检测 CERT、OWASP、CWE、CVE 等规则集下的合规性。

此外，软件成分分析也可以在 CI/CD 中进行。软件成分分析工具主要用于检测所提交代码中许可证的合规性。目前虽然开源软件资源丰富，但如果不留心授权问题，就很可能导致风险，甚至面临法律问题。另外，软件成分分析还可以针对第三方软件中的已知漏洞给予提示，并提供更完整的信息作为参考，这对是否使用该第三方软件具有决定作用。很多开源软件库虽然强大，但我们真正用到的只是其中一小部分，软件成分分析工具能帮助我们做出更好的判断和选择。

在部署阶段，静态分析工具还可以对二进制代码、字节码进行检测。它们是代码真正部署到客户端前，静态分析工具可以做的最后尝试，这类应用的需求虽然存在，但并不广泛。

这些静态分析工具中用到了哪些技术呢？

### 1. 静态编辑工具背后的支撑技术

代码自动补全功能主要用到了计算机编译中的词法、语法分析。编码规范不仅囊括了语法、词法分析，还需要在抽象语法树上通过模式匹配，查找并就代码中与规范相违背的部分给出警告。这些在编译中都应算作前端的技术内容。

编码规范的检测大部分情况下只能覆盖较为简单的前端规则，要检验稍微复杂的规则或漏洞则不仅要处理抽象语法树，还需要对代码中间表示，甚至是二进制代码进行模式匹配。

然而，语法、词法上的模式匹配有其局限性。若一款静态分析工具要处理更深层次的问题，则还应在代码中间表示上进行语义分析，并利用编译中的"符号执行"技术。可以说，在语法层面和语义层面进行双重模式匹配，基本可以覆盖一个程序在静态分析阶段所能处理的所有问题场景。

对于软件成分分析来说，目前绝大多数工具都只是将代码以文本的形式加以处理，基于文本特征值进行相似度的计算。因此，这一类工具的准确度和有效性还不是十分理想。

### 2. 静态分析工具的衡量指标

我们要如何衡量一款静态分析工具的好坏呢？对于用户来说，最直观的感受无非是准确率和资源消耗。

（1）准确率

影响准确率的因素可以分为误报率和漏报率。误报是指分析工具错误地将正确代码报错的情况，漏报则是指分析工具没能找出代码中的问题。用户在工具的使用过程中通常对漏报无感，因为他并不知道代码中还有什么问题没有找出来；大多数用户更在意的是分析工具的误报率。当然，现在也有很多测试集可以体现分析工具的漏报情况，但这些测试集所覆盖的范围也都非常有限。

若要提升准确率，静态分析工具应能处理以下技术内容：

1）上下文敏感。如果一款工具可以完整、正确地构建函数之间的调用关系图，那么它就可以更好地处理带有上下文、跨函数、跨文件的分析。

2）流敏感。工具要能够处理好控制流图以及静态单赋值情况。

3）跨维度分析。工具要能够处理跨函数、跨文件，甚至是跨语言的分析。

这三项技术内容决定了一款分析工具在准确度指标上的表现是否优秀。

（2）资源消耗

用户平时感触最深的就是响应时间和成本。响应时间是指用户希望分析工具可以快速检测出问题并返回结果，而不必期间先去处理其他事务再回来看结果。成本则是对用户财力的考量，如果用户需要采购大量服务器以支撑分析工具，那么成本将会非常高昂。

### 3. 用户自定义规则

目前也有静态分析工具的开发厂商提供二次开发功能。这是因为不同的用户，其需求也不同。静态分析工具的开发厂商不可能做到全面覆盖所有用户的所有需求。针对这种情况，有两种解决方案。

一是工具开发厂商根据用户需求进行开发，但用户需要承担高昂的开发成本。

二是工具开发厂商预留二次开发功能，让用户根据自身需求对分析工具进行二次开发。

针对二次开发的需求，静态分析工具需要具备基于符号执行的语义分析的能力，通过动态链接的形式，允许用户自行开发的规则按需链接到工具的扫描引擎中。

### 4. 第三方库的分析

大多数用户在使用第三方库时，对库中 API 的设计难以有完美的理解，这也就意味着在库的实际使用过程中会产生分歧。常见的使用第三方库出现的问题，大多是由于用户对库的调用与其真实的语义之间存在差异。因此，用户希望工具的开发厂商能够给出类似 C 库的标注以减少歧义，或提供类似二次开发的功能，以便能够自行完成对第三方库的分析标注，从而真正将链接的第三方代码包含到分析中来。

## 4.2.3 编译相关技术在提升软件质量和性能上的更多应用

编译技术还可以提升软件的性能，在编译中又称编译优化。其使用场景包含并不限于以下方面：

1)公共子表达式删除:通过减少程序执行的指令数目来提高程序性能。

2)函数内联(inline):通过减少调用消耗,来提升性能。

3)死代码删除:主要针对代码规模的优化。

比如,在 MISRA 规则集中有这样一条规定,程序中不应存在死代码。比如下面这个例子——foo()。

```
void foo() {
…
if (1) {
…
} else {
…
}
}
```

因为 if 的条件是永真的,所以永远都不会走 else 的分支,在编译优化中,编译器可能会将全部 else 分支,甚至 if 的判断语句全部删除。但 MISRA 规则集只会提示我们有一段代码不会被执行。那么大家可能会问,既然编译优化已经能够将死代码删除,为什么我们还需要 MISRA 这样的规则集去进行检测呢?在实践中,死代码的出现可能是历史原因造成的,如长期的开发、版本迭代后,会遗留一些不明所以的东西在代码中;死代码的出现也可能是由于写代码的人当时出现了思维误差,或是手误,else 分支的执行需求确实存在,但因为思路或想法不够完整,所以条件语句中的表达式变成了永真值。这样的报错提示也可以促使软件开发者仔细思考这个判断条件中到底应该写什么,到底需要处理什么样的场景。简单删除死代码,虽然对程序执行没有影响,但却可能导致功能上的缺失。

### 1. 编译优化对静态分析工具的影响

编译优化不仅与静态代码中的规则检测和优化有关,而且会影响静态分析工具。

对基于编译优化的静态分析工具而言,可以被编译优化掉的代码错误是不会被工具检测到的。以下面一段代码为例,虽然变量 x 不会被使用,但在第三行有一个除以零的错误。在真正运行时,因为变量 x 已经被优化掉了,所以绝大部分编译器都不会运行到除以零的这行,也就不会执行 1 除以 0 的操作。但对静态分析工具而言,如果没有考虑到优化的内容,那么这里还是会报出除以零的错,当然这里的代码也是一段死代码。

```
int foo(){
int x;
x = 1/0;
return 0;
}
```

函数内联对静态分析工具也有极大的影响。如前文所讲,一款工具的准确度在很大程度上取决于其能否正确处理上下文信息,而函数内联是能够帮助分析工具最完整地获得上下文信息的手段。函数内联也会造成函数规模变大,导致分析工具所要占用的内存和时间直线上升。编译优化所做内联会在代码大小、代码效率和执行速度间寻找一个平衡点,但这也就造成了静态分析工具的一个能力缺陷。对依赖函数内联的静态分析工具而言,函数内联的层数就是其上下文分析的准确度的极限,对更深层次调用的分析将不再准确,误报率、漏报率都会明显上升。

### 2. 更进一步地提升性能

为进一步提升程序性能,编译器还可以基于反馈进行优化。通过部署到实际运行环境中代码内的插桩进行数据收集,编译器以这些数据为参考,再重新进行优化。较为常见的应用有分支预测,只有在实际环境中运行了足够长的时间后,我们才能准确知道哪些分支被执行的次数较少,从而让编译器在做程序优化时,将执行次数较少的分支作为一个跳转的目标,以实现在下次部署时达到更好的性能。

在 DAST(动态代码分析工具,可以测试 Web、移动和 API 应用程序,通过模拟攻击来发现漏洞/安全漏洞,结合自动扫描仪或手动渗透测试实践来实时测试应用程序)或 IAST(交互式自动代码分析工具,可在应用和 API 中自动识别和诊断软件漏洞)中,插桩也可协助提升软件质量。举例来说,如果程序没有进行空指针或数组越界的检查,那么编译器可以在程序进行指针的解引用、数组下标访问等危险操作前直接插入检查和纠错的代码,同时收集部署运行时的数据并反馈给开发者,让开发者判断是否需要进行相应的修改。发生指针解引用为空或数组访问越界的情况的原因,除了开发者在编写代码时有疏漏外,还有可能是开发者在对数据逻辑进行假设时出现了问题。这样的信息对开发者而言也是有用的。

### 3. 静态分析工具现状

我们来看下静态分析工具的应用现状。比如:在代码编写时,开发者会用到集成在 IDE 中的代码补全、语法高亮等功能;软件开发商也会广泛使用 CI/CD 流程中的漏洞检测、规范规则检测。但后者的检测结果往往得不到开发者的重视。原因有二:一是目前静态分析工具的误报率仍然偏高;二是历史遗留问题,开发者在接手一段代码后通常不会有兴趣去研究或修改前人编写的代码。这并不稀奇,我们都知道看别人写的代码很不容易。

因此,我们现在更强调分析工具的增量扫描结果。以谷歌发布的结果中可以看出,通过强调单次代码提交在原有基准线上新引入缺陷和漏洞的增量式报告,开发者会更有动力、更积极地进行代码修复,因为开发者仍在关注当前问题,所以修复的速度也很快。

总的来说，在开发过程中强调增量扫描，是软件开发过程中更好的选择。

### 4.2.4 未来展望

这些年来，随着 AI 技术的愈发火热，不少人尝试在静态分析工具中加入 AI 相关的技术以分析缺陷和漏洞。但目前仍未有强有力的数据可以说服厂商或开发人员使用 AI 技术替代当前的静态分析工具。

另外，目前大多数静态分析工具所依赖的仍然是编译中的前端技术，这也就意味着还有很多中间优化技术以及后端深层次技术没能很好地引入静态分析工具中来。利用这些已有的、成熟的编译技术进一步完善静态分析工具，也是一个非常可行的发展方向。但许多大厂由于所处的市场地位，在对已有成熟工具进行大规模修改时难免遇上很大困难。

我个人认为，未来软件成分分析之类的工具可以考虑将程序特征加入分析的特征值中，而不是现在这样单纯基于纯文本做分析。

目前软件成分分析工具所面临的一个大问题就是，如果我们将程序中的关键字加以替换，那么基于纯文本的分析工具所计算出的特征值将会有很大差异。这也就是说，如果我们简单地进行足够次数的全局替换，分析工具将无法识别程序中抄来的代码和有版权约束的开源代码之间有什么差别。但如果开源方认真查看这些全局替换的代码，会很容易地发现抄袭。

# 第 5 章

# 面向未来的中间件设计

## 5.1 Apache RocketMQ 5.0：消息事件流融合处理平台

### 作者介绍

**杜恒**：阿里云消息混合云及开源生态负责人，ASF 成员，Apache RocketMQ PMC 和贡献者，OpenMessaging TSC 成员。

作为一款由阿里巴巴在 2012 年开源的消息中间件，Apache RocketMQ 已经逐渐被国内外众多公司用在业务核心链路上。随着云原生时代的到来，如何充分利用云基础设施，以一套架构满足不同场景诉求，降低运维负担，提升系统稳定性成为众多中间件业务系统共同面临的极具挑战性的问题；同时，随着大数据、实时计算、EDA（事件驱动架构）架构的逐渐兴起，开发者对 RocketMQ 也提出了新的诉求。为了解决这些问题，RocketMQ5.0 应运而生。

那么本节会讲一讲在云原生时代，消息中间件 RocketMQ 是如何演进的，以及它如何以统一架构支持多种异构基础设施、多种业务场景，同时保证在超大规模流量下的稳定性与可靠性。除此之外，本节还会介绍 RocketMQ 全新的轻量级流计算引擎，帮助开发者在 RocketMQ 中完成轻量级实时计算，放大数据价值。

### 5.1.1　RocketMQ 如何成为业务消息领域首选

#### 1. RocketMQ 的演进史

RocketMQ 的发展历程可以分为三个阶段。

第一个阶段是从 2007 年到 2016 年，这个阶段 RocketMQ 主要是为了支撑阿里巴巴的内部场景。2012 年 RocketMQ 3.0 开源以后，RocketMQ 便备受开发者关注；2016 年阿里巴巴宣布将 RocketMQ 捐献给 Apache 基金会；2017 年毕业成为 Apache 基金会的顶级开源项目，同年完成了 Linux OpenMessaging 标准的支持。

第二个阶段是从 2017 年至 2020 年。2017 年开始，RocketMQ 进入了快速发展时期，大量特性开始走进开发者的视野。越来越多顶级公司参与进来，一起帮助 RocketMQ 完成架构的演进以及稳定性的提升。

第三个阶段是 2020 年至今。随着云原生时代的到来，同时借助 RocketMQ 在阿里云多年商业化过程中的经验积累，RocketMQ 开始往消息事件流方向演进。2021 年发布的 5.0 preview（预览）版本，除了提供轻量级消费模型之外，还支持了面向物联网（Internet of Things，IoT）场景的轻量级消息队列；全新的轻量级实时计算引擎 RocketMQ-streams 也在同一时间发布。2023年，RocketMQ 5.0 已经成为消息事件流的融合处理平台，这也是 RocketMQ 未来几年的演进方向。

### 2. RocketMQ 的架构设计思想

设计之初，RocketMQ 主要面向业务消息领域，重点满足电商、物流等领域的业务诉求，因此面临以下四个方面的挑战：

1）位于核心链路，稳定性要求高、时延敏感。

2）业务场景复杂，需要有较强的容错能力与极简的接入方式。

3）容量峰值具有随机性，集群快速弹性扩缩能力至关重要。

4）集群规模大、运维压力重，需要具备快速的流量切换能力。

为了更好地应对上述挑战，RocketMQ 的设计思想主要包括以下四个方面：

1）消息不丢、高可靠是架构的基础。

2）时延优先，兼顾吞吐。

3）收敛业务的共性问题，提供丰富的业务消息类型。

4）注重可运维性、弹性扩缩、流量调拨能力建设。

在这四个方面设计思想的指导下，RocketMQ 4.x 版本逐渐演变成当前的极简架构，如图 5-1-1 所示，它没有任何外部依赖，其中包含：① NameServer 集群，它是一个轻量级的服务发现节点，Broker 以及客户端通过该组件进行路由信息的注册与同步，使得整个集群拥有了快速弹性扩缩服务自动发现的能力；②用于消息存储及流转的 Broker 集群，提供了消息的持久化以及主从复制能力，不仅保证了消息的必达，而且通过多副本存储以及选主切换能力，极大地提升了数据的可用性与可靠性；③客户端集群分为发送者（Provider）集群和消费者（Consumer）集群，客户端通过 NameServer 拿到对应主题（Topic）的 Broker 节点的路由信息，之后进行消息的生产跟消费。

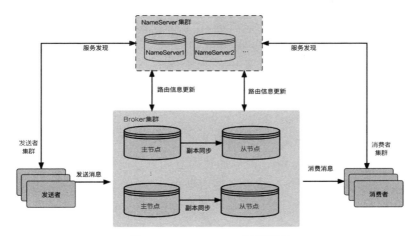

图 5-1-1　RocketMQ 极简架构

### 3. 不同视角下的 RocketMQ

下面从开发和运维两个视角来分析 RocketMQ 是如何满足业务消息场景诉求的。

（1）开发视角下的 RocketMQ

首先，看开发视角下的 RocketMQ。作为基础软件，其首要目标是更好地帮助开发者关注业务本身，降低开发者上手门槛，同时通过分级重试补偿策略来避免开发者在使用过程中产生的线上隐患。开发视角下的 RocketMQ 如图 5-12 所示。

相比于其他消息中间件，RocketMQ 的客户端提供了完善的重试补偿策略：

在发送端，如果某一个 Broker 出现问题，RocketMQ 客户端内置的重试机制会自动将发送请求转移到其他的 Broker，保证消息发送成功。

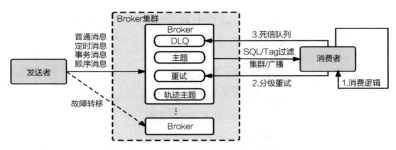

图 5-1-2　开发视角下的 RocketMQ

在消费端,开发人员只需要关注业务消费逻辑,当消费出现问题的时候,RocketMQ 会自动将消息回发,后续通过多次分级的重试策略尽量保证完成业务逻辑处理,当然,在达到一定重试次数(目前是 16 次)之后,会把消息投递到死信队列作为最后的兜底。

如前所述,收敛业务共性问题、提供丰富的业务消息类型是 RocketMQ 架构设计的一个重要设计思想,因此 RocketMQ 始终致力于丰富业务消息类型,以及提升可观测能力:

一方面,RocketMQ 原生支持定时消息以及事务消息,不仅能够满足轻量级调度场景的诉求,也保证了本地事务执行与消息发送的最终一致性。为了降低业务的消息处理压力以及带宽压力,RocketMQ 在服务端支持 Tag/SQL(Tag 是消息的属性)过滤,只将业务关注的同一主题下的特定类型消息投递给消费者即可。

另一方面,为了帮助开发者更快地定位问题,借助原生索引能力,RocketMQ 社区完成了零依赖的全链路消息轨迹开发,开发者可以自助查询消息在任意阶段的处理时延以及处理结果,用以快速定位问题。

(2)运维视角下的 RocketMQ

运维视角下的 RocketMQ 如图 5-1-3 所示。

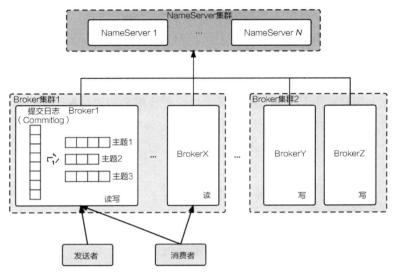

图 5-1-3　运维视角下的 RocketMQ

第一，如 Broker1 所示，RocketMQ 利用只能添加（append only）的存储结构，实现了严格的顺序写，所以相比其他消息中间件，能够支撑更多的主题。

第二，从两个集群的分布可以看出，RocketMQ 集群之间经过严格的物理隔离，但是可以复用同一个 NameServer 集群为开发者提供单一接入点，在保证了多个集群之间完全物理隔离的同时，也能使得业务流量在不同的集群间快速无损迁移，实现流量的快速切换以及故障场景下的快速逃生。即使在同一个集群里，得益于 RocketMQ 这种完全无共享（Shared Nothing）的分布式架构，Broker 之间也是物理隔离的，其中一组 Broker 坏掉，不会影响整个集群，这样就最大化地缩小了影响范围。

第三，由于其设计理念，RocketMQ 的扩容非常简单，借助于 Shared Nothing 架构，Broker 之间无须数据复制，因此 Broker

加入集群后，即可实现秒级扩容与流量的秒级导入。

第四，RocketMQ 提供了完善的读写权限管理，不仅能够支持集群级别，也可以精确到 Broker 乃至主题级别，这样做的好处是，物理资源和逻辑资源都可以快速弹性扩缩，实现流量精准调度，为快速应对不确定的流量洪峰，提供极致的弹性保障。

此外，RocketMQ 还提供了多级磁盘水位管理能力，自动进行滚动清理，保证 Broker 永远可写，避免磁盘写满带来的生产故障。

这一系列的设计帮助 RocketMQ 在过去几年快速成为业务消息领域的首选。

### 5.1.2 从消息到消息事件流融合处理平台

在云原生背景下，不管是消息、实时数据仓库，还是数据库，其角色都在慢慢发生变化，RocketMQ 也逐渐从单纯的消息中间件，演变为消息事件流融合处理平台。

#### 1. 应用云原生化带来的挑战

时至今日，云已经被广大开发者普遍接受，越来越多的业务开始基于云服务进行构建，中间件也是如此。这个过程其实分为两个阶段：第一阶段叫作云空间（Cloud Hosting），即把业务迁移到云上；第二个阶段叫作云原生（Cloud Native），即充分运用云上的基础设施，最大化降低成本压力，提升稳定性。当然，在享受云的红利的同时，云原生也给我们带来了以下挑战：

1）集群节点异常成为常态。
2）依赖服务随时可能迁移或重启。
3）对弹性的要求开始从物理资源层面变为逻辑资源层面。
4）IaaS 的多样性对应用交付部署提出了更高要求。
5）为可运维性、可观测性带来了更大挑战。

6）多租户环境带来了更高的网络及安全隔离要求。

7）无限资源需求与有限成本的平衡问题。

8）冗长的请求链路，膨胀的技术栈。

为了更好地应对上述挑战，总体来看，面向云原生的软件设计需要遵循以下原则：

1）面向失败：这是一个老生常谈的问题，在云原生时代又有更高的要求。

2）松散耦合：最大化提升整个集群的稳定性。

3）基础设施解耦：不管是公有云、混合云还是私有云，都能够快速部署，在不同的云环境中提升资源的利用率。

4）极致弹性：充分发挥云的价值，降低成本。

5）适应更多场景：不论是开发、运维还是业务场景。

### 2. 云原生化带来的客户价值

回到云原生这个话题，不管大家如何定义这个概念，但其本质上还是与客户价值密切相关，归纳起来主要包括三个方面：高SLA（Service Level Agreement，服务等级协议）、低成本、多场景。因此，围绕着可用性和可靠性提升、标准化、消息事件流多场景适应、极致弹性、异构基础设施解耦等核心目标，RocketMQ在过去几年架构持续演进过程中，在诸多方面进行了提升。RocketMQ 5.0 架构如图 5-1-4 所示。

RocketMQ 5.0 具有以下特点：

1）高可用架构全面升级，做到秒级故障转移，对多场景的容灾进行了更好的支持；没有引入任何外部依赖，节点松散耦合。

2）推出了全新的云原生无状态 Pop 消费模式，发布了全新的轻量级 SDK，并且支持云原生通信标准 gRPC 协议以及云原生可观测 OpenTelemetry 标准。

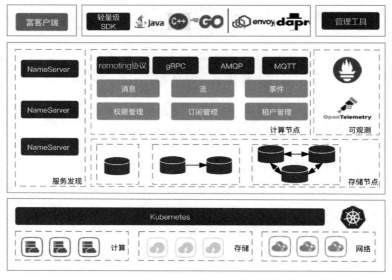

图 5-1-4　RocketMQ 5.0 架构

3）开始从业务走向数据，提供事件流场景支撑，发布了全新的面向 SQL 的轻量级实时计算引擎，帮助开发者实现轻量级计算。

4）从存储计算一体化架构逐渐演进出可分可合的存储计算分离架构，不同形态兼顾消息与流的不同诉求，适应多种业务场景，降低运维负担。

5）充分利用云原生基础设施，目前 RocketMQ 的 operator 已经被 Operator 社区官方收录，能够在 Kubernetes 上面实现一键式快速部署交付、弹性扩缩，可以在自建云或者云异构 IaaS 里快速部署。

## 5.1.3　RocketMQ 5.0 架构演进背后的思考

RocketMQ 5.0 完成了从消息平台到消息事件流融合处理平台

的历史性转变,接下来重点讲述支撑完成这一架构演进的几个关键特性。

**1. 高可用架构升级**

首先我们来看高可用架构的升级。云原生背景下,业务消息对稳定性提出了全新的挑战:第一个挑战是如何进一步优化 RTO(Recovery Time Objective,恢复时间目标),提升故障的转移速度;第二个挑战是如何在不同场景下同时兼顾可靠性与可用性。

当前消息产品受数据库等存储服务影响,选主切换架构成为主流,选主切换以及路由数据更新带来的时延使得消息服务的故障切换能力很难提高。同时,由于部署架构单一,因此在不同 IaaS 环境中交付困难,在不同场景下也很难兼顾可靠性与可用性。当前消息产品存在大量外部依赖,导致系统架构非常复杂,可运维性较差。要更好地解决这些问题,就需要回归到消息系统的自身特点上面来。那么,业务消息到底有哪些特点呢?总结下来主要包括以下三个方面:

第一,消息区别于 KV 存储,具有不可变性,消息一旦写入就不会再进行压缩操作。

第二,在业务系统中,消息分区数量的短暂抖动是可以接受的。

第三,消息系统的写入接口的可用性更为重要。

借助消息系统的这些特点,RocketMQ 带来了全新的无主架构。

首先,我们要解决的第一个问题是故障转移的问题。当集群中某 Broker 主节点不可用时,无须选主切换,从而也不会更新路由,而是直接连接其他 Broker,以此来实现秒级故障转移,提供从节点可读能力,保证历史消息得以完整消费。

RocketMQ 5.0 高可用架构故障转移如图 5-1-5 所示。

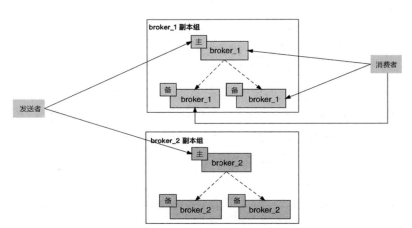

图 5-1-5　RocketMQ 5.0 高可用架构故障转移

其次，熟悉 RocketMQ 的读者可能会想到，二级消息系统怎么办？为了解决这个问题，RocketMQ 提供了备代理主。当某一主节点挂掉之后，二级消息被优先投递到本地其他主节点。如果本地的主节点不存在，该消息就会被投递到远程的某个 Broker。RocketMQ 二级消息逃逸机制在实现秒级故障转移的同时，也降低了 RocketMQ 的"爆炸半径"，解决了 Broker 之间部署耦合的问题。RocketMQ 5.0 高可用架构二级消息逃逸如图 5-1-6 所示。

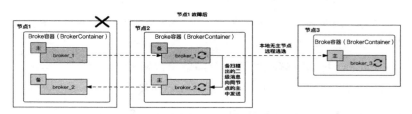

图 5-1-6　RocketMQ 5.0 高可用架构二级消息逃逸

最后，为了兼顾可靠性和可用性，RocketMQ 还提供了 Quorum Write 机制和自动降级能力，实现了副本的灵活选择策略，容灾能力也得到增强。由于 RocketMQ 5.0 支持单副本、双副本、多副本等多种部署方式，因此能够充分利用云基础设施实现灵活部署。比如：在云上有多副本云盘的环境中，可以采用单副本方式部署，避免应用层多副本带来的存储浪费；在同城双机房环境中，可以使用双副本方式部署，以提升容灾能力；在两地三中心或者三地五中心环境中，可以使用多副本方式部署，以适应各种各样的异构 IaaS 环境。

### 2. 轻量级 Pop 消费模型

解决了服务端高可用的问题，我们再看客户端。在日常运维过程中，消息中间件运维人员最头疼的一个问题就是，集群是正常的，但是用户就是反馈消费者出现堆积。这个问题的本质是由于队列是按照消费者平均分配且绑定的，因此，当一个消费者出现问题或处于假死状态时，它负责的队列的消息不会被分给其他消费者，从而形成队列堆积，而且重平衡过程还会造成消费的延迟。

为了解决这个问题，RocketMQ 5.0 首先去除了重平衡，如图 5-1-7 左边所示，在新的消费模型中，首先把重平衡的过程由队列维度细化到了消息的维度，而且放到了服务端，这样就消除了消费者跟队列之间的绑定关系，允许多个消费者共同消费同一个队列。其次，如图 5-1-7 右边所示，集群中的所有队列均可以由多个消费者共同消费，因此即使集群中某一个消费者假死，该队列的消息依然可以投递给其余健康的消费者，保证消息队列中的消费进度正常推进，而且消除了重平衡带来的消费延迟，进一步降低了消息堆积的概率。

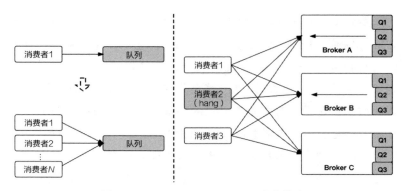

图 5-1-7　RocketMQ 5.0 Pop 消费模式

更重要的是，这样做也使得客户端更加轻量，对多语言的支持更加友好。在数据处理方面，Pop 消费的引入也给 RocketMQ 带来了流批一体的能力：在流（Streaming）处理场景中可以使用 Pull 的消费方式，保证消息的按需拉取；在批（Batch）处理场景中，对于顺序的要求并不是很高，就可以启动多个消费者加快读取速度。

### 3. 流场景下的存储增强

在过去几年，由于 RocketMQ 更多地被用在业务消息场景中，因此在使用过程中产生了大量高价值的业务数据，比如交易、订单等数据，从而带来了大量的实时计算、异构数据同步的场景，这些场景也给消息系统带来了极大挑战，尤其是以下几点：

1）分区数量不可变，顺序要求高。
2）消息体相比业务消息小。
3）吞吐高，从 TPS 型变为流量型。
4）存在大量历史数据读取，数据重放成为常态。

为了更好地解决以上挑战，RocketMQ 通过可插拔式支持切换以及逻辑队列两大特性对**静态分区**提供了支持；为了应对小包消息变多、吞吐性能要求高以及大量历史数据读取问题,新增了**消息与流的融合索引**。

(1)静态分区

静态分区主要有两个使用场景:一是在实时计算过程中,会将同一个业务类型的数据发到同一个队列,不产生错乱;二是在 Binlog 等数据同步过程中,需要保证严格顺序。与消息场景不同,这两个场景都会给系统架构带来很大挑战。

首先,在 RocketMQ 的无切换架构中,如果主节点宕机,由于备节点不可写,因此分区数量必然减少,这在流的场景中是比较难以接受的,尤其是涉及状态数据存储的时候。

其次,当分区固定但容量不足时(以 Kafka 扩容为例),扩容过程中需要对数据进行重平衡,然而这个过程会带来大量数据复制,导致网络风暴,而且耗时极长。

因此解决这两个问题的关键在于:

1)在主节点宕机的时候,备节点要有自动切换为主节点的能力。

2)在弹性扩缩容时不能产生数据迁移,而且扩缩容要在秒级完成。

为了解决第一个关键问题,在保证强一致性的同时,RocketMQ 基于 Raft 算法提供了节点间自动选主切换的能力,用于分区固定场景(流场景的切换架构已经发布,此处不再赘述)。

在第二个关键问题的处理上,RocketMQ 创新性地发布了全新的逻辑队列(Logic Queue)特性,如图 5-1-8 所示。RocketMQ 5.0 将队列由物理概念变成逻辑概念,一个队列不再是单个节点的物理队列,而是由多个 Broker 节点上的物理队列按序组成的一个完整逻辑队列。当需要扩容时,只需要加入 Broker 节点,然后将该 Broker 对应的队列数据纳入原有的队列即可,因此整个扩容过程中没有任何的数据，只需要修改元数据（Meta）即可，真正实现了秒级无损弹性扩容，而且整个过程当中没有分区数量的变化，同时可以实现流量的精准调度，缩容反之亦然。

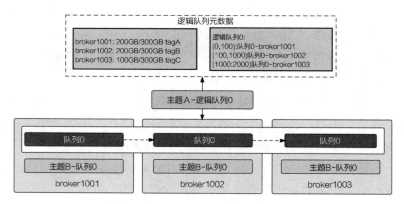

图 5-1-8　RocketMQ 5.0 逻辑队列

（2）消息与流的融合索引

消息体比较小、吞吐要求高、数据重放成为常态的核心原因在于 RocketMQ 原始的存储设计。如图 5-1-9 所示，RocketMQ 原有存储结构面向单条消息，即一条消息对应一个记录，同时对应一个索引。这种传统设计的优点是能够保证延迟更加稳定，但是在快速读取大量消息的场景下，由于过多的 RPC（远程过程调用）通信，频繁打包 / 解包使得吞吐率较低，同时影响了冷读性能。

为了解决这个问题，RocketMQ 5.0 引入了批索引融合，在保留原来面向单条消息的索引的基础上，增加了批索引，RocketMQ 客户端会把多个消息打包成更大的数据块发送到服务端。在 Broker 端即服务端收到数据块后不会解压，而是直接存储；消费者在消费的过程中，也是一次将整块消息拿到本地，再解压。因此，如果每个批包含 10 条消息，TPS 可以很轻松地上升 10 倍，大大减少了客户端与 Broker 端的 RPC 通信次数，降低了 CPU 压力。

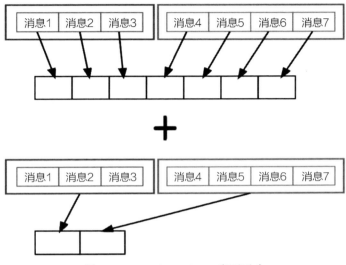

图 5-1-9　RocketMQ 5.0 索引融合

### 4. 面向 SQL 的轻量级流计算引擎

在以往的数据计算过程中，开发者需要将 RocketMQ 中的数据导入 Spark、Storm 等外部计算框架进行计算，不仅提高了架构的复杂度，而且所需机器数量往往需要翻好几倍，大大增加了计算的成本。为了更好地满足轻量级流计算的场景，RocketMQ 5.0 提供了轻量级实时计算引擎 RocketMQ-Streams 以及面向 SQL 的流数据库 RSQLDB，1 核 CPU 1GB 内存的资源即可提供服务，避免了数据在多个系统之间搬迁的同时，也极大地降低了成本以及系统维护复杂度，尤其擅长大数据量→高过滤→轻窗口的计算，适用于安全、风控、边缘计算，以及产品依赖大数据计算且需在用户侧部署的混合云或私有云场景。

### 5.1.4 未来展望

未来 RocketMQ 会在以下 5 方面进行重点演进：

1）推动存储计算分离开源，目前最新版本已经正式发布。

2）提供全新的高可用架构，支持两副本方式部署，进一步降低成本，同时大幅提升副本同步性能。

3）提升 RocketMQ-connect 生态覆盖度，同时支持 MQTT/AMQP 协议支持。

4）进一步轻量化，打造边缘计算最佳解决方案。

5）在轻量级实时计算领域，将 RocketMQ-Streams 和 Compact Topic 进行深度集成，同时也深层次地支撑事务。

## 5.2 让消息和流"双轨制"成为历史：云原生消息流平台 Apache Pulsar 架构设计原理

### 作者介绍

**翟佳**：StreamNative 联合创始人，Apache Pulsar 和 Apache BookKeeper 的项目管理委员会成员和贡献者。曾任职于 EMC，担任统一存储部门技术负责人。主要从事实时计算和分布式存储系统的相关研究工作。

注：本文由 StreamNative 王季培整理。

Apache Pulsar 是 Apache 软件基金会顶级项目，也是下一代云原生分布式消息流平台。Apache Pulsar 提供统一的消费模型，支持消息队列和流两种场景，既能为消息队列场景提供企业级读写服务质量和强一致性保障，又能为流场景提供高吞吐、低延迟的能力；采用存储计算分离架构，支持大集群、多租户、百万级主题、跨地域数据复制、持久化存储、分层存储、高可扩展性等企业级和金融级功能。

下面将介绍 Apache Pulsar 的诞生背景、架构原理、生态和社区，以及对消息中间件的未来展望。

### 5.2.1 Apache Pulsar 的诞生背景

随着计算机技术的发展，消息流系统从单体架构发展到分布式，进而发展为云原生架构。消息组件的应用场景在 Pulsar 出现之前明显被分割成两种：一种与业务相关，消息队列直接和应用打交道，比如 ActiveMQ、RabbitMQ；另一种是随着大数据和实时计算的兴起，企业对消息的吞吐和性能有更高要求之后出现的 Kafka 和 Kinesis（亚马逊）。

两种场景中有不同的适用技术，这容易让用户产生一些困惑和问题。比如：开发人员需要熟悉两套系统和不同的 API；运维人员需要维护具有多套系统的数十个集群。数据则会被天然隔离成至少两个方向，每个方向内部又有很多集群，数据孤岛和数据分隔问题比较明显。Pulsar 诞生的主要目的是提供一个统一的融合方案，所以介绍 Pulsar 时通常会说："Pulsar 是一个云原生时代的消息队列和流的融合平台。"

2012 年，雅虎面临很多企业都会遇到的问题：

1）企业数据规模增长带来的需求，即需要有百万级的主题以及大集群多租户系统的支持。

2）存储计算耦合的架构会给大规模的数据治理带来很多挑战，给运维和数据服务质量保障带来很强的不稳定性，所以存储与计算的耦合问题是此时一个很重要的探索方向，而通过云原生架构的优势对存储与计算解耦，能够减轻运维工作中的压力。

3）在 Pulsar 出现之前，很多消息平台都是用文件系统进行数据持久化的。这种方式在很多场景下不适用，比如在保证数据持久性的前提下，还要保证较高的带宽，并且在支持海量主题时，还要保证性能和稳定性。这也是 Pulsar 在数据服务质量方向上的目标。

### 5.2.2　Apache Pulsar 架构原理

#### 1. Pulsar 的云原生架构：分层分片

为什么 Pulsar 能够解决上述问题？这需要从 Pulsar 的架构原理谈起。

图 5-2-1 为 Pulsar 存储计算分离架构，该架构有两个特点：

1）存储与计算分离，Pulsar 所有的数据都交给底层的数据存储层。

2）在存储层，对消息的基本单元（队列和分区）做进一步拆分，称为分区再分片。

因此，Pulsar 呈现给用户的就是一个真正意义上基于云原生架构的分布式消息平台。

从架构上看，上层的数据服务层（Broker 这层）不存储任何数据，所有数据都交给底层的数据存储层（Bookie 这层）进行存储。在存储的过程中会根据用户设置的时间和大小将每一个分区设置成不同的分片。这样每个分片生成的时候就可以根据底层对存储资源的感知来选择合适的节点存放。每个分区和队列都可以均匀地分散到存储层的多个存储节点上。

Pulsar 的服务层和存储层都是节点对等的架构，服务层不存储任何数据。实现节点对等就很简单，如果有任意一个节点上线，内部的机制可以把数据的监管权限迁移过来。数据存储层也是一个并发对等的架构，如果用户要写入多个副本，它会根据用户设置的节点数，把副本并发写入多个节点，这样就不会有副本之间的同步操作，这会让服务层和存储层中所有节点的状态管理与运维变得更简单。

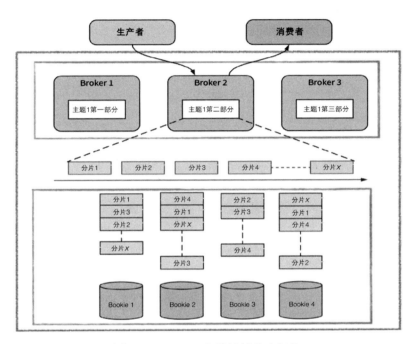

图 5-2-1　Pulsar 存储计算分离架构

存储与计算分离以及节点对等给运维人员带来更好的工作体验。

1）**独立扩展**。在很多场景下，用户集群可能出现流量激增，这种情况并不会对存储层造成太大压力，所以可以只扩展服务层。有些场景则可能需要保存更长时间的历史数据，或者保存的副本数量变多，这时可以只扩展存储层。这样，服务层和存储层就摆脱了耦合关系。

**2）灵活扩容**。这和 Pulsar 无状态、节点对等的特性有很大关系，尤其是在扩容过程中，节点对等和分区分片的特性避免了很多不必要的数据搬移。社区里有一位技术专家叫 Jack，他是 RabbitMQ 的作者和维护者，于 2018 年开始关注 Pulsar。图 5-2-2 的漫画摘自他的博客，对比了 Pulsar 和其他分布式消息平台（比如 Kafka），在扩容过程中带给用户最直观的体验。

首先，在图 5-2-2 左边画着很多船，每条船上的集装箱都是一列列垂直堆放的，表示 Kafka 单体绑定的架构，即 Kafka 的一个队列或一个分区会绑定到一个节点的文件夹，这种垂直堆放会导致最后分区或队列堆得比较高。但是 Pulsar 将每一个分区或队列又按照时间或者大小拆成多个分片，比如 Pulsar 发现第一条船的空间最合适时，就把第一个分片放在第一条船上，等到第一个分片写满，比如写了 1 GB 或 1 h 之后，根据用户设置会再产生新的分片。在第二个分片产生时，Pulsar 会观察所有的存储节点，查找更适合存放这个分片的节点，比如第二条船有空间，就可以把第二个分片放在第二条船上。通过这样的模式，每一个分区、每一个队列都均匀分散到多个存储节点上，右边这条船上的集装箱就比较整齐了。

其次，Kafka 又加了一条船，但这条船不能立即对外服务，这和存储/计算绑定问题直接相关，因为数据的每一个分区都在前面两条船上，也只能由前面两条船提供服务，所以需要把前面两条船上的分区搬到第三条船上之后，第三条船才能提供服务。此时就会产生数据再均衡的情况。但在 Pulsar 存储与计算分离架构下，服务层是一个独立的层，不存储数据，在存储层上随便添加节点也不会对上层提供的服务有任何影响，而且新产生的分片可以直接分配到新的船上，避免了不必要的数据迁移，减少了相关的运维工作，提供了更好的数据服务质量。

第 5 章 面向未来的中间件设计

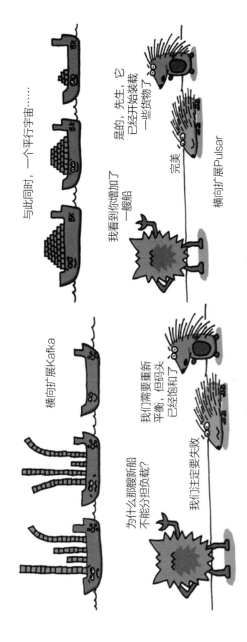

图 5-2-2 Kafka 和 Pulsar 的扩容对比

注：图片源自 https://jack-vanlightly.com/sketches/2018/10/2/kafka-vs-pulsar-rebalancing-sketch。

## 2. 流存储底层 BookKeeper 架构

Pulsar 能提供良好的数据服务质量，是因为其数据服务层（Broker 层）不存储任何数据，而底层的数据服务质量主要靠 Pulsar 专有的为消息和流设计的存储引擎 BookKeeper 来保障。

BookKeeper 是一个开源时间更久的产品。当时 BookKeeper 和 Pulsar 都在雅虎的生态里孵化，雅虎是整个 Hadoop 生态的构建者。随着 Hadoop 和 HDFS 的规模逐渐变大，HDFS 集群内部出现了很关键的问题——需要持久可靠的日志。之前的集群规模不大，单机就可以服务，但是随着集群规模越来越大，单节点已经不能满足需求，迫切需要分布式的服务来提供更大的数据带宽和更大的吞吐，BookKeeper 因此诞生。

图 5-2-3 摘自字节跳动的一篇文章，介绍了字节跳动如何用 BookKeeper 作为元数据的事务日志，以支撑 EB 级别的 HFDS 集群。

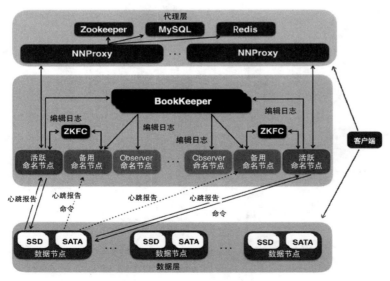

图 5-2-3　字节跳动使用 BookKeeper 作为元数据事务日志

在这个场景中，BookKeeper 保存的是所有元数据的每一次变更，可以理解为保存元数据的元数据，所以对延迟、吞吐和持久化都有很高的要求。BookKeeper 在设计之初也参考了当时特别流行的 ZAB 协议和 Paxos 协议，并且进行了折中设计，以便能够在保证更强一致性的情况下，通过多个备份来保证可用性。

BookKeeper 最基本的一个设计理念是节点对等，比如用户要保存多个副本，它就并发写多个副本，这样做的好处是用户可以根据不同的业务类型和不同的业务需求灵活选择需要实现的一致性。比如在一致性很高的场景，需要保存三个备份，三个备份都成功写入磁盘后再返回，当 BookKeeper 收到最慢的节点发送的返回时就确定消息写入成功。有些业务场景对延迟要求更高，这时就可以只等一个副本返回后确认副本写入成功。如果其他副本没有写入成功，则 BookKeeper 的副本检查机制会对这个副本进行恢复，从而保证用户可以在一致性和延迟之间实现灵活的折中设计。

在 BookKeeper 内部还有一个很好的设计。每一个存储节点都可以在文件系统之上进行直接面向磁盘级别的数据管理。简单来说，在整个存储节点内部，数据的流向被分成了两部分，如图 5-2-4 所示。图 5-2-4 右边这部分是计算机领域里常见的 Journal 系统。这个系统可以保证很高的带宽，将日志按照系统文件日志的模式快速持久化。图 5-2-4 左边这部分提供的是缓存和聚合（aggregation），数据先被传输到系统文件日志持久化之后，再做一次整形，把相同主题的数据聚合在一起保证刷盘（Flush）的连续性，从而在需要读取历史数据的场景中，使得性能更加稳定、可靠，避免了同一分区中数据间隔太远的问题。

通过这样的设计，可以满足用户在不同实际场景中的需求，比如有些场景需要快速持久化并且写入带宽特别大，那用户就可以使用 NVMe 的 SSD 等作为系统文件日志磁盘,来提供低延迟和大带宽。

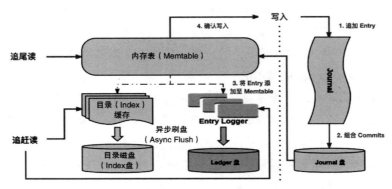

图 5-2-4　BookKeeper 内部数据流向

实际上在大多数消息流场景中访问的是实时数据。对读场景来说,要么读取最新的实时消息,此时数据会从内存的内存表(Memtable)直接返回,要么读取历史数据,此时基于连续性刷入的磁盘数据即可快速支持读服务,而且一般情况下使用 HDD(Hard Disk Drive,硬盘驱动器)存储即可。但有些用户场景里有很多积压性读取,涉及历史数据。在这种情况下,用户也可以直接配置数据盘,即图 5-2-4 中看到的目录(Index)磁盘和 Ledger 磁盘,给它们配置 SSD 或其他高性能磁盘,这样用户就可以根据不同的读/写业务需求灵活地配置磁盘。Pulsar 还有一个优势是实现了良好的租户资源隔离和管理,结合 Pulsar 多租户系统可以为用户构建一个大集群,每个租户都可以访问不同类型的存储节点。

由于 BookKeeper 有专有的设计,所以在很多场景下其优势被明显地体现出来。图 5-2-5 中的 Benchmark 展示了 BookKeeper 大带宽的场景,图 5-2-5 左边展示了分区的直接增长。当 BookKeeper

的带宽和 Kafka 在同样的节点配置下：

1）在一个分区时，BookKeeper 的性能会比 Kafka 高 50%。

2）当增长到 100 个分区时，BookKeeper 和 Kafka 都能把磁盘打满，达到磁盘 600MB 的带宽瓶颈。

3）当增长到 2000 个分区时，文件系统随着分区增长带来的文件句柄打开增多，页面缓存（Page Cache）增用等问题就比较明显，此时 Kafka 的带宽性能降到了之前的 50%，BookKeeper 则得益于专门的设计，依然可以保证带宽处于满载状态。

有时用户需要读取很多历史数据，在这种情况下，因为 Pulsar 本身的 BookKeeper 是读写分离的设计，所以可以保证读取历史数据时也不会对实时数据的访问产生太大影响。

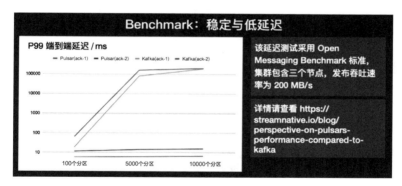

图 5-2-5　Kafka 与 Pulsar 的端到端延迟对比

在很多关键业务场景中，大家比较关注稳定性和低延迟。图 5-2-5 是在 99 分位的时候，从生产者到消费者的端到端延迟情况。上面两条线是 Kafka 的延迟情况，下边两条线是 Pulsar 的延迟情况。随着分区的增长，可以发现 Kafka 在 99 分位的延迟增长特别明显，但 Pulsar 还是保持在比较低的延迟状态，即使在 100 个分区的情况下，Pulsar 和 BookKeeper 表现都很好的时候，

Pulsar 的延迟也会比 Kafka 低很多。Pulsar 能做到高性能的原因，除了它拥有存储与计算分离和节点对等的架构以外，另外一个是 Pulsar 在 BookKeeper 的整个 I/O 路径上用了一个堆外内存，这就减少了垃圾回收对性能的影响。

Pulsar 2.10 版本有更多与稳定性、延迟和带宽相关的改进。

### 3. Pulsar 的企业级功能

基于 Pulsar 云原生架构的优势和底层专有的为流和消息设计的 BookKeeper 存储引擎，Pulsar 构建了很多企业级的功能，比如很多用户使用的很重要的功能就是 Pulsar 的大集群和多租户。图 5-2-6 是 Pulsar 的多租户功能示例。

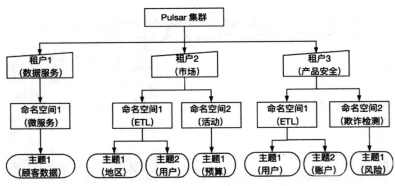

图 5-2-6　Pulsar 的多租户功能示例

印度最大电商之一 Flipkart 在采用 Pulsar 之前，内部共有 40 多套 Kafka 集群，相当于平均每个业务部门都有好几套集群，这样就会遇到数据隔离的问题以及不同集群不同版本的运维管控等复杂度高的问题。切换到 Pulsar 之后，之前的每一个 Kafka 集群属主就变成了 Pulsar 集群里的一个租户，原来的 40 多个集群共 1000 多个节点变成了一个统一的 Pulsar 集群，然后通过多租户的方式进行管理。这样设计的好处是为多租户之间的数据打通提供了统一的平台，之前两个集群之间的数据很难互访，在有了多租户的模式之后，某租户可以通过权限控制的方式赋予其他租户对其自有数据的访问权限，这为数据治理奠定了很好的基础。大集群、多租户功能的实现与 Pulsar 存储和计算分离、节点对等的架构是分不开的，节点对等的架构减少了维护节点之间不同状态的成本，存储和计算分离让服务层无须存储任何数据，这为大集群的实现奠定了良好的基础，使得通过一个统一的 Pulsar 集群来替代 Flipkart 内部的数十个分散的 Kafka 集群成为可能。

BookKeeper 诞生是为了存储"元数据的元数据"，而消息更多的时候是为了存储数据信息。在 Pulsar 内部还有很多元数据信息，比如消费者、ACK（点位的状态信息），也是用 BookKeeper 来实时存储的。

每个订阅内部会有一个游标，保存的是订阅的消费者的消费信息的点位信息，这个点位信息发送到 Broker 之后，Broker 就实时地写入底层存储 BookKeeper 中，因为 BookKeeper 提供了良好的数据服务质量保证，可以确保元数据有很高的一致性和很低的延迟。有了这样的基础，Pulsar 提供了统一的消费模型，这是 Pulsar 能统一消息队列和 Kafka 这两种对延迟、一致性和吞吐有较高要求场景的关键。消息队列很常见的场景是一个队列会有多个并发的消费者。Kafka 可能更多的是处理顺序消费，一个主题可能会有多个消费者，但是具体到每一个分区，在每一个消费组下面可能只有一个消费者来顺序地消费这个分区，这和我们刚刚提到的队列的消费模式完全不同。Pulsar 通过对消费者消费消息的点位信息的持久化能力，可以做到统一支持以上两种模型。图 5-2-7 是消息在 Pulsar 中的写入和读取示意图。

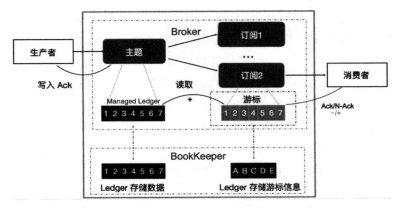

图 5-2-7 消息在 Pulsar 中的写入和读取示意图

除了消息消费模型统一以外，Pulsar 内部也提供了对很多常见消息协议的直接解析，比如对 Kafka 的支持。这是 StreamNative 与腾讯 TEG（技术工程事业群）合作的一个项目。TEG 内部维护了很多数据平台项目，比如日志相关的。如果日志服务和日志存储都在 TEG 内部，那么 TEG 可以很容易地做出迁移并使用 Pulsar 的决策。但是很多项目依赖于业务方，业务方可能不想做出改变。所以我们就提供了插件的方式，在 Pulsar 的 Broker 内部提供多协议的解析功能，让 TEG 服务的业务方在业务端应用中无须任何改动就可以直接切换到 Pulsar。通过 Pulsar 这种多协议的模式，我们也支持中国移动实现了 AMQP 协议的解析，从而支持 RabbitMQ 客户端的无缝迁移。StreamNative 还与几个社区用户一起进行 MQTT 协议的解析，并和腾讯云一起实现了 RocketMQ 协议的解析。这样用户端的体验是，只需要维护一套 Pulsar 集群就可以实现各种协议的客户端接入，享受 Pulsar 稳定的数据服务和其他优势服务。

Pulsar 另一个很重要的优势是跨地域复制。多集群之间的互联互备要保证数据和应用的多活,对此之前也有很多解决方案,但是要保证数据不丢、不重以及数据的服务质量,还有很多复杂的工作要做。Pulsar 不一样的地方是底层的存储层 BookKeeper 原生提供了良好的数据服务质量和很强的一致性与稳定性,这样 Pulsar 就把 BookKeeper 在数据服务质量上的优势直接用到跨地域复制场景中,提供了一个内置的"复制机"。对用户来说,一条管理命令就可以搭建起一套互联互备的、跨地域复制的集群,使用操作对用户来讲也足够简单。"复制"的策略可以根据每个命名空间甚至每个主题来定制。图 5-2-8 是 Pulsar 跨地域复制机制的架构示例。

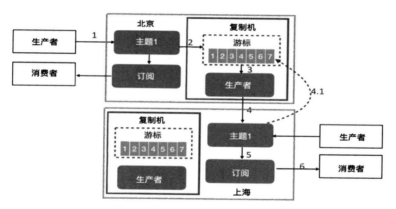

图 5-2-8　Pulsar 跨地域复制机制的架构示例

整个社区还基于 Pulsar 存储与计算分离架构提供的两层存储访问接口,来做大数据处理中流数据和批量历史数据的统一存储。在这个过程中,Pulsar 的存储与计算分离以及对存储再分片的架构起到了很大作用。存储与计算分离保证了可以提供一套访问实时数据的接口,比如与 Kafka 一样有消费者的接口,同时在底层的数据存储层也暴露出一个存储层的访问接口,而且存储层有多个备份、多个分片，这使得并发度得到了良好的保障。再结合 Pulsar 的二级存储，根据用户的配置把历史数据自动搬移到二级存储中来，可以保存任意时长的历史数据，这促使 Pulsar 后续和整个大数据生态以及 S3 这种无限长历史数据的存储打造了一个基础平台。

StreamNative 与 Apache Pulsar 社区近期的两项重要工作：

1）与 Flink 社区一起探索如何完成批流融合（Pulsar 和 Flink 的连接器已合并到 Flink 的主分支）。

2）与 Hudi、Iceberg 等数据仓库的数据格式进行整合，以支持把历史数据直接从 Pulsar 搬到 S3 上，同时可保存成 Hudi 和 Iceberg 的格式，为用户查询历史数据提供快速、高效的模式。

云原生也是很多用户选择 Pulsar 的重要原因，StreamNative 2021 年在用户调研中发现，有 60% 以上的用户把 Pulsar 部署在 Kubernetes 环境中，很多社区用户也在 Kubernetes 上提供 Pulsar 服务。

总体来说，Pulsar 的大集群、多租户能力可以帮助用户直接在公有云或私有云上提供一个基于 PaaS 的消息平台，Pulsar 的跨地域复制功能可以帮助用户在多云环境、公有云环境和私有云环境中直接实现数据的快速打通。

### 5.2.3　Apache Pulsar 的生态和周边

Pulsar 的生态和周边主要分为三个方向：

1）在存储层实现 BookKeeper 的二级存储格式与 Iceberg、Hudi 等数据仓库的数据存储格式兼容。

2）在消息方面，Broker 服务提供了多语言的支持。自 Pulsar 2.4 版本以来，整个社区致力于打通周边生态。比如，与 Debezium 整合来提供变化数据捕获服务，通过 Pulsar I/O 框架以配置的方式,和常见的大数据生态进行快速融合。

3)在计算方面,Pulsar 本身有一个轻量级计算工具 Pulsar Functions,它主要为用户提供函数式的、无服务器化的体验。

Pulsar 生态示例如图 5-2-9 所示。

图 5-2-9　Pulsar 生态示例

除了与 Flink 一起探索批流融合,Pulsar 也和 Presto 合作通过 Pulsar SQL 的方式直接交互式查询 Pulsar 中存储的数据。在这个领域,Pulsar 做得更多的事情是拥抱生态。Pulsar 社区做了大量工作来维护各种连接器,让用户可以无缝使用 Pulsar 作为数据的存储层。

下面介绍 Apache Pulsar 社区动态。2019 年 Pulsar 毕业成为 Apache 顶级项目,Pulsar 背后的商业化公司 StreamNative 成立,给了社区更大的信心和鼓舞。现在整个社区有 600 多位贡献者,关注者也已经超过了 10000 人,随着各个大厂加入社区,使用场景更加多样性,贡献者的成长也会特别迅速。

由 Apache APISIX 社区提供的工具分析得出,Pulsar 社区在 2021 年 6 月就已经在月活跃贡献者数量上追上了 Kafka 社区,现在月活跃贡献者数量基本保持在 70 左右。

Pulsar 在整个 Apache 基金会里是一个比较有生命力的项目

Pulsar 在整个 Apache 基金会项目中的提交数名列前茅。

Pulsar 用户已遍布全球。例如，在美国有 Applied Materials、Splunk、Verizon Media 等，在印度有 Flipkart 等在我国内也有很多典型的用户，百度、腾讯、中国移动都在很重要的场景或基础设施中使用 Pulsar。

### 5.2.4 未来展望

Pulsar 在设计之初就采用了云原生架构，从而可以很好地满足云原生时代的需求，帮助企业打造基于容器化与微服务的新一代架构体系。如何进一步与大数据生态融合，为用户提供更多的便利和可用性，仍是 Pulsar 社区致力解决的问题。

## 5.3 Kafka Stream 的进化探索：流式 Serverless 计算

### 作者介绍

**许文强**：腾讯云高级工程师，目前担任腾讯云消息队列 Kafka 和 RabbitMQ 的研发负责人，主要负责腾讯云 Kafka 跟 RabbitMQ 的研发和管理工作。专注于消息队列、Serverless 领域。对消息队列在云上的商业化建设、技术架构设计、开源代码二次开发、运营运维体系建设具有丰富的经验。在社区方面，主要参与 Apache RocketMQ、Apache Kafka、Apache Pulsar 的代码和文档输出工作。

Kappa 架构流批一体在大数据领域兴起，万物互联带来数据源爆发，在这样的条件下，传统的分布式数据计算引擎如 Spark、Flink 面临数据量级和业务复杂度的双重考验，而基于数据流的实时处理计算成为新趋势。在流计算的生态中,我们通常通过 Apache Kafka 原生的连接器(Connector)或社区数据集成领域的软件(如 Apache SeaTunnel、Apache InLong)来实现集群间的容灾、同步以及简单的数据转换。如果我们需要实现流式计算,则需借助 Flink、Spark 或者原生的 Kafka Stream。但在实际使用过程中,我们通常会遇到学习成本高、运维投入大、扩缩容复杂等问题。针对这些问题,刚兴起的 Serverless 架构能提供帮助。

  Serverless 架构支持事件触发、多语言编程、弹性扩缩容、函数态运行等特性,为消息的容灾、同步、转换处理、流式计算等场景提供了一种新的技术选择。下面,我们将一起探索 Kafka 生态中的 Stream 和 Serverless 融合架构,希望在云原生的技术浪潮中,为 Kafka 上下游的数据流式处理场景提供一种新的思路,也希望能够为业务带来一定的实用价值。

## 5.3.1 Kafka Stream 的机遇和挑战

  图 5-3-1 是 Kafka 上下游生态示意图,可以看到 Kafka 在大数据架构中处于缓存层,起到的是削峰填谷的缓冲作用。Kafka 已经发展十多年了,在功能、性能和稳定性方面,它是当前较优的相关消息队列的技术,在企业架构中它周边也存在丰富的生态。

  上下游主要分为两部分:一部分是数据流入;另一部分是数据流出。围绕这两部分,生态中有很多好用的、现成的技术方案和开源框架。比如分布式流计算框架 Spark/Flink,开源体系内自带的 Kafka Stream、SeaTunnel/DataX 等数据集成产品,ELK 体系下的采集和数据处理的组件 Logstash,都具有数据流入和数据流出的功能。

图 5-3-1　Kafka 上下游生态示意图

### 1. 问题与挑战

当前主要存在以下三个方面的问题。

1）上下游生态中的每种方案所适用的场景、运维方式、技术原理都不一样。业务需求不同，导致需要同时使用多个组件，从而导致使用过程中需要投入大量不同方向的运维、研发人力。

2）技术架构没有持久聚焦的积累，在遇到一些深度问题时，无法快速解决问题。

3）不同组件的运维体系不一样，需要配套搭建相匹配的运营体系。

当前主要存在两个方面的挑战：

1）从技术的角度看，大量复杂业务需求带来的底层架构运维复杂度提升，导致系统可靠性和功能满足度无法匹配业务需求的挑战。

2）在企业角度，企业最直观的感受就是成本投入越来越大的问题。所以随着企业的发展，架构的演进，我们力求以更低成本来解决当前遇到的问题。

为了应对这两个方面的挑战,我们会持续不断探索新的架构和方案。

### 2. Kafka Stream 主流方案

接下来看一下业界在 Kafka Stream 领域的主流方案,简单地将其分为四类,见表 5-3-1。

表 5-3-1 主流方案

| 类别 | 方案 | 场景 |
| --- | --- | --- |
| 计算 | 流计算引擎(Spark/Flink/Kafka Stream 等) | 流式数据处理、数据清洗、数据聚合、转储等 |
| 集成 | DataX/Apache SeaTunnel 等 | 数据集成、同步、清洗 |
| 处理 | Logstash/FileBeat 等 | 数据采集、同步、清洗 |
| 容灾 | Kafka Connecter/Kafka Mirrormaker | Kafka 生态自带的数据同步、容灾 |
| 未知 | Serverless Platform | 数据计算、清洗、同步、容灾 |

四个类别分别是计算、集成、处理、容灾,它们也是 Kafka Stream 领域的四个发展方向。四个类别都有对应的主流开源方案及其适用场景。每种方案都有其侧重的方向,而且每种方案在技术架构、运维方式、学习成本方面都是相对独立的。

1)计算。它主要解决流式数据处理、数据清洗、数据聚合、转储等场景的需求。Spark/Flink 是计算方向中的主流解决方案,其优点是功能和性能都非常强大,几乎可以满足所有流式计算的需求,缺点是学习和运维成本也较高,在很多场景(如 ETL 场景)中的投入产出比不高。

2)集成。集成是指将数据从数据源同步到数据目标的过程。链路构成通常为数据源→数据集成套件→数据目标。其代表组件为 Flink CDC、Apache SeaTunnel、Apache InLong、DataX 等。这些组件的优势是具备开箱即用的能力。缺点是无法满足复杂的计算场景，在一些复杂的计算场景中，需要引入 Spark/Flink。另外，一般集成组件底层引擎是 Spark 或 Flink，在引擎上层做了应用封装，所以运维成本也相对较高。

3）处理。严格来说数据清洗是计算/集成类别场景下的一个子集，具备计算/集成的套件都具备 ETL 能力。这里的处理指简单的数据清洗，即将数据简单清洗格式化（不需要计算聚合）后分发到下游。主要代表组件是 Logstash、Kafka Connector。它们通过简单的语法完成数据的格式化、清洗、分发。优点是使用、运维简单。缺点是功能场景相对局限、单一。

4）容灾。容灾指的是消息队列之间的容灾，即集群间的数据同步，包括元数据、业务数据。主要解决方案是采用各个消息队列自带的容灾组件，比如 Kafka Connector、Pulsar Connector、RabbitMQ federation/shovel。

在上述四种类别中，计算是基础，集成、处理、容灾是在计算上的应用场景的封装。此时会发现，上层场景都可以通过最底层的技术方案来实现。这也就是说，如果需要通过统一架构、统一套件来处理所有场景，那么一般的解决方案都需要基于 Flink/Spark 来搭建大数据平台，并且目前业界一般也是这么实现的。

有没有比 Flink/Spark 更好的方案呢？这就是本节想讨论的问题：探讨基于 Serverless 函数，在降低运维、学习成本的同时，实现类 Flink/Spark 大数据平台的处理效果。

从运行机制上看，Serverless 函数和 Flink/Spark 很像。步骤可以简单归纳为实现代码逻辑、运行代码、获取返回结果。主要区别在于底层的引擎，接下来会一一展开。

（1）Kafka 流计算库：Kafka Stream

首先来看看 Kafka 社区推出的流计算处理解决方案：Kafka Stream 模块。图 5-3-2 是 Kafka Stream 的架构图。

第 5 章 面向未来的中间件设计

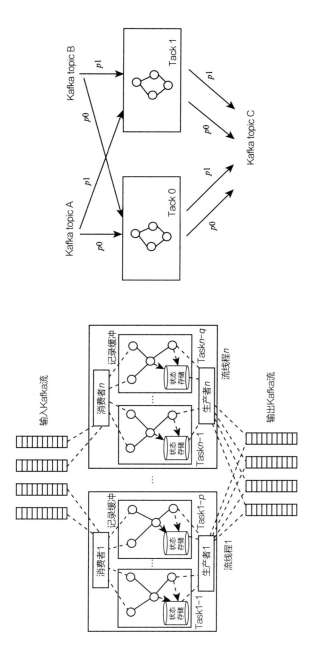

图 5-3-2 Kafka Stream 架构图

223

Kafka Stream 是 Kafka 社区推出的一个流计算库，在功能上和 Spark、Flink 类似，用来做一些流式计算的数据处理聚合，内置了一些算子、处理的函数等。它可以分为三个部分：消费、数据处理、写入。其中数据处理是核心，包含计算、存储、聚合、算子、任务调度等模块。Kafka Stream 虽然和 Spark、Flink 是类似的，但是功能不如它们强大。这也是为什么 Kafka Stream 的应用范围并不是那么广，用户不是特别多的原因。

Kafka Stream 的部署管理方式比较简单，天然和 Kafka 强绑定，使用非常便捷。因此从 Kafka 整个体系的使用上看，它会更简单，使用成本更低。但它不是一个分布式的任务调度框架，业界使用的也不多，这些算是 Kafka Stream 生态的一些缺陷。

（2）当前方案存在的挑战

从前面的分析可以看到，业界的生态是非常丰富的，几乎可以满足所有场景。但是 Kafka Stream 也面临一些挑战，这些挑战体现在使用成本、扩缩容能力等方面，如图 5-3-3 所示。

图 5-3-3　Kafka Stream 的挑战

在生态中，由于各个组件的技术架构、运维方式、使用方式都相对独立，因此用户在学习、使用过程中都需要投入较多的人力。另外当前的架构主要关注在功能、性能层面，无法做到非常好的弹性。在扩缩容的场景下，受限于 IaaS 资源、集群架构、业务逻辑的影响，Kafka Stream 无法做到完全自动、无感知，而且运维工作较重，增加了集群运维成本。

### 3. 业界方案的一些痛点

企业的核心需求就是"降本"。因为从业务需求来看，当前的技术方案都是可以满足需求的。但是随着架构的演进和企业的发展，在云原生、企业上云、降本增效、Serverless 概念普及等因素的影响下，企业架构的核心逐步向极致的效益靠拢，效益主要包括人力效益和资源效益两个方面。

人力效益如何定义？用户为满足业务场景需要，完成技术选型后，就需要投入相应的人力资源，如研发（开发、测试、运维等）投入、运维投入等。在使用过程中，用户也需要持续学习、研究、深入运维等。学习和运维操作包括参数熟悉、调优、运营调度、负载控制等，这些操作需要投入大量人力。在当前人力资源越来越贵、企业人力成本越来越高的情况下，降低人力成本逐步成为企业降本的重点。这也是当前低代码的概念比较流行的原因之一。

资源效益如何定义？资源效益主要涉及 IaaS 层资源的成本（机器、磁盘、网络、数据库、存储等）。绝大多数业务场景都具有明显的波峰、波谷；从企业大盘维度来看，资源使用量一定是有波峰波谷的。为了应对高峰流量，我们会准备所需资源，而在低峰时，这些资源又会被严重浪费。随着 Kubernetes、容器、Docker 等的发展，弹性扩缩容能力相对容易实现。但是在很多公司的业务架构中，由于技术运维的投入程度、复杂度、时效性，大多数业务没有办法做到真正的弹性扩缩容。在流式计算的场景中，因为需要用到大量的 IaaS 资源，这个问题更加明显。我们不能忽视弹性可以带来的很多实际价值。

因为系统要具备及时的扩缩容能力并且保证业务正常运行，所以我们就要多做很多事情：评估单机、单进程处理能力；确定购买多少机器；如何评估波峰、波谷；如何扩容；如何缩容；何时开始扩缩等。这些都需要大量的人力成本投入和运维体系建设。如果不实现弹性调度，那么就存在大量资源浪费，产生资源效益问题。如果实现弹性调度，技术复杂度和投入又是绕不开的话题。有没有更合理的方案能满足需求呢？接下来看一下Serverless架构能不能解决这个问题。

## 5.3.2　Serverless 架构解析

### 1. Serverless 是什么

下面来了解一下 Serverless 是什么。Serverless、FaaS、BaaS 如图 5-3-4 所示。

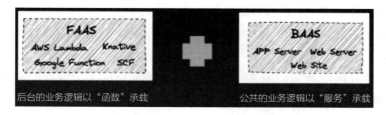

图 5-3-4　Serverless = FaaS + BaaS

（1）Serverless 的定义

Serverless 从语义上来讲，是"无服务器"。从技术架构和底层技术运行的角度看，代码一定要运行在服务器上，服务运行怎么可能没有服务器呢？

实际上，无服务器是从客户的角度来理解的，指的是客户不需要关心服务器。从某种意义上看，不关心相当于没有，由平台来负责服务器资源管理及运行。比如现在使用 Kubernetes 和容器,研发人员或运维人员需要关心服务器,那么他们就需要学习Kubernetes、容器、系统等方面的知识,了解如何对容器进行扩缩容,什么是 HPA(Horizontal Pod Autoscaler,Pod 水平自动扩缩)等。他们只有深入学习才能真正地运营好系统。

如果使用 Serverless,我们就不需要关心细节,只需要负责代码实现,而代码的运行、调度、扩缩容交由平台帮忙实现。Serverless 还有按需使用、弹性扩缩容、按量付费的优点。

(2)FaaS 和 BaaS

Serverless 主要可以分为两个方向:FaaS 和 BaaS。

FaaS 是以函数为主要承载方式的,即业务逻辑以函数形式编写,代码编写完成后将其放到 Serverless 平台上运行,运行之后它会给出结果,使用非常简单。它起源于 AWS(Amazon Web Services),主要代表是 AWS Lambda,以及社区方案 Knative。国内也有很多商业化 Serverless 平台,比如腾讯云函数平台 SCF、阿里云函数等。

BaaS 主要是以服务为承载方式,代码逻辑是以普通的服务器形态编写的,或者更简单地讲,你可以将其理解为服务托管——非常高阶的服务托管。当前业界存在一种托管形态,服务托管在服务器上,但还是需要用户自己运维,如扩缩容。

更进一步的形态是,服务托管在平台后,用户就什么都不用管,包括弹性扩缩、削峰填谷。平台帮忙做好运维、扩缩容、调度等,并且 App 服务器、Web 服务器都可以放上来。

下面的融合架构主要是基于 FaaS Serverless 函数来实现的。

### 2. Serverless 函数

接下来看一下什么是 Serverless 函数?

从实际操作上看,用户首先编写一个函数,然后将函数提交到 Serverless 平台上运行，平台会执行整个代码流程。这有点像 Spark，开发者可以利用 Spark 语法写一个 Jar 包，然后将 Jar 包用 Spark 命令提交到平台上去运行。函数和 Spark 最大的区别就是，用 Spark 之前开发者需要学习 Spark 语法，编写代码逻辑并打包，然后把包引进来，再发布到平台上去运行。

函数式编程语言不需要额外学习任何特殊的语法、算子、调度等方面的内容。函数平台支持多种语言，如 PHP、Node、Python 等，用户上手非常简单。另外，函数平台具有自动扩缩容、自动运维的能力。

函数的生命周期如图 5-3-5 所示。

图 5-3-5　函数的生命周期

函数生命周期的每个阶段如下：

第 1 步：编写代码段，即写一个函数。

第 2 步：定义一个事件，即定义在什么情况下用户去触发这个函数，比如用户上传了一个图片、收到了一个视频，这时会触发这个函数执行，这就是一个事件。

第 3 步：触发事件，比如一张图片一旦上传成功，它会触发一个事件，这个事件就会触发函数执行。

第 4 步：部署函数，即在函数执行之前，首先要部署它。部署函数本质上就是把这个函数放在一个容器里，做成一个非常小的镜像，然后把这个镜像写到 Kubernetes 里去运行。

第 5 步：输出结果，函数执行之后，它会返回一个结果。

第 6 步：资源销毁，函数执行完成之后，容器就会被销毁了。

### 3. Knative 系统架构

接下来用一个社区的开源项目 Knative 来整体分析 Serverless 平台的技术架构。

随着 Serverless 概念不断普及，开源社区涌现出了一批 Serverless 项目，如 Knative、OpenFaaS，以及一些商业化公司的 FaaS 平台，比如刚刚介绍的腾讯 Function、AWS Lambda、Google Funtion 等。从架构角度上来看，这些项目的架构在理念上都是一致的，大多是基于 Kubernetes、容器、镜像等概念来提供弹性、调度、启动、运行等能力的。

Knative 的系统架构如图 5-3-6 所示。

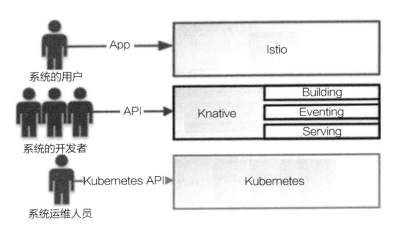

图 5-3-6 Knative 的系统架构

图 5-3-6 的右侧从底往上看，底层是 Kubernetes，Kubernetes 是一个基准且强大的调度系统，函数在容器中运行，而容器都可以运行在 Kubernetes 上。Knative 的运行态就是运行在 Kubernetes 之上的。

中间层是 Knative 实现的核心，主要包含三个模块：Building

（构建）、Eventing（事件）和 Serving（服务化）。Building 的作用是将代码构建成一个镜像的组件，可以简单理解为提交一段代码，它就可以帮用户打包成一个镜像。Eventing 作为一个事件，是指触发镜像去运行的事件源。Serving 可理解为 Runtime 层，即镜像运行在哪里，运行在哪个容器、哪个 IP 等。

最上层是接入层。应用的事件源通过各种形式来触发函数的运行。比如定时触发、事件触发等。图 5-3-6 中的 Istio 是指服务网格，根据官方的介绍，Istio 是一个开源服务网格，它透明地分层到现有的分布式应用程序上。Istio 强大的特性提供了一种统一且更有效的方式来保护、连接和监视服务。

结合 Knative 架构和 Serverless Function 的生命周期，就更容易理解函数是如何运行的。首先是把代码提交到 Knative 里，Knative 会通过 Building 模块帮用户打包成镜像，镜像也可以理解为运行对象；然后使用者（Operator）定义一个事件来触发镜像，触发完以后，镜像会在 Kubernetes 里执行；最后返回结果并销毁资源。

看到这里会发现，Serverless 架构都是基于云原生、Kubernetes 来进行架构演进的。所以在日常的架构演进中，我们也需要将一些相对前沿的技术用到应用当中，从而给业务带来价值。

### 4. Serverless 的优势

接下来做一个简单总结，首先看下 Serverless 有哪些优势。

第一个优势就是低学习成本。函数几乎可以用所有语言编写。以 Spark、Flink 为例，可以使用 Java、Scala、Python 等语言。如果某公司采用 Go 体系，那么它要用 Spark、Flink 就需要招聘一批学 Java、Scala、Python 的人，或者让现有人员学习这些技术，这样成本就很高。从长期来看，运维人员就需要长期地投入。如果采用 Serverless，该公司就可以利用当前的技术栈和积累，这有助于技术栈的统一，从而节省不少成本。Serverless 的函数式编程和多语言是很强大的，基本没有学习成本，运维人员只需要学习简单语法即可。

第二个优势是 Serverless 有近乎无限（底层资源肯定是有限的）的横向扩缩容能力，即可以使用平台所有资源。另外，Serverless 具有自动扩缩容、分布式架构能力，使用者不需要关心它的实现细节，只需实现并提交一些代码，平台就会帮其运行、调度、自动化地扩缩等。这部分就在非常大程度上降低了提前储备机器资源、高峰扩缩容、大规模运维等带来的资源成本和技术成本，以及潜在的资源浪费。

第三个优势是它具有多种触发方式，主动触发、被动触发、事件触发、定时触发、流式拉取等。这对应了前面所讲的 Knative 架构中的接入层，即用来触发函数执行的这一层。

对于数据处理来说，Serverless 平台是可以做到流批一体架构的，即流计算场景和批计算场景都可以在函数里面实现，如事件触发和定时触发（定时在第二天早上拉取前一天的数据去计算）。简单意义上的批计算可以用函数实现，实时的流式拉取也可以用函数实现，这点就非常强大。不同的场景使用同一套架构、同一套代码，这在技术实现上是很优雅的。

### 5.3.3 Stream 和 Serverless 融合架构

接下来分析 Stream 是如何和 Serverless 架构融合，以函数的形式运行在 Serverless 平台上，从而实现 Kafka 上下游数据流动的。场景包括消费、数据处理、容灾、数据清洗等行为。

#### 1. 什么是融合架构

图 5-3-7 是 Stream 和函数的融合架构图。融合架构是指将流

计算处理架构和Serverless平台相融合，在Serverless平台中实现统一的流式数据处理。可以看到融合架构图和图5-3-1是基本一致的，区别在于中间这两个处理层被替换为Serverless函数平台，用它来替代流入和流出层中的多款开源组件。

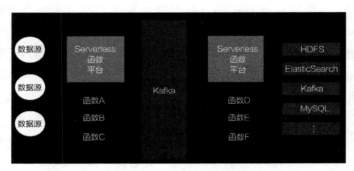

图5-3-7　Stream和函数的融合架构图

融合架构如何实现业务需求呢？例如，数据清理和转储场景就可以写一个函数代码段来消费数据，并做一些处理，然后写入下游。这些代码很简单，无须依赖Spark和Logstash的语法，只要按照正常的语言语法逻辑来实现即可。当业务量很小时，可能只需写一个Cron定时运行或者单进程运行即可；当数据量大时将这段运行代码放到Serverless平台去运行，即可实现与使用Spark/Flink一样的效果，并且无须准备资源。

### 2. 融合架构运行原理

融合架构运行原理如图5-3-8所示。

如图5-3-8所示（从左到右），首先我们假设输入源是Kafka类型的数据源，当然也可以是其他数据源（比如MQ、数据库、持久化存储等）。触发源有事件触发、定时触发、流式拉取等多种方式。事件触发前面讲过了，下面看另外两种：

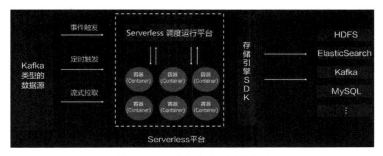

图 5-3-8　融合架构运行原理

1）定时触发，即设定时间，如设置为 24:00 定时触发平台运行某个函数代码段。

2）流式拉取，即实时不间断地流式拉取，也可以并发做弹性调度等。

函数是运行在整个 Serverless 调度平台中的，该平台底层的运行核心基本上都是 Kubernetes 和容器。首先把函数代码段封装在镜像中，启动时，调度 Kubernetes 去运行带有代码段的镜像，并启动 Pod（Pod 为 Kubernetes 中的最小调度对象）。镜像的核心逻辑也都运行在这个调度平台里，系统会自动运行函数、扩容/缩容，以及上传运行结果等。

Serverless 平台的核心竞争力是它可以通过灵活的调度能力来提高资源的利用率，从而降低成本。技术上的核心是中间层的运行调度平台。调度平台能达到优化成本效果的理论依据是下沉和规模效应，即用户把更多的事情交给平台去做，并且这种处理事情的能力被下沉到平台。例如平台可以帮 100 个用户做事情，原先 100 个用户的总成本是 100 的话，平台的成本可能只要 30，这时候就节省了 70，从规模效应上来讲，这节省了成本（能量），这就是云的价值。

从技术架构上看，Serverless 平台有许多的技术优势，比如触发、HTTP 函数、冷启动、运行耗时、运行日志上传、镜像加速等。

### 3. 函数式编程

函数是融合架构底层的最小运行单元。我们接下来需要了解什么是函数式编程。这里的函数和我们之前理解的编程语言的函数是一样的。函数就是我们正常写的函数段。数据清理格式化的函数代码示例如图 5-3-9 所示。

在图 5-3-9 中，左上方是一个 API 结果的返回值，返回值中有 Error 字段。我们的需求就是将返回值的记录格式化为图 5-3-9 左下方的格式，并输出五个字段，诸如时间戳、错误码等。

图 5-3-9 右边是实现效果的一个代码段，这就是简单的函数。当我们进阶使用 Serverless 平台时，代码也还是这样写的。我们要实现自己需求时，只需把这个代码段直接提交到平台运行即可。单机运行时的稳定问题，比如单机宕机、数据量增大时的扩缩容、底层资源是否足以应对峰谷，都无须再考虑了，平台会来解决。

最终你会发现，这个代码段达到了 Spark、Flink 的效果，而且它能用几乎所有语言来实现。这就是函数式编程的魅力。

### 4. 开源数据清洗分发示例

现在先来看一个流式数据处理（清洗、转储）案例，并与开源方案和融合架构方案对比。

用一个场景来举例：业务人员需要对 App 用户行为进行分析，在数据流转的流程中，数据首先会上传到服务端，服务端会用某款中间件（比如 Kafka）缓存数据。此时中间件就起到数据缓冲、流量削峰的作用。在该业务场景中，业务人员需要长期保存数据，那么就需要把数据保存在后端的持久化存储系统中，如 HDFS、HBase。业务人员有一些搜索需求，那就需要先清洗数据，再格式化后保存到 Elasticsearch 中。

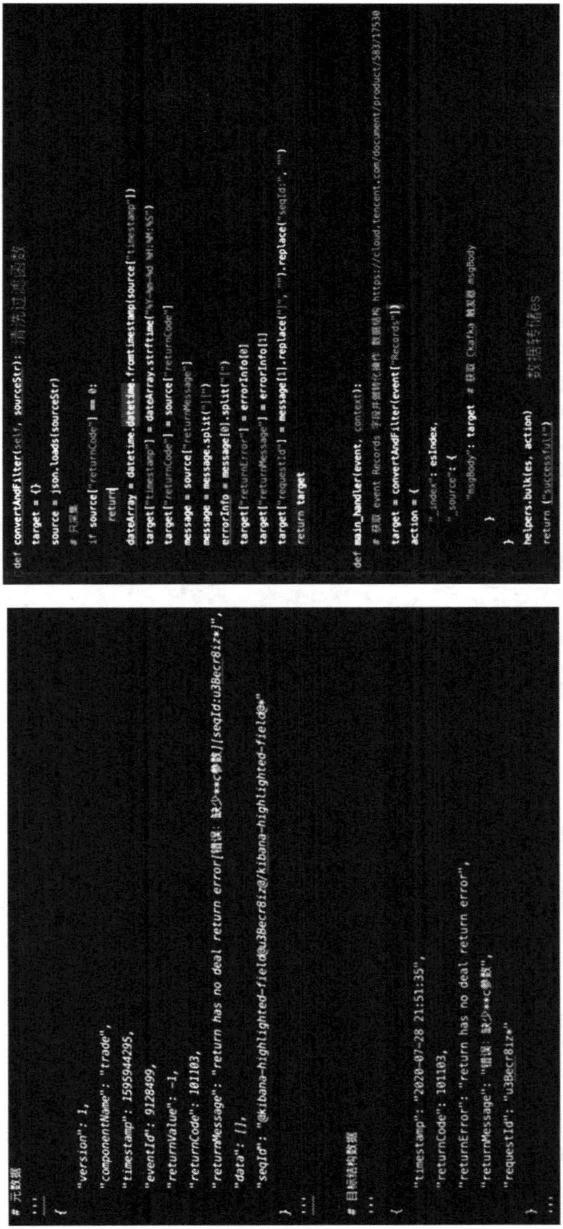

# 元数据
...
{
"version": 1,
"componentName": "trade",
"timestamp": 1595944295,
"eventId": 9128499,
"returnValue": -1,
"returnCode": 101103,
"returnMessage": "return has no deal return error[错误: 缺少**c参数]][seqId:u3Becr8iz*]",
"data": [],
"seqId": "@kibana-highlighted-field@u3Becr8iz@/kibana-highlighted-field@*"
}
...
# 目标结构数据
...
{
"timestamp": "2020-07-28 21:51:35",
"returnCode": 101103,
"returnError": "return has no deal return error",
"returnMessage": "错误: 缺少**c参数",
"requestId": "u3Becr8iz*"
}
...
def convertAndFilter(self, sourceStr):
清洗过滤函数
target = {}
source = json.loads(sourceStr)
if source["returnCode"] == 0:
return
dateArray = datetime.datetime.fromtimestamp(source["timestamp"])
target["timestamp"] = dateArray.strftime("%Y-%m-%d %H:%M:%S")
target["returnCode"] = source["returnCode"]
message = source["returnMessage"]
target["returnError"] = errorInfo[0]
target["returnMessage"] = errorInfo[1]
return target
def main_handler(event, context):
https://cloud.tencent.com/document/product/583/17530
target = convertAndFilter(event["Records"])
action = {
"_index": esIndex,
"_source": {
"msgBody": target
}
}
helpers.bulk(es, action)
数据转储es
return ("successful!")


图 5-3-9 函数代码示例

下面来看用 Logstash 和 Spark 两种方案的实现。Logstash 和 Spark 实现数据清洗并转储的代码示例如图 5-3-10 所示。

```ruby
ruby {
    code => "
        event.set('Action','ReportMetrics')
        rowInfo = Hash.new
        rowInfo['ResourceType'] = 'function'
        rowInfo['InstanceId'] = '-'
        rowInfo['TimeStamp'] = event.get('TimeStamp')

        dimension=event.get('dimension')
        dimensionHash=dimension.to_hash
        rowInfo['ResourceUId'] = dimensionHash['function_id']
        extend = Hash.new
        extend['VersionId']=dimensionHash['version_id']
        extend['AppId']=dimensionHash['appid']
        extend['NameSpace']=dimensionHash['namespace']
        rowInfo['Extend']=extend

        o = [('a'..'z'), ('A'..'Z')].map(&:to_a).flatten
        randStr = (0...20).map { o[rand(o.length)] }.join
        requestId=dimensionHash['appid']+'-'+dimensionHash['version_id']+'-'+event.get('timestamp').to_s+'-'+randStr
        event.set('RequestId',requestId)

        metrics = Array.new
        batch=event.get('batch')
        batch.each do |value|
            val = value.to_hash
            row = Hash.new
            row['MetricsName'] = val['name']
            row['Value'] = val['value']
            metrics << row
        end
        rowInfo['MetricsData']=metrics
        event.set('MetricsData',Array.new(1,rowInfo))
    "
    remove_field=>["batch","dimension","namespace","@timestamp","host","timestamp","path","@version","TimeStamp"]
}
```

a) Logstash 实现数据清洗并转储

```
/**
 * 过滤处理访问日志文件,并保存,用来分析
 */
object FilterSaveAccessLog {
    def main(args: Array[String]): Unit = {
        Logger.getLogger("org").setLevel(Level.ERROR)
        val spark = SparkSession
            .builder
            .appName("FilterSaveAccessLog")
            .getOrCreate()

        val lines = spark.read.textFile(Util.getProperties("FilterSaveAccessLog.sourceFold")).rdd

        lines.map(line => {
            line.split("\\001")
        }).filter(line => line.length >= 38)
            .map(line =>
```

图 5-3-10  Logstash 和 Spark 实现数据清洗并转储的代码示例

```
val mTime = line(11).trim
var rMTime = 0

if (mTime != "-") {
    rMTime = Integer.parseInt(mTime)
}
var headSize = 0L
if (line(13).trim != "-") {
    headSize = line(13).trim.toLong
}
var contentSize = 0L
if (line(14).trim != "-") {
    contentSize = line(14).trim.toLong
}
contentSize = contentSize - headSize
if (contentSize < 0) {
    contentSize = 0
}

//host , mtime , uri内容大小 , 命中状态, uri
(line(16).trim, rMTime, contentSize, line(21).trim, line(5).trim)
})
.map(line => {
    List(line._1, line._2, line._3, line._4, line._5).mkString("\t")
}).repartition(64).saveAsTextFile(Util.getProperties("FilterSaveAccessLog.saveFile"))
spark.stop()
```

b) Spark 实现数据清洗并转储

图 5-3-10  Logstash 和 Spark 实现数据清洗并转储的代码示例（续）

图 5-3-10a 是一段 Logstash 对数据进行处理的代码。它的功能是清洗数据并格式化，然后转储到 HDMS、HBase、Elasticsearch 等中。Logstash 可以多机部署，但是需要人工根据流量的大小进行扩缩容。在一些场景下，它对 CPU 的消耗特别高，因为它要做很多事情，比如数据解析、数据处理、字符串的匹配裁剪等，因此需要处理好 CPU 监控、告警、语法优化等。这样做的好处是可以实现配置化，使用相对简单；局限是功能相对比较少，无法很好实现定制功能，运维和扩缩容都需要人工处理，也无法实时化。

图 5-3-10b 是一段 Spark 对数据进行处理的代码。它实现的是同样的功能。开发人员使用 Spark 写一个业务实现类，然后提

交；Spark 会自动运行、调度、分发。这个方案的好处是灵活、功能强大，几乎可以满足所有需求。缺点如上所述，不再赘述。

上面两个方案是业界用得比较多的处理方案。进一步讲，是否可以通过很简单的 Python、Java 代码，让开发人员可以用自己熟悉的代码实现业务处理逻辑，自主地根据负载进行扩缩容，并且以比较低的运维成本解决问题呢？答案就是融合架构，基于 Serverless 流式数据处理的系统架构能很好地解决问题。

### 5. 方案优劣分析

从技术角度上讲，当前 Serverless 还处于快速发展阶段，并不能完全替代其他方案，只是一种可能的选择。在某些场景下它的表现更优，比如图片处理、小流量流式数据处理、事件型流处理等。长期来看，到了 Serverless 架构发展成熟的那一天，它就会成为一个最优的选择。

开源方案和 Serverless 函数方案的对比见表 5-3-2。

表 5-3-2　开源方案和 Serverless 函数方案的对比

|  | 开源方案 | Serverless 函数方案 |
| --- | --- | --- |
| 语言成本 | 开源方案对应的语言 | 不限语言 |
| 学习成本 | 学习开源方案 | 无 |
| 分布式调度 | 需要学习开源方案的分布式调度方案 | 不需要 |
| 运维和研发成本 | 运维成本和研发成本都较高 | 运维成本较高，研发成本低 |
| 评估成本 | 人工评估集群规模 | 按需要使用 |
| 动态扩缩容 | 相对较少 | 有 |

Serverless 架构还处于快速发展阶段，技术架构和稳定性等都处于快速完善期，会有一定的不稳定性，其本身的运维成本是比较高的。

### 5.3.4 具体案例分析

前面详细解析了基于 Serverless 流式数据处理的系统架构，接下来以日志 ETL、数据订阅分发、事件流三个具体案例来分析实际落地场景及效果。

#### 1. 日志 ETL

首先来看一个使用 Serveless 函数进行流日志 ETL 的案例。

由于系统业务的运行，每天都要产生大量日志，流式处理平台需要对日志进行提取、转换，并存储到下游以进行相关的分析工作，这属于 ELK（即 Elasticsearch、Logstash 和 Kibana）的场景，非常普遍。它的特点包括：一是数据量特别大，比如一些业务每天有 300 多亿条日志需要处理；二是对成本非常敏感。业务有明显的波峰/波谷曲线，其中波峰的数据量是波谷数据量的 3 倍，即假设波峰时要 100 台机器，波谷时就只要 30 台机器。

在旧的架构中，我们先后使用过 Logstash 和 Spark 进行日志处理，日常准备了应对峰值的机器，在低峰时资源存在严重浪费，资源成本是很高的。

日志 ETL 如图 5-3-11 所示。我们来看下基于 Serverless 函数的大体架构。这个场景中，首先客户端会把日志上传到 HDFS。这里面会涉及跨码传输、压缩等，只有这样才能存储到统一的 HDFS。接下来用户需要对 HDFS 的数据进行处理，业务上有两条链路：一条链路是先用函数解压文件，并进行数据清洗、格式化，再持久化存储到 HDFS 上，最后再进行流式处理；另外一条链路是业务要实时消费这些日志。所以说，解压用的是事件模型，直接触发函数运行，其他几个函数段也是非常简单的。

在整个流程中所涉及的代码都用 Python 实现，在运行过程中，也不用关注下游的数据量，平台会进行调度、扩缩容。平台能够根据流量的曲线调度机器，节省了 34% 的成本，并且实时性很高，数据的处理延时没有超过 10 秒。

图 5-3-11　日志 ETL

### 2. 数据订阅分发

再来看第二个场景：数据订阅分发。这个场景在实际业务当中也很常见。

业务需要将 MongoDB、MySQL、上游 MQ 等异构数据源同步到 ClickHouse 里面，每日新增数据超过 300GB。数据源的数据首先同步到 Kafka，然后进行格式化和数据转换。这里的数据转换不是简单的数据格式化和清洗，还需要和第三方系统交互，渲染数据，并且还需要将多个库、多个表之间的数据进行关联，聚合成一个大列。业务中还有一些特殊的业务逻辑。

因为数据量和处理逻辑复杂度的关系，数据订阅分发场景只能通过编码实现。在大数据架构中，一般会引入 Flink 进行数据处理。考虑到编码运维复杂度和成本等因素，我们引入了 Serverless 流处理的架构（见图 5-3-12）。

首先编写一段函数逻辑，逻辑如下：

1）消费 Kafka 的数据。

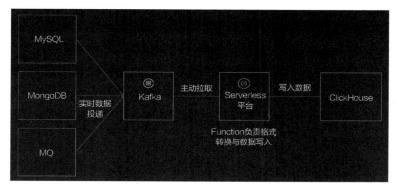

图 5-3-12　数据订阅分发处理架构

2）进行格式转换、多系统交互、多行合并、数据裁剪等操作，虽然看起来很复杂，但是在函数式编程里面，其实这就是 100 多行代码。其中，访问 HTTP 接口、格式解析、字符串处理等操作，和上面讲到的 ETL 场景很相似。

3）将处理完成的数据写入下游的 ClickHouse。

通过这三步，简单地实现了一段函数逻辑，实现了一个实时处理的场景。其效果和 Spark 的运行效果是一样的，只是编写一个函数的成本和写一个 Spark Jar 包的成本完全不是一个量级的。

### 3. 事件流

最后来看事件触发场景的案例，事件触发场景是怎么和 Serverless 结合的呢？

在我们的场景中，系统中的视频数据、评论数据、帖子数据等会实时更新，中台审核系统需要实时处理这些数据（例如图片审核、文本审核、商品打标、统一类目、死链监测、视频解压分析、图片转存等）。

这些业务数据的特点是需要非常及时地进行自动化处理。举个例子，网站上用户发了一个帖子，帖子里面有违规词语需要被禁。如果没有采用事件模型，那么在拉取审核的窗口时帖子就会被直接暴露到外网，产生不好影响。事件触发可以解决这个问题。

我们的消息首先接入 RabbitMQ，让事件模型主动触发函数。它不是拉模式（Pull），而是推（Push）模式。推模式比拉模式的实时性更强。推模式的一个缺点是在业务高峰的时候，如果下游的处理系统有瓶颈就会处理不过来，导致数据反压，影响服务端的推的性能。这种场景则是 Serverless 平台能发挥优势的地方，容量近乎无限（依赖平台储备），弹性扩缩，按量付费，整体下来，更省成本、更及时。事件流如图 5-3-13 所示。

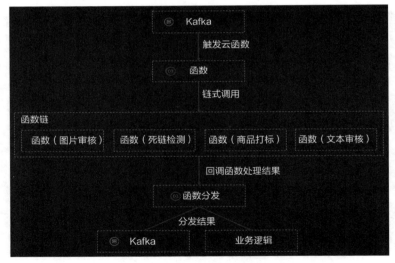

图 5-3-13　事件流

综上所述，融合架构的价值是能够让企业更高效地开展业务，创新，去做有价值的事情，而不用花太多精力在底层技术架构的维护、迭代、演进上。

## 5.3.5 架构演进的期待

Serverless 在架构理念和设计上是有极大优势的，未来具有很大的想象和收益空间。我认为 Serverless 架构有以下几个发展方向：

1）持久化的函数运行态。Serverless 在当前阶段主要是以函数形态短时间运行的。持久化的函数运行态是指持久化的容器运行能力，用来应对稳定的流式处理场景。

2）更多事件源。事件触发模型肯定比拉模型更及时、更有效。更多的事件源意味着更完整的生态、更多的应用场景。

3）丰富扩缩容因子。目前从场景来看，业务的扩缩容因子相对复杂，比如 Kafka 主要根据消息的堆积数量，图片转换场景主要根据仓库中堆积的图片数量等来判断是否需要更多的处理能力。这就需要平台支持更多维度的指标，将 CPU、Kafka 堆积消息、仓库图片数量等作为扩缩容因子。

4）高阶算子的封装。函数编写因为能够使用算子，所以不需要很复杂的学习成本，开箱即用。Serverless 可以持续探索算子能力，比如添加一些高阶的算子，从而能够提供更多便利。

5）冷启动。Serverless 有一些冷启动问题需要解决，比如当运行容器数缩到了零，如果由事件触发，如何才能快速地拉起函数运行呢？

# 第 6 章

# 开源布道和生态建设

## 6.1 开源许可证的变迁：从 Elastic 两次变更开源协议说开去

### 作者介绍

**孙振华**：字节跳动知识产权法务人员，目前负责公司开源法务工作，涵盖使用开源、贡献开源和主动开源等各方面的法律支持，曾从事专利诉讼、专利无效和商业秘密保护等工作。

注：本文整理自字节跳动知识产权法务孙振华在 DIVE 全球基础软件创新大会（2022）上的演讲，由极客邦科技编辑蔡芳芳整理。

开源从开始到现在已经有几十年历史。开源许可证在开源运动的发展中起到了基石作用，不管是从文化还是法律的角度，都较好地推动了开源的发展。

2021 年，Elastic 公司 Elasticsearch 和 Kibana 这两个开源项目都更改了开源协议，从 Elasticsearch 7.11 版本开始，由之前的 Apache 2.0 许可证调整成 SSPL（Server Side Public License）与 Elastic License 双许可。这次调整在开源社区以及技术界引起了轩然大波，有人说是因为云厂商的阻力，有人认为是因为 Elasticsearch 不再需要社区协作的资源。最后 Elastic 公司在官网上澄清，说这两个项目改了许可证之后就不再是开源项目了，但是它们依然具有一定的开放性，比如开发者依然可以访问其源码，依然可以参与协作。那么 Elasticsearch 目前是否开源呢？如果不是，它是否具有一定的开放性呢？

下面将为读者解答以上疑问。本节主要分为四个部分：第一部分简要介绍开源、开源协作的相关内容；第二部分介绍目前开源许可证的分类；第三部分介绍开发者如何较好地解读开源许可证；第四部分介绍开源的商业模式，以及如何理解开源和开放。

### 6.1.1 基本概念

#### 1. 开源的定义

业界目前对开源还没有统一的定义，比较主流的定义有四五种。比如开放源码促进会（OSI）给开源下了一个定义，包含 10 项内容，它们都是开源领域中比较重要的共识。但是这个定义其实是针对开源软件许可证的定义，而非给"开源"本身的定义。

我认为开源也是一种开发模式。追溯历史，我们可以看到，不管是 Linux 这种非常成功的操作系统，还是后来的新生代云原生方面的 Kubernetes 项目，它们都依赖个人和组织的合作，开发了对合作方以及其他第三方都有益的公用产品。"个人"包括开发者、文档撰写者或社区建设专家；"组织"包括各个公司，比如谷歌、IBM、微软，这些公司先后投入其中，推动开源开发模式的发展。

从法律角度来看，开源聚焦于软件分发相关的权利。传统的专用软件限制相关作品的分发，作者把所有权利都控制在自己手中，没有作者的允许，不能修改、复制和分发。在软件行业，这种模式在一定程度上限制了软件的分发。开源则把这些权利都放开，这有助于软件的分发，甚至让软件变得更加流行，因而成为一种事实标准。

开源究竟是不是商业模式？这一点比较有争议。微软的一些专家认为它只是一种开发模式，但 IBM 的一些专家，比如现在其开源办公室的负责人，坚持认为开源是一种商业模式。为此，两方几乎每年都会辩论一次。

### 2. 著作权

接下来我介绍一下开源相关的法律知识，以著作权作为基点。著作权的标记符号是一个圆圈中间有个字母 C，向右开口。有人把它解释成一种保留性权利，作者或者软件开发者会把源码控制权，包括后续的分发权、复制权和修改权都控制在自己手里。如果没有作者允许，任何人不能修改、复制和分发这些代码。这不利于大家参与软件的后续改进。因为如果某人想获得改进的权力，就要逐一和作者或者软件拥有人签署相关协议。这客观上在法律层面限制了协作。

### 3. 著佐权

为了达成好的协作方式，自由软件的英雄人物理查德·斯托曼（Richard Stallman）发明了一种著佐权（CopyLeft），它是伴随自由软件运动兴起的一种基于著作权的权利。软件分发人或者作者让渡了自己的权利，来保证所有用户都能获得源码，并且允许下游用户修改、复制和分发。

虽然著佐权和自由软件运动联系在一起，里面有"自由"一词，但这个"自由"保障的是下游用户获得源码的自由，并且具有修改、复制和分发软件的自由。这其实是对作者或者分发者权利的限制。

使用类似于著佐权的自由软件的代码，需要承担向下游用户提供代码的义务，这就是其需要付出的代价。

著佐权是从最初的著作权分化出来的一种比较好的许可模式。作者或分发者在众多的权利中，赋予了下游用户其中一些权利，默认大家可以自由修改、复制和分发相关软件和代码。在不断修改的过程中，修改可以被回馈到上游开源项目的主分支中，让开源项目不断成长、扩大，拥有更多功能，修复更多缺陷。正因为如此，Linux、Kubernetes 这种项目得以不断成长、扩大。

为了表示和传统著作权不同，理查德·斯托曼把原来著作权标志里的 C 转成开口往左，表示对作者某些权利的让渡，包括对二次分发软件分发人权利的限制，从而保证下游所有用户的源码自由。这个保证不是针对特定用户的，而是保证所有接收到软件的人都有获得源码的自由。

### 4. 著"？"权

随着自由软件运动的不断发展，不少人认为，著佐权虽然保证了下游用户的源码自由，但是对软件开发人、传递人的权利限制过多，或者对公司不够友好。所以大家又把传统的自由软件进一步发展成开源软件运动。开源软件运动也选择了非常有意思的标记——把著作权标志里 C 的开口往下转，表明自己对权利的限制、让渡没有那么严格。具体而言，分发代码给下游用户不再强制要求分发相关的源码。很多商业公司都比较喜欢这种方式。这种商业友好型的开源软件运动慢慢成为主流，胜过了原来自由软件运动的一些思潮，被更广泛地接受。

### 6.1.2 开源许可证的分类

如上所述，自由软件、开源软件运动的基石都在于对权利、许可方面义务的让渡或限制，因此，我们可以依据对不同权利的让渡或限制来划分开源许可证的类别。

#### 1. 自由软件

自由软件之前是专有软件的盛行时期，软件基本都是闭源开发的，不允许下游用户修改、复制或者发行。源码控制在一些大型商业公司手里。但是哪里有限制哪里就会有反抗，逐渐出现了像理查德·斯托曼这样的代表人物。

斯托曼在使用一台打印机时，发现打印机软件有一点问题，想向厂商索取源码，自己修改一下，让打印机正常工作。但是过了很长时间，打印机厂商也没有提供相关源码给他。从此斯托曼心里埋下了一颗种子，他认为用户应该有更大的权利，能获得相关的源码进行改进，双方的权利才会对等。于是他开始逐步推广自由软件运动。同时，他也和一些律师合作，拟定一些相关的许可协议，以及对其他已经制订的开源软件协议或自由软件协议进行认证。这些协议包括众所周知的 GPL、LGPL、AGPL、MPL、EPL 等协议，它们最大的共同点是要求在发布软件时分发相应的源码。其中 GPL 这种协议要求最严格，一般会要求提供或分发包含 GPL 代码的独立软件给下游用户时，要提供相应的源码，或者至少提供一个书面要约，声明在三年之内可以向下游用户提供相软件一致的相关源码。

后来大家觉得 GPL 太"霸道",要求提供的源码太多了。如果针对 GPL 软件做了较多更改,就得把几乎所有源码都提供出去,商业公司可能会因此丧失竞争优势。于是诞生了另外一种协议——LGPL 协议。使用 LGPL 协议分发软件,并不要求分发整个软件源码,只要求分发相关的库或部分源码。因此 LGPL 协议在一段时间内迅速流行起来。

进入网络时代后,分发软件场景有了变化。比如在云服务或者 SaaS 服务的场景下,虽然不再分发实体软件,但是通过网络向用户提供服务,实质上等同于分发了软件。最早的 GPL 协议并不适用于在网络上运行的应用软件(如 Web 应用)。所以后来出现了 AGPL 协议,它规定当用户和软件通过网络交互时,软件提供商可能就需要承担一部分披露源码的义务。

因为每次发布自由软件时,无论如何都要提供一定的源码,所以很多人也把自由软件称为具有互惠性的软件。这也就是说,改进他人源码并分发给下游用户时,作为一种互惠,也需要把自己修改的源码提供给下游用户。这限制了分发者或者作者的某些权利,所以在某些场景下也被称为限制性的开源协议。

在早期(约 2003 年或者以前),有些大型商业公司认为,GPL 协议或者 GPL 背后的 Linux 系统会对它们的软件生态产生较大影响,特别是把 GPL 代码引入相关的代码仓库后,在再次分发时有义务提供比较多的源码,于是它们就在社区和技术领域中制造某些恐慌,认为 GPL 具有传染性。**我个人认为"传染性"的说法是不恰当的,因为用他人的软件时我们就应该明白,即便不用付钱去获取代码,也会在其他方面付出代价,比如披露某些源码。将这一特性描述成一种互惠更加合适。**

每次运动背后都有一些英雄人物,比如自由软件运动的发起人理查德·斯托曼。他认为专有软件对用户不公平，因为用户没有权利获得源码，等于购买东西后完全不能控制。他认为用户有权获得源码，因此他创建了 GNU 项目，推动自由软件运动。

随着自由软件运动不断发展，一些非常成功的项目诞生了，比如 Linux、GCC、Firefox 和 Eclipse，它们分别用了 GPL2.0 协议、GPL3.0 协议、MPL2.0 协议和 EPL2.0 协议。这些自由软件协议同时也是开源软件协议。开源软件协议虽然不再强调在分发软件时必须分发源码，但是自由软件协议鼓励参与和共享精神，或者说倡议授予用户修改、复制、分发权利，这和开源软件的定义也是契合的，所以说部分自由软件协议也被认可是开源软件协议。

### 2. 开源软件

开源软件许可证由开放源码促进会（Open Source Initiative）认证。该促进会维护一份其认可的开源协议清单，包括常见的 BSD、MIT 和 Apache 许可协议等。开源软件不再强调用户自由，更加注重商业友好性，所以把著作权标记符号的 C 改为开口向下，让用户和软件开发者既可以选择分享源码，也可以把源码保护起来，仅分发二进制的软件。

这里有一个历史契机。1998 年，开放源码运动发展时，Linux 和其他一些自由软件已经相当成功。大家发现，即便不强迫分发源码，大家也愿意参与上游开源软件或自由软件开发，这在某种程度上已经达成了一种共识：不做过多强迫。如果开发者认为可以从中获利，比如可以研究、学习新知识，就参与到开源协作中；商业公司可以推广一种标准，或者基于开源软件构建商业产品。这种比较友好的方式能够吸引更多人参与共建。

开源软件背后也有相应的推动人物。比如开放源码促进会就是由埃里克·S.雷蒙德（Eric S. Raymond）和布鲁斯·佩伦斯（Bruce Perens）在1998年创立的。开放源码促进会是为了传播和捍卫开源共识，或者为公司推广这种模式而成立的非营利机构。

前面提过，开放源码促进会对开源软件的定义包含10项内容。这10项不是严格的制度，而是共识，是从Debian社区里继承来的，并非凭空产生的。所以说，从自由软件到开源软件的历程，以及开源软件定义的角度来看，整个运动的发展就是不断达成共识的过程。

开源软件除了符合OSD（Open Source Definition，开源软件定义）的标准之外，在某些情况下也有和自由软件类似的好处。比如用户在最初时也会获得源码；不管是对软件最初的开发者还是对传递分发者，限制都比较少。因此大家更愿意参加这种开源运动。

雷蒙德在推动开源软件运动的同时，也会为专有软件辩护。他认为开放协作是一种方式，闭源研发也是一种方式，想相互合作的可以一起协作，不愿意也无所谓。这种包容、灵活的态度，反而能够吸引更多人来参与项目开发。他当年在Firefox对抗微软的过程中做出了一定的贡献，也帮助网景公司发布了Netscape的源码，同时协助开源律师一起创建了MPL2.0开源协议，促进了开源运动的发展。

开源软件也有一些非常成功的示例，比如大家耳熟能详的Android系统、Apache基金会下的一系列开源项目，以及后来的PHP、Python这样的语言，它们都是开源软件的成功范例。随着开源软件不断发展，目前操作系统、数据库以及中间件各个领域中都出现了越来越多的开源软件。大家也慢慢认可开源在技术软件领域，在协作和共识方面都能达到比较好的效果。

### 3. 从自由软件到开源软件的历史

谈到从自由软件到开源软件的历史，除了斯托曼和雷蒙德外，还有一个人不得不提，那就是 Linux 之父——林纳斯·托瓦兹（Linus Torvalds）。他在整个运动中起到了非常重要的作用。如果我们只有协议和共识，很难推动开源项目的发展。林纳斯最大的两个推动作用：一是编写了 Linux 内核，这几十年一直在推动内核不断发展；二是开发了 Git 系统，让大家能够通过一种机制更好地协作，让系统不断发扬光大。借着这两项创举，他让开源协作（或者说自由协作）成为可能。

## 6.1.3　开源许可证的解读方式

很多情况下，大家都是从使用开源项目开始，逐步过渡到向开源社区提 PR 或 Issue，参与到共建过程中。在使用开源的过程中，怎样才能比较好地解读许可证，又不至于过度烦琐呢？

自由软件和开源软件有交集，比如 GPL、MPL、EPL 这些协议，都是既满足开源软件许可证需求，又满足自由软件定义的。https://spdx.org/licenses 这个网址列出了一些非常主流的开源软件许可证，标出了自由软件和开源软件各自认可的许可证，还基于目前的 SPDX（Software Package Data Exchange，软件包数据交换）国际标准对这些许可证进行了缩写。读者可以点击链接查看每个许可证的具体条文，仔细阅读。即使你已经在开源软件或者自由软件领域工作很久，你也非常有必要关注细节，或者关注它们诞生的前因后果，比如历史背景是什么，当时解决了什么问题，对现在解决问题有没有帮助。

### 1. 自由 / 开源许可证的谱系

解读开源许可证往往从两个角度来看：

一是从互惠角度，涉及对权利的某些让渡，包括分发代码时可能要分发源码。

二是从比较宽容的角度，如 MIT、BSD 这种协议，对分发者或使用者没有特别多要求，不强制要求分发源码。

自由 / 开源许可证的谱系可基于这两个角度分为互惠型和宽松型，如图 6-1-1 所示。

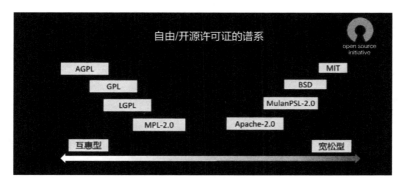

图 6-1-1　自由 / 开源许可证的谱系

我建议大家在使用开源软件时，从比较严格的互惠型许可证看起。我们使用相关许可证的代码时，要看一下许可证是否要求披露一定的源码。GPL 这种协议要求披露所有修改或者程序内的源码，如果源码里放了不方便公开的信息，则容易违反开源协议，出现难处理的社区问责或者诉讼：一是有法律风险，二是损害公司声誉。特别是现在，不管是在美国、欧盟还是中国，都有案例证明开源许可证受法律保护和认可。美国有些学者认为开源许可证是一种单方的授权，也有些学者认为开源许可证是合同；中国大陆法系则认为开源许可证是一种合同。使用了 GPL 的代码就要遵守相关的开源协议，否则会造成侵权和违约，代码所有方或授权方可以依据相关协议提起诉讼。2021 年，国内已经有不少法院认可开源许可证的效力。这很有意义，可以让大家更加正视开源许可证，吸引更多人关注许可证在软件发展、开源自由运动中产生的积极作用。

至于宽松型许可证，如 MIT，它的要求是最宽松的，只要求分发代码或软件时说明用了哪个开源项目、开源项目的作者、许可证是什么。

BSD 协议又细分为好几种协议，其要求也不是特别高，其中要求最高的会强调不准用项目开发人的商标。

木兰协议有点特殊。它是近年来中国推出的一种协议，比 Apache 协议还要宽松，不要求修改代码之后明示修改了哪些代码。木兰协议在推广开源运动、开源精神和普及开源方面都有非常重要的作用。木兰宽松许可证，它有非常多优点：

首先，许可证的内容以中英文双语表述，两种版本具有同等法律效力，方便更多本土开发者阅读和使用，可以作为学习开源许可证的入门协议。

其次，木兰宽松许可证经过了国内技术专家、法律专家的共同修订，也经过了开放源代码促进会的认定，现在也是 OSI 认可的符合 OSD 标准的协议。它明确了合同双方在行为约束的前提下，尽可能地精简相关条款，优化相关表述，同时也可以降低法律纠纷风险。

宽松型协议里还有一个重要成员是 Apache 协议。它有一个专利授权条款，只要使用 Apache 的软件，便不能对软件的发起人或者上游所有贡献者就软件本身提出专利诉讼。这其实是让大家变成社区的一分子，共同维护相关软件。

### 2. 自由 / 开源许可证的适用

自由 / 开源许可证的适用情况如图 6-1-2 所示。

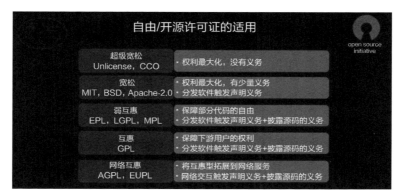

图 6-1-2　自由 / 开源许可证的适用情况

许可证里有很多特别细的细节和难懂、模糊的条款,开发者使用时,需要注意从自由到开源的不同要求。

强互惠型开源许可证,比如 GPL 类型的许可证,为了保障下游用户获得源码的权利,分发软件时需要提供相关的版权、许可证信息,并且要求披露相关的源码,或者至少要提供书面要约,承诺在三年内会提供源码。

相对来说,弱互惠型协议为了保障下游用户部分源码的自由,分发软件时要求披露部分源码,并且也要提供相关的著作权以及许可证声明。

比较宽松的许可证往往不再要求分发软件时提供源码,但是往往会要求提供相应的版权信息、许可证信息,甚至一些其他声明信息。另外一些超级宽松的许可证条款,往往让使用者权利最大化,基本上没有什么义务。

这是开发者平时需要关注的基本要点。公司在使用时,还要关注许可证的商标或者专利方面的要求,避免法律风险。

总的来说,虽然可以通过使用许可证免费获取代码,但是这并不代表使用或分发时完全无偿,使用者也有一定的合规义务,从重到轻依次分为披露独立程序代码、披露部分代码、至少保留相关的版权以及许可证信息。

### 6.1.4 基于开源的商业模式

基于开源的商业模式的一个基本点是：所有开源软件都要求开发者分发代码，开发者分发代码时基本上是免费分发的，所以用户可以免费获得代码副本。

#### 1. 支持服务

我们往往不能从对代码本身的限制或者售卖副本中获取利益，而要围绕代码提供其他服务来收费，比如 Redhot，它为用户提供有偿技术支持和咨询服务。其他收费模式包括商标授权等。

#### 2. 托管服务

采用托管服务商业模式的代表企业是 Databricks。供应商会将其他开源软件作为服务，托管到云上，每个月收取相关费用。

#### 3. 限制性许可

采用限制性许可商业模式的典型代表是 Redis。限制性许可已经不是开源许可了，会在某些场景下限制使用。可以使用双许可：开源版本用 GPL 协议发布代码；当 GPL 代码用户不想在发布产品时提供源码，就可以买一个基于商业协议的商业版本，这就取消了对 GPL 相关协议的限制。

#### 4. 开放核心

软件主要功能的代码都是基于开源协议分发的，但还有一些专有部分会被打包成与开源服务连接的模块或服务，或者在一些分叉版本中专供某些企业客户。这也是一种牟利的方式，代表企业就是 Confluent。

## 5. 开放核心和混合许可

开放核心和混合许可模式的代表企业正是 Elastic。Elasticsearch 和 Kibana 在 6.3 到 7.10 版本时,采用的就是这种许可方式。它们的大部分源码都是用 Apache 2.0 协议发布的,一些特别核心的功能则采用了比较专有的 Elastic License 协议,不允许用户修改或者破解代码。这种模式在产品中同时使用了专有代码和开源代码,所以被称为开放核心和混合许可模式。

Elasticsearch 6.3 版本在公开的代码仓库(Public Repo)中,把代码分成了两部分(见图 6-1-3):一部分是开源代码(Oss Code),以 Apache 2.0 协议作为许可;另一部分专有代码放在专门的名为"X-pack Code"的文件夹中,这部分代码采用的是 Elastic License 许可。用户想用这部分代码功能需要付费。

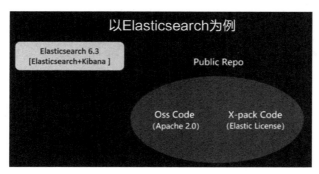

图 6-1-3　Elasticsearch 6.3 版本的公开代码仓库

一段时间后,Elasticsearch 发现有些云厂商还是能突破限制。比如云厂商可能会基于 Apache 协议,尽量打破在功能方面的限制,利用自己的某些优势获取更多客户。所以 Elasticsearch 就对它的开源项目做了进一步限制,在公开的代码仓库中,把代码许可方式分为两种(Option1 和 Option2),如图 6-1-4 所示。第二种用 Elastic License 2.0 作为许可，针对云厂商做了一些限制：如果把 Elastic License 2.0 用在云上或者作为托管服务，肯定要向 Elastic 付费。第一种则把整个代码仓库代码分为了两部分：一部分是 SSPL 协议下的代码，另一部分是 Elastic License 2.0 下的代码。如果把 SSPL 的代码用在托管服务上，就需要披露用于服务的整个代码。也许是因为要求披露代码太多，SSPL 协议并没有被开放源码促进会认可为开源协议。

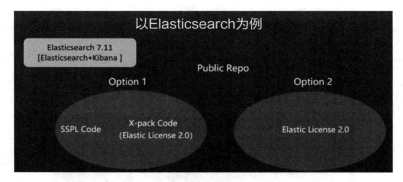

图 6-1-4　Elasticsearch 7.11 版本的公开代码仓库

基于这种改变，Elastic 也不再把这两个软件称为开源项目，而是称为开放项目。

需要注意的是，Elastic 还有很多项目保持使用 Apache 2.0 协议许可，所以它还是拥有很多开源项目的。

总体来说，有以下几点值得注意：

第一，自由软件保障下游所有用户的源码自由，软件的分发者或使用者（"使用"是指把代码嵌入一些专有代码中）再向下发布时，其权利会受到一定的限制。

第二，开源软件更加商业友好，不再强调用户的自由，用户可以选择参与或不参与相关的开源共建。

第三，自由软件和开源软件都鼓励广泛协作。相对来说，开源软件更加商业友好。开源协作确实对商业有很大的帮助，所以公司往往会比较积极地参与开源运动。

第四，某些软件不符合自由软件或开源软件定义，在具有一定的开放性（源码是可以获得的）的同时，也对某些使用场景或厂商进行一定限制。在使用这些软件时，要仔细甄别许可证的要求。首先要甄别软件是否属于自由或者开源软件，然后根据相关的许可证来保障自己确实能够合规使用。如果看到一个非开源许可证，就需要仔细分析，在什么方面有限制，是否需要购买，或者替换为开源项目。

## 6.2 openEuler 开源项目合规和数字化运营的探索与实践

### 作者介绍

**高琨**：华为公司 2012 实验室工程师，有七年开源治理经验，2014 年—2019 年负责华为开源软件使用治理体系建设，2019 年之后参与华为开源社区生态工程能力建立。在开源软件治理规则、流程、工具等领域有一定的积累。Linux 基金会 OpenChain 项目董事会成员，CHAOSS 项目成员、维护者，openEuler 项目合规 SIG 负责人、维护者。

**夏小雅**：LF CHAOSS 中国社区发起人，CHAOSS 贡献者，X-lab 开放实验室成员和开源社区成员。中国科学院开源供应链点亮计划项目导师，参与并活跃于多个开源社区。主要研究方向为人类层面软件工程和数据驱动的开源社区治理，以及开源组织理论框架。

注：本文整理自华为公司2012实验室工程师高琨和LF CHAOSS 中国社区发起人夏小雅在 DIVE 全球基础软件创新大会（2022）上的演讲，由极客邦科技编辑蔡芳芳整理。

下面将围绕开源治理核心的生态工程能力框架展开探讨，从 openEuler 开源项目的实践经验出发，分析开源项目合规和数字化运营工作的痛点，以及针对这些痛点的解决思路，包括方法论、流程、规则与标准、工具与服务落地。

### 6.2.1 开源社区常见问题和风险

在开源社区，代码不是唯一重要的，社区与开源不是法外之地，开源社区里有大量的人际交互，也难免涉及法律法规，比如许可证（License）的要求以及版权的要求。

**1. 开源社区常见合规问题**

开源社区常见的合规问题分为以下四大类：

1）版权问题。旷日持久、在软件领域具备里程碑意义的 Oracle 诉 Google 安卓系统 Java 源代码侵权案，就是一场非常有代表性的版权纠纷。

2）专利问题。React 是一个很有名的软件，很多公司都在使用这个软件。但 React 把专利条款写到了它的许可证条款中，只要你用了 React，就可能被 Meta（其前身是 Facebook）公司诉讼。

3）许可证合规问题。此类问题非常常见。2021年，深圳一家设备制造商使用了一个开源 Kernel，但并未对外提供源代码，这一行为违背了 GPL V2 协议，引起了热议。

4）出口管制问题。这也是常见的问题，比如 GitHub 曾禁止伊朗开发者使用就引发了大量争论。

社区里最常见的这四大类合规问题中，重中之重就是许可证合规，我们也把它叫作许可证遵从。下面的内容重点围绕许可证遵从来展开。

**2. 许可证遵从**

在开源社区，缺失合规基础可能带来两大类风险。其中一大类是**开发人员或组织缺乏合规能力带来的风险**，又可细分为五小类。

一是开发人员或组织不了解版权、专利、许可证、商业秘密、出版等概念及其之间的关系，这些都是法律基础层面的概念。当然出现这种情况也是能理解的，很多社区里的开发者都是理工科出身，对此不熟悉，这是大家面临的一个很大的挑战。针对这类问题，openEuler 的合规门户网站上给开发人员或组织提供了相关信息和支持。

二是开发人员或组织不了解如何做许可证遵从，而导致侵权和诉讼。针对这类问题，openEuler 面向开发者提供了一套开发合规指导准则（Guideline）。

三是开发人员不了解开源的合规实践与流程，以及怎么进行系统性管控，从而导致开源合规准则无法落地。

四是企业或组织不了解开源合规的流程。

针对第三和第四类风险，Linux 基金会建立了 OpenChain 项目，该项目旨在制定开源软件供应链标准，帮助全球组织更高效地解决开源许可证一致性的问题。OpenChain 项目对开源软件合规流程和系统管控进行了很好的解释，我们也总结了一些实践案例供大家学习。

五是开源软件之间存在一个供应链，开源软件一层一层集成，供应链需要一个合规信息的交换标准。Linux 基金会下的

SPDX 项目，制定了信息元数据的标准。源于 OWASP 社区的项目 CycloneDX，也制定了一套标准可以做格式转换。

通过对开发人员或组织的培训，可以消除上述五类风险。

除了了解合规知识和信息外，开发人员或组织要真正做到合规，还有考虑大量操作层面的东西。在实际合规落地的过程中，可能会存在一些重复性工作。其中一些人工的工作可以用工具完成。在国内以及国际的众多开源社区都缺乏合规工具。

另外大类是缺乏开源合规工具。

我们把组织、社区缺乏开源合规工具可能带来的风险分为四小类，对应四类合规工具。

第一类风险是业内缺少服务形式的 SCA（Software Composition Analysis，软件成分分析）扫描工具，开发人员自行研发工具的成本太高了。针对这个问题，openEuler 提供了门户"貂蝉"、扫描工具"张飞"、血缘工具"华佗"供大家查询、调用、扫描。

第二类风险是很多许可证会出现一些"变种"，现有的文本识别工具往往无法识别"变种"的情况，这会导致后续许可证遵从错误。针对这个问题，我们提出了语义比对工具"吕蒙"。

第三类风险是许可证和业界标准格式常有冲突，导致许可证和版权声明缺乏清晰性。针对这个问题，我们提出了标准比对工具"周瑜"和"司马徽"。

第四类风险是在全局管控上面，社区经理缺少合规风险看板，无法对合规风险进行追踪管理。这个问题可以用看板工具"诸葛亮"来解决。

以上是我们对开源合规工具链的建设思路。

## 6.2.2　openEuler 合规实践

了解了常见的问题之后，介绍 openEuler 一些好的实践。下面将从以下几方面展开：为什么选择 openEuler 来探索合规实践，理论研究和技术突破，工程与实践落地。

1. 为什么选择 openEuler

首先聊聊为什么选择 openEuler。

openEuler 有超过 8000 个镜像项目，超过 95 个 SIG 组，它的合规场景非常复杂，它的发行版数量更是庞大，这增加了合规管理的复杂度。

如图 6-2-1 所示，整套生态涵盖上游开源社区、外部用户、下游商业发行版等角色，涉及引入社区贡献、贡献的更新合入、openEuler 社区的开发和发布、下游的发行版发布等多种场景。圆点指的是镜像上游项目，包括 openEuler 所依赖组织的项目。依赖关系可能不只有一层，而有多层，需要考虑如何识别多层兼容性。在这种情况下，我们希望共建出依赖软件的关系图谱。星形图案指的是自研项目，由华为自己进行代码的开发和贡献，并共享到 openEuler 社区，再发布出去。整套生态共涉及四类场景，包括初始引入捐赠、贡献更新合入、开源使用（依赖软件）以及开源发布。

以上就是我们选择 openEuler 作为合规 SIG 探索的一个方向的原因。

2. 理论研究和技术突破

选定目标之后，首先要进行理论研究，我们阅读了大量学术论文。在丹尼尔（Daniel）教授的一些论文中，他会分析开源许可证的变种场景。基于 MIT、BSD 存在大量变种许可证，一个许可证文本中改一行字或者改一个单词，其语义就可能完全相反。我们都需要遵从许可证，然而我们需要履行的义务可能是不一样的，甚至完全相反的。

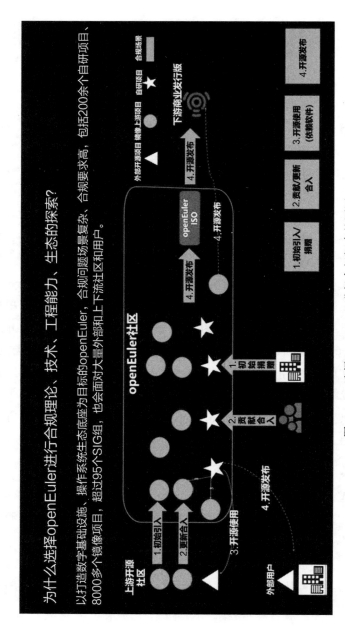

图 6-2-1 选择 openEuler 进行合规探索的原因

丹尼尔教授的论文还会基于社区的升级情况，研究开源许可证的演进。他的论文还研究了如何识别出某个许可证是不是通过FSF（Free Software Foundation，自由软件基金会）或者OSI开放源代码促进会审批的许可证，经过审批的许可证会更安全。与开源许可证研究相关的部分论文如图6-2-2所示，感兴趣的读者可以搜索并下载。

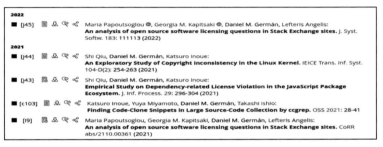

图 6-2-2　与开源许可证研究相关的部分论文

基于这些论文，我们做了一些技术上的探索，并取得了一些突破。比如针对变种的许可证文本，我们会结合相似度算法进行调研。我们有五种基于文本相似度算法的工具，能够识别许可证，后面会详细介绍。

### 3. 工程与实践落地

基于理论研究结果和技术突破，后面的工程能力需要怎么建设？

首先要成立相关组织。我们在2021年1月成立了openEuler合规SIG组，SIG组会定期召开双周例会。我们也建立了自己的门户网站，就是"貂蝉"；在Gitee上建了代码仓库，可以通过Issue答疑并与开发者交互。我们也会做一些公开的合规培训，面向开发者和贡献者介绍合规指导准则，同时我们还会组织一些技术沙龙和 Workshop，给大家做分享。

其次是建立合规流程。我们联合社区、上下游 ISV(Independent Software Vendor，独立软件开发商)，基于 SPDX 规定的标准格式来交换合规信息，建立了一套类似于 OpenChain 的可信、高效的开源供应链。

有组织、有流程之后，我们也为开源项目建立了许可证合规的基线。所谓基线，就是必须要做到的。我们有五条基线。

第一条基线，在根目录下面或者一级目录下面必须要有完整的许可证文本说明。

第二条基线，许可证名称要保证清晰性和规范性，不能产生歧义。

第三条基线，要具备项目级版权声明，建议在根目录或者一级目录这些最容易看到的地方，对于 License（许可证）、Copyright（版权）、Readme（自述文件）、Notice（声明）等类型文件必须添加 Copyright 字段描述。

第四条基线，要使用符合开源软件、自由软件定义的可引入的许可证合集，建议使用经过 FSF 或 OSI 认证的开源许可证，非认证许可证需要经过评审。

第五条基线，开源软件要发布二进制文件，必须有第三方开源软件的声明。

上述五条基线都是最底线的要求，那么怎么做才是最好的？下面分享一些优秀实践，这些实践可分为五大类。

第一类，对于项目整体的许可证，建议在根目录下放单独的许可证文件，或者在 Licenses 或 License 子目录下放单独的完整许可证文件。

第二类，对于许可证名称，建议使用统一格式的 spdx-indentifier 标准名称，因为 SPDX 已经成为 ISO 的标准了。

第三类，对于项目级版权声明，建议在根目录下放 Copyright Notice（版权声明）文件，或者在 Notice 子目录下放独立完整的 Notice 文件。

第四类，对于项目中使用的所有许可证，建议使用经过 FSF 或 OSI 认证的许可证。当然，这不意味着完全不能用没有通过认证的许可证，但是需要执行另外一套流程，请律师重新审核。

第五类，对于第三方开源软件声明，建议在项目的根目录或一级目录下面按原样提供第三方开源软件的 License 和 Copyright Notice，千万不要改，"原汁原味"地放入，这是最安全的。

最后分享一下开源合规实践相关的工具。合规治理工具链如图 6-2-3 所示。链中工具基本上现在都已经落地了。我们希望可以借助以历史人物命名的工具传播中国传统文化，基于这些工具建立合规治理的基础。

下面按照开发流水线的顺序，逐一向大家介绍这些工具。

无论是对一次文件或代码的提交，还是对一个 Repo 的静态扫描，都可以先判断文件类型。就像曹冲称象一样，不可能把大象切开称重，因此他只能先堆起一堆跟大象一样重的石头，然后再称这些石头的重量，最终得出大象的重量。我们也一样，"**曹冲**"先判断文件类型：如果是代码类文件，会进行 SCA 的分析扫描；如果不是代码类文件，而是多媒体、富媒体、文档或图片类的文件，就直接执行后面的环节，提升扫描效率。

在代码片段扫描环节，我们使用"**华佗**"这个工具来进行代码"血缘"分析。很多程序员在写代码的时候有一个误区，他们会复制别人的一段代码，甚至直接把一个函数拿过来用，这其实是非常危险的。如果这段代码来自开源软件，程序员复制过来之后就忘了，以为是自研的，这可能会在后续带来法律上的风险。"华佗"这个工具就可以识别出代码中有哪些片段是来自其他开源软件的。

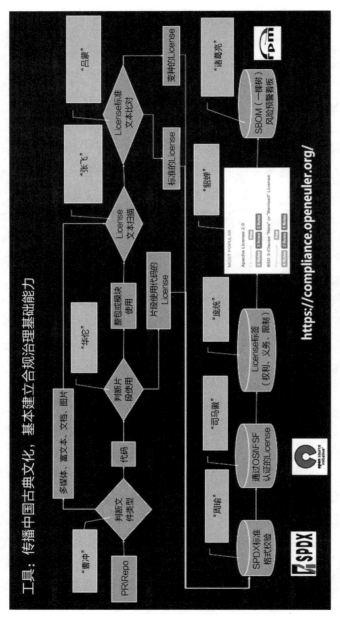

图 6-2-3 合规治理工具链

如果片段使用了其他开源软件的代码，就需要把相应开源软件的许可证识别出来，文档类、图片类文件也是有许可证的。这就需要进行许可证文本扫描，看一下这个许可证与标准许可证相比是否有区别，这个环节使用的是"**张飞**"这个许可证文本扫描工具。

"张飞"会判断许可证是不是一个标准的许可证，如果是就没问题，如果和标准许可证并非 100% 一样，就会进一步确认它是不是变种许可证以及语义和标准许可证有多大的差距。这一步使用的是"**吕蒙**"这个许可证标准文本比对工具。正所谓"士别三日当刮目相看"，变种许可证风险非常大，它的履行义务可能会变化。

片段所使用代码的许可证、标准许可证和变种许可证这三种许可证，还需要组合成许可证清单，整体进行 SPDX 标准格式校验。这里使用的是"**周瑜**"这个工具，正所谓"既生瑜何生亮"，它的标准是唯一的。

SPDX 标准格式校验的下一步是识别许可证是否经过 OSI 和 FSF 组织认证的许可证，我们使用"**司马徽**"这个工具来进行这个识别。

如果许可证符合要求，接下来就要对许可证的三大标签进行解析，即许可证对应的权利、义务和限制，这里用来解析这三大标签的工具是"**庞统**"。当年庞统在征蜀的时候，给刘备献了三策，即上策、中策、下策，对应许可证的上述三个标签。这也是这个工具名称的由来。

下一步是建模，建模完之后就是建模结果展示，前端建模展示共涉及两个工具。一个是"**貂蝉**"，这是和开发者交互最多的，在 compliance.openeuler.org 官网下面可以直接搜到。开发者只要在这个工具里输入任何一个许可证，页面就会返回这个许可证对应的权利、义务、限制，以及它有没有被 FSF 和 OSI 两个组织认证过，是不是 SPDX 标准格式，按标准格式应该怎么写。

前端建模展示还有一个工具是"**诸葛亮**"，它会基于对"貂蝉"标签的调用，告诉项目经理或者社区经理，当前许可证合规性有没有问题，要遵从哪些权利和义务。它是通过 SPDX 格式校验的，也符合标准 SBOM（软件物料清单）树形结构，主要用来做风险的预警。

以上就是整个开源合规治理的工具链体系。

### 6.2.3　开源社区运营的问题

前文重点介绍了 openEuler 在合规治理方面的一些探索与实践，接下来会围绕开源社区数字化运营展开。社区运营是一个专门的岗位，有很多事情都会涉及这个岗位。很多人会说社区运营基本上什么都要做。图 6-2-4 列举了开源社区运营需要考虑的问题，包括工作事项（图的左侧）、开源社区的参与者（图的中部），以及开源运营工作的四类职能（图的右侧）。下面简单介绍其中部分要点。

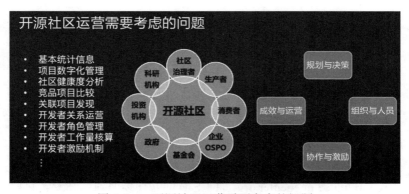

图 6-2-4　开源社区运营需要考虑的问题

**1. 开源社区运营工作事项示例**

（1）基本统计信息

开源社区运营会涉及数字化运营，要关注一些基本的统计数据，比如有多少个贡献者，有多少次提交，要从整体上进行数字化的监控和管理，确保整个开源社区都在健康运行。对企业开源出来的一些项目，可能还要关注竞品项目比较，以及关联项目推荐或者发现、比较等。

（2）开发者关系运营

开发者关系运营也称技术运营，它也是开源社区运营需要考虑的。它更多地涉及如何让不同阶段、不同角色的开发者或者贡献者更好地参与到社区中来，此外还存在在计算贡献者工作量、贡献度和后续激励的问题。激励是开源项目能够可持续发展的关键因素，其中尤为重要的一点就是要能够识别、认可和量化项目中的贡献，然后用一个合理的机制，回馈给社区做贡献的开发者。

**2. 开源社区运营工作职能**

开源社区运营其实和传统的组织内部管理有很多相似之处。开源社区运营的很多工作都可以映射到规划与决策、组织与人员、协作与激励、成效与运营。

## 6.2.4 开源社区数字化运营

接下来重点聊数字化运营。所谓数字化运营更多的是指按可量化的指标来度量一个软件社区的性能，这里的性能远远不止软件质量。一些关注度量和开源社区健康度的人提出了 CHAOSS 指标体系，该指标体系关注的是对开源社区健康度的度量。

CHAOSS 指标体系是以白皮书的形式发布的，截至 2023 年 2 月 20 日，CHAOSS 指标体系最新版本中一共有 75 个指标。

CHAOSS 指标体系指标模板如图 6-2-5 所示。指标会阐明它描述的是什么，如何实现，实现的过程可能会涉及哪些过滤条件，怎样采集数据，以及怎么以可视化的形式来展现这个指标的特征等。

图 6-2-5　CHAOSS 指标体系指标模板

CHAOSS 指标体系是一个自顶向下结构化的三级体系，从最外层的工作小组（Working Group，包括风险、价值、多样性、包容性以及演化等维度），到下层的聚焦领域，再到具体的指标。比如：如果你关注的是怎么规避风险，那么风险工作小组下面就会包含许可证风险、安全合规等相关内容，帮你了解如何规避风险；如果你关注的是怎么营造一个繁荣、友好的社区氛围，那么你可以看一看 DEI 工作小组下面的一些指标。

CHAOSS 指标体系有如下特点：

首先，指标的颗粒度很小，一个指标可以看作一个元标签。

其次，每个指标的模板都是比较抽象的，需要进一步组合或者细化，然后实例化。

再次，它有很多过滤条件，会通过枚举方式不断发布新的指标。

最后，它是比较易于观测的，但单独的指标不太具备可解释性。

什么叫作易于观测，但不太具备可解释性？比如一个仓库的Clone数、Fork数、Issue数、PR数，这些数据是非常好采集的。但是采集到的这些数据，不知道能用来做什么，它们和业务不那么强相关，也不那么易于用来直接指导我们去做一些事情。即便指标和业务强相关，但是每个人对实现方式都有自己的理解，这些指标是需要通过一些算法来实现的。

基于刚刚对指标的讨论以及待观测的目标系统，可以得到图6-2-6所示的一套度量方法论。

如果要观测的是一个开源软件社区，该社区可能更多的是一个数字系统，我们可以直接从中得到一些数据，即Commit数、人数、Issue数、PR数等统计数据。我们可以把指标理解为这个观测对象的属性，而数据就是这些属性的值。这些是比较容易得到的一些数据，可以理解为是已知的数据，但它们和业务并没有直接的关联，可以把这些在原子维度上得到的统计数据的度量称作度量元。这套度量方法论也参考了前几年非常流行的数据中台，会涉及一些前台标签和后台标签的体系。

与业务、场景和需求挂钩需要经过一系列度量函数和分析模型，得出度量组合，最终得到一个能够辅助进行业务决策的指标模型。在说"指标"的时候，我们应该学会区分这个指标度量的是真实世界更加容易得到的一些属性值（Metric），还是结合了业务和人的认知之后得到的一个数据产品，可以暂时把它称为指标项（Indicator）或者指数（Index）。

除了方法论之外，我们也来看看CHAOSS正在摸索的指标体系指标模型，如图6-2-7所示。

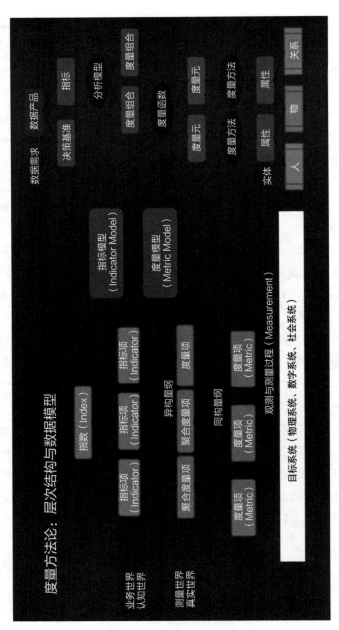

图 6-2-6 度量方法论

第 6 章 开源布道和生态建设

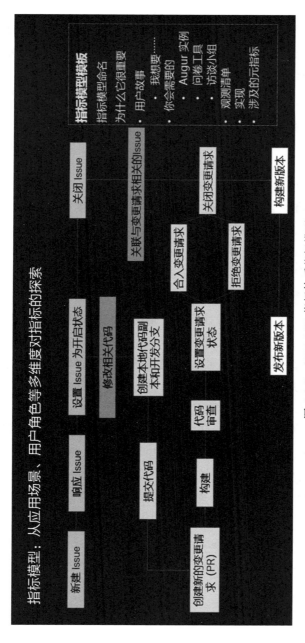

图 6-2-7 CHAOSS 指标体系指标模型

指标模型一开始也是 openEuler 社区的几位老师在 CHAOSS 中提出的，演化工作小组围绕它最原始的形态做了一些探索。其实很多关于分支（Fork）、Issue、PR 以及发布的指标，其中可以找到联系。想象你为开源项目做贡献的过程，通常是先提出 Issue，里面可能有个待解决的问题或待实现的功能；当你决定通过修改代码仓库来解决这个问题或实现这个功能，就会提出一个 PR，这个 PR 会关联到相关 Issue；PR 被合入是一个代码提交的过程，与此同时 Issue 和 PR 也会关闭。累积了一定数量的被解决的 Issue 和被合入的 PR 之后，新的版本就会发布，这就构成了一次次代码仓库演化的闭环。

CHAOSS 的很多指标更加关注度量元，相对原子性更强。很多指标可以一起组成一个指标模型。指标模型的模板中会包含几个模块：

首先，需要解释为什么某个指标模型很重要，为什么你需要关注它。

其次，阐释与这个指标模型关联的用户故事，倡导从不同的角度去使用相关的、可能会涉及的、原子性更强的指标，以解决在特定用户场景下的重要问题。

最后是实现方式，可以采用一些数据采集和可视化的工具，也可以通过调研和访谈，主要收集一些定性数据。

微软项目安全指标模型示例，如图 6-2-8 所示。这里的"安全"是微软进行开源治理时所定义的一个关键字。其涉及的五个维度更多的是从 DEI（Diversity，Equity and Inclusion）视角出发的，包括心理安全、包容性治理、包容性领导、委员会多样性和疲劳。下面具体以其中的一个聚焦领域——包容性治理为例。

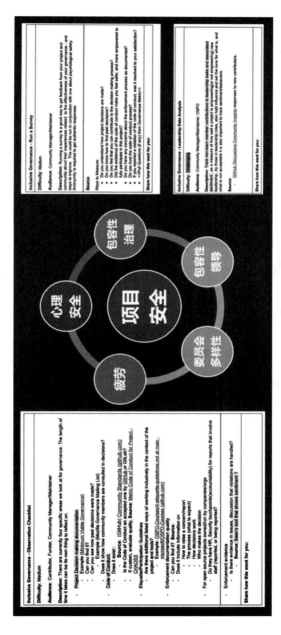

图 6-2-8　微软项目安全指标模型示例

这个指标模型会给出一些检查项，代表要实现包容性治理需要具备哪些条件。图 6-2-8 右侧是进行调研和数据分析的一些方式，可以看作一个工具箱。指标模型有一个优点，即它不会像指标那样，需要以白皮书的形式每半年一次定期发布，而是动态地在 Jupyter Notebook 里面更新。这也是为什么它在每个模块里面都有一个"分享你的经历"（share how this went for you），这个模块是可以交互的，用户和贡献者可以分享和更新他们的最佳实践。

### 6.2.5　openEuler 运营实践

下面再分享两个基于 openEuler 社区内部数字化实践总结的指标，它们现已被纳入 CHAOSS 指标体系。

第一个指标是**贡献者推荐度**，反映了社区的友好程度、受欢迎程度，如图 6-2-9 所示。

图 6-2-9　贡献者推荐度指标

在做市场营销用户调研的时候经常会用到 NPS（Net Promoter Score）这个指标，即根据用户的推荐指数来调研其满意度。受该指标启发，也可以做开发者调研，让开发者给这个社区评分。例如，开发者评分在 0～6，他就是这个社区的批评者，他不太喜欢这个社区的氛围或软件质量等；开发者评分在 7～8，可能表明开发者持中立的态度；给 9～10 分的开发者就是布道者，他非常喜欢这个社区，甚至已经是这个社区的"宣传大使"了。

第二个指标是**转化率**，体现了社区留住贡献者的能力。一个好的社区应该有能力将一些偶发性贡献者转化为长期贡献者，甚至是核心贡献者。社区转化率如图 6-2-10 所示。

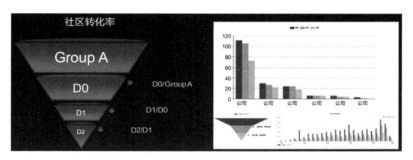

图 6-2-10　社区转化率

在转化过程中，社区的治理者应该关注贡献者有哪些需求，他的参与动机是什么。一个好的社区应该能够向贡献者提供他所需要的价值，无论是情绪价值，还是社会价值。从代码仓库结构的角度来举一个具体的例子，比如 D0 级别可能代表贡献者只是 Star、Watch 或者 Fork 了一个项目；D1 级别代表贡献者提了一个 Issue 或者评论，或者进行了一次 Review；D2 级别代表贡献者提了一个 PR，并且这个 PR 被成功合入，这个时候这位贡献者按照 GitHub 的定义，已经是一个事实上的代码贡献者了。图 6-2-10 中右侧就是 openEuler 社区内部的运转情况。

综上所述，合规会涉及一系列版权专利许可证和出口管制的风险。openChain 和 SPDX 是 Linux 基金会下面的两个项目：一个提供了合规标准，另一个提供了一致性的数据交换格式。这两个项目均被 openEuler 所用，并且 openEuler 对这两个项目均有贡献。我们需要从使用、贡献到主导的整个链路去建立合规流程。openEuler 也在自主研发一些合规工具，如代码扫描分析、许可证兼容识别的合规工具。

开源社区运营则需要考虑社区的角色，以及场景相关的决策和成效等因素。指标模型可以被理解为是基于元指标来建立、用于指导后续决策的一个信息模型。

## 6.3 TiDB 开源社区建设实践

### 作者介绍

刘辰：PingCAP 开发者关系负责人，开源数据洞察工具 OSS Insight 产品经理，开源中国 Gitee 运营总监与公有云增长前负责人。专注于开发者工具产品运营和增长、开源社区建设。

注：本文整理自 PingCAP 社区运营负责人刘辰在 DIVE 全球基础软件创新大会（2022）上的演讲，由极客邦科技编辑蔡芳芳整理。

开源在 IT 技术的发展中起到了不可替代的作用，而开源社区是保持 IT 技术生命力的重要因素。PingCAP 是一家非常热爱开源的公司，其开源数据库产品 TiDB 也获得了全球各地开发者的认可。随着近年来开源在国内受到越来越多的关注，开源运营也逐渐进入公众的视野，我们看到越来越多的项目主动加强运营，同时也听到一些声音说开源项目并不需要运营。在一个开源社区的建设和发展过程中，运营究竟解决什么问题，发挥什么作用呢？

下面将以 TiDB 社区的实践为例，解构开源战略和社区建设要点，总结 TiDB 社区在不同阶段的关键问题与实践体会，并探讨开源社区运营在社区发展中的作用和边界。

## 6.3.1 为什么要开源

说到为什么一定要开源,我们先回归到开源是什么——它既是一种软件的"生产"方式,也是一种"分发"方式。在这个基础上,不难理解开源带来的力量:第一,开放本身是一种构建信任的方式;第二,通过开源,让项目代码开放、可获取,实现全球化的技术传播;第三,开源作为一种软件的生产和协作方式,能够让更多人直接参与产品的反馈、构建,大大加速产品的迭代。

TiDB 过去几年的产品迭代过程也证明了开放的力量,技术的开放性带来更多的连接、更快的迭代速度和更多的可能。

**1. 如何:解构开源社区飞轮模型**

关于 TiDB 社区的建设,我们总结了一个社区飞轮模型,来体现产品、用户、贡献者这三个要素之间的相互作用,如图 6-3-1 所示。

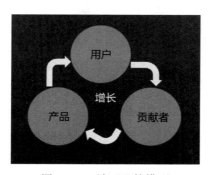

图 6-3-1 社区飞轮模型

这里的"社区"并不是狭义的贡献者社区,而是整个生态。我们把产品、贡献者、用户都视为社区的一部分,它们相互影响,交互过程中的效率、质量都影响着社区的成长。贡献者不仅包括代码贡献者，也包括社区中在文档、文章、答疑、布道等方面做出贡献的成员。

建设和运营开源社区的过程，就是识别每一环存在的问题和机会，助推社区飞轮的运转，形成正向循环。

当然，社区飞轮模型是一个非常简化的模型，体现的只是最核心的逻辑。当我们加上"时间"这个维度来看待社区的成长，会发现在开源项目发展的不同阶段，主要矛盾以及每种角色的数量、增长速率、对产品演进的影响是有区别的，甚至每个元素的内涵和外延也随着时间的推移变得更加丰富。

以 TiDB 为例，当我们加上时间这个维度来看社区飞轮，每一阶段的主题大致呈现为图 6-3-2 所示的状态。

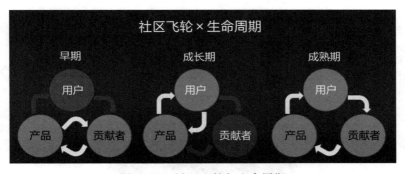

图 6-3-2　社区飞轮与生命周期

这里需要注意两点：

1）飞轮的三要素在每个阶段都非常重要，图 6-3-2 的突出显示只是强调这是需要重点突破的主题。

2）这里的阶段划分仅以 TiDB 为例，并不具有普适性，不同的产品因产品属性、发展目标不同，其成长路径和每阶段的主要矛盾也会呈现出多样性。

### 2. 早期：从贡献者到产品

在项目早期，产品通常还是比较基础的状态，可能还没有多少用户，从长期发展的角度看，这一阶段最关键的是验证和完善产品。早期的贡献者通常也是基于对产品技术本身的兴趣而加入的，这也是为什么在图 6-3-2 中存在双向的箭头。

TiDB 开源之初，我们花了很大精力写文章，主动、积极地向大家介绍 TiDB 技术，吸引贡献者，也吸引了一些小伙伴加入 PingCAP。技术交流的过程同样也是寻找早期用户、了解产品需求的过程。

我们认为有三个方面的基础工作是非常关键的，如图 6-3-3 所示。

图 6-3-3　早期基础工作

一是要把文档写好，这是基础中的基础，它能够让其他开发者更好地理解产品。

二是与开发者和早期用户建立直接面对面的交流机会（Meetup），比如通过技术沙龙更高效地沟通。

三是快速反馈，对早期使用者提出的需求快速给出反馈，快速修复他们提出的问题。

贡献者的参与体验，是从贡献者到产品的过程中很重要的一个问题。说到这里，可能要提一下社区治理，这也是热爱开源的朋友们非常关心的议题。业界有不少比较成熟的治理结构、范式，TiDB 社区也尝试过一些治理模型。在这个探索过程中，我们最深的体会是要关注那些更为本质的问题，比如贡献者是不是容易理解产品和代码，是不是知道可以参与哪些工作（Issue 是否友好），有没有得到及时的反馈等。治理结构和框架是服务于解决问题的，带着具体问题去参考前人的做法，会更有心得。当社区能够致力于优化信息同步和开发基础设施、关注贡献者的体验时，在这个过程中就会沉淀出适合社区的流程；随着产品和社区的成长，社区治理的方式也需要相应的迭代。

### 3. 成长期：从产品到用户

经过前一个阶段的发展，社区在其技术领域已获得了更高的认知度，我们也沉淀下来一些贡献者的参与机制，贡献者开始稳定增长。与此同时，产品已验证了发展方向，并积累了一些用户。用户与产品之间的直接互动更加频繁。

随着产品逐步完善，我们接下来面临的一个重点考验是：用户增长。

用户增长有很多种参考模型，但归根结底，我们要解决两个问题：①如何能够让更多人了解产品？②怎样才能够帮助更多用户更好地用起来？

当然这两个问题对任何产品的任何阶段都很重要，放在成长期来讲，主要是因为它们会在很大程度上决定一个产品、一个社区能走多远。我们用更多篇幅来拆解这两个问题。

（1）如何让更多人了解产品？

其本质上是解决价值传递的问题。内容和活动是开源项目做价值传递最常见的两种载体。

在成长期，内容与早期相比会有一些变化，早期更多的是我们自己的产研去做产出，但是随着越来越多的贡献者和用户加入，内容有了更多的生产者，相应地也出现了更多的分发方式和路径。

为了更好地传递产品理念、传递产品价值，我们也开始需要对市场活动做出更精细的维度设计，比如针对产品使用划分不同的场景，面向不同受众划分不同的行业。

有市场背景的读者会发现，这和市场营销解决的问题非常类似。的确如此，这也许是在不少企业中开源运营属于市场部门的原因。但我们也要看到，尽管问题相似，但在开源社区的语境下，具体的解决路径会存在一些特殊性。这是由开发者群体本身的特性、偏好（特别是对技术产品的认知和选择偏好）所决定的。因此，开发者关系（Developer Relationship）相关职业越来越受欢迎。

（2）怎样才能够帮助更多用户更好地用起来？

怎样让更多人用起来，隐含了用户使用成本、社区技术支持成本的问题。TiDB 这样的基础软件产品，难以避免存在一定的学习和使用门槛。如果仅靠我们自己的技术支持，瓶颈是非常显著的，当然这也是几乎所有面向企业（to B）的产品都会遇到的一个难题。

尽管基础软件产品很难像有良好交互界面的 SaaS 产品那样通过优化交互设计、引导体系等帮助用户上手使用，但依然可以借鉴其解决使用成本问题的核心理念——自服务（Self-service）。

通常，用户在遇到问题时，首先会去查看官方文档，其次搜一搜网络上的内容，看一看其他人遇到了这个问题是怎么解决的，最后会去社区提问，期待其他人可以回答。这种找答案的方式、顺序，是具有相当程度的普遍性的。这也正对应了自服务体系的三个层次，即文档、用户生成内容（User Generated Content，UGC）、互助问答，如图 6-3-4 所示。

图 6-3-4　自服务体系

这三个层次的顺序很重要，它们的通用性依次降低，信息生产和获取成本却是依次升高的，只有每一层都能够发挥相应的过滤作用，整体的效率才会最大化。

TiDB 社区的自服务，主要是通过网站来实现的，文档主要由我们的工程师撰写，其他技术文章、互助问答，社区用户参与的比例在稳步提升。2022 年 3 月，我们对社区 1 万多个问答帖子做了统计，其中 80% 是由社区用户互助解决的。

我们在探索建立自服务体系的过程中总结出以下要点：

1）**关注用户的信息获取效率**。一方面做好通用问题的收敛，持续从问答中发现通用问题，除了在产品中加以改进之外，也要及时在文档中补充和完善；另一方面要持续优化内容的组织方式、可检索性，用分类、标签、合集等方式，使用户可以更方便地找到相关内容。

2）**质量优先**。这一要点的底层逻辑其实与上面要点是高度一致的，也很容易理解：减少重复性问题，提升质量，可以降低用户的信息筛选成本。但似乎这一要点比较容易被忽视，特别是面对"追求数量"的诱惑时。我们也时常提醒自己这一原则、保持克制，比如：社区上线了"专栏"板块，设定了评审小组对质量把关；"问答"板块也持续优化搜索、发帖体验，并减少重复性内容。

讲到这里，大家会发现，如果我们把内容、互助问答也视为一种"贡献"（我们建议如此看待），那么成熟期"从用户到贡献者"这个环节的发展也会越来越快，这也意味着一个社区逐渐走向成熟。

**4. 成熟期：全面协同**

如果顺利通过前面两个阶段的考验，迈入成熟期，社区的飞轮就会较为显著地展示出它的增长力，三个要素之间形成良性循环，绽放开源的魅力。这个阶段的主要特征可称为"**生态驱动增长**"。

在成熟期，飞轮中的三要素也有了更大的概念外延，比如产品不仅包括开源项目本身，也包括衍生的工具、应用等生态产品，而贡献者将包括参与生态产品的贡献者。

TiDB 社区刚刚七岁，我们还在成长和探索的路上，还未达到真正意义上的成熟期，也无法从实践的角度去讲成熟期。这个部分还比较粗浅，只是一些观察、思考和期待。

这个阶段，从产品到用户已具备相当成熟的路径，这里就不再多聊，下面主要探讨另外两个环节在成熟期的新挑战，以及一个无形中影响整个社区每个环节的因素——社区文化。

（1）从用户到贡献者的新挑战

实际上在每个阶段，都会从用户中产生直接的社区贡献者，比如在成长期用户参与内容、技术问答。把这个挑战特别放在成熟期来讲，主要是因为这个阶段社区发展得更为成熟、生态更丰富，可贡献的范围更大。相应地，从用户中产生贡献者的路径和方式也更多。

影响从用户到贡献者这个环节的关键因素包括：

1）产品本身的开放性。开源的开放性使用户可以以开源的方式参与到整个社区的贡献中。

2）用户参与贡献的意愿以及能力。这取决于参与路径的情况，以及社区的吸引力。

（2）从贡献者到产品的新挑战

在成熟期，贡献者可以以更多的方式参与到主产品及生态产品的建设中，给产品的发展提供更多维的助力。

**对于主产品而言**，成长期和成熟期的"从贡献者到产品"存在一些共性的挑战，即随着开源项目的成长，产品（特别是在做商业化发展的产品）获得了越来越多的用户甚至客户，当需求越来越多，资源却有限时，如何取舍和平衡。

需要注意的是，这个挑战只是在成长期和成熟期才比较显著（时间相关），与开源无因果关系，更不是开源项目所特有的。确切来讲，这是一个产品在成长过程中必然要面对的产品定位、设计与研发效率平衡问题，归根结底是产品需要有良好的 PMF（产品市场匹配度），否则，无论是否开源都难以为继。只是在开源社区的语境下，需要同时关注社区体验，保持开放与透明。

**对于生态产品而言**，这一环节少了前述的约束，有更为自由的发挥和成长空间，这时的关键是开放生态的建设、方向识别及参与激励。

（3）社区文化的挑战

在成熟期，尽管贡献者参与社区路径更为多样、复杂，但基本逻辑、策略和改进思路与前两个阶段并无本质差别。与一个组织的发展类似，社区的体量越大，文化因素就越显得重要。开源社区的活跃度、生命力与社区的文化氛围紧密相关。但这种精神内核究竟是什么，我目前也未找到答案，只能谈一些个人的感受。

社区文化的建设绝非一朝一夕之功，需要长久的维护与共识。在 PingCAP 这个带着开源基因的公司中，我能够感受到公司很重视工程师文化、重视社区，研发流程开源化。公司里有很多热爱开源的小伙伴，他们不仅作为一名 PingCAP 的员工，也会从一个社区成员的角度去思考和行动。正是这些点点滴滴的"小事"，构建起一个丰富、有爱的社区。

经过前面的拆解，我们可以看到，社区飞轮不仅存在单向的循环，而且存在局部的相互作用，也需要一些助力以便更好地运转起来。社区飞轮模型完整版如图 6-3-5 所示。

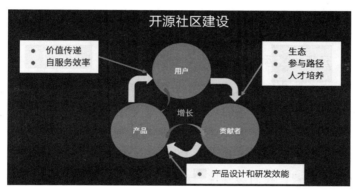

图 6-3-5　社区飞轮模型完整版

### 6.3.2　开源社区运营迷思

我们再回到开头的问题，开源社区需要运营吗？

要回答这个问题，首先要厘清概念，在一个相对明确的内涵和外延中讨论。

作为一个多年在开源领域工作的从业者，我十分理解，当大家说"开源社区不是运营出来的"时，其实特指的是对于代码贡献者社区而言，运营人员并非必要的。对此我也表示赞同，毕竟在代码贡献的场景下，进行的是技术交流、协作开发，当然也存在一些产品层面的交流协作，在代码贡献的场景下，我们直接与技术人员、产品人员交流，大概率比和运营人员交流更加高效、直接。

但是如果我们把开源社区视为包括产品、广义的贡献者和用户的更广义的社区，再结合前面提到的社区发展阶段的挑战、要点来看，也许答案就不一样了。我们常说开源生态，"生态"明确地反映了开源社区本身的复杂性。复杂问题的解决，通常都需要多种角色的共同作用。

那么为了更好地建设一个开源社区（广义的），需要运营人员解决哪些问题呢？

### 1. 开源社区运营

实际上运营作为职业，虽然历史不太久、很年轻，但是已经发展出很多分支了。它的定义还有一些模糊性，但归根结底需要解决连接产品和目标受众的问题，即需要**理解需求（Why）**，并**掌握实现的路径（What）和方法（How）**，最终**拿到结果**。具体到开源社区的运营，我们会发现，它既和普遍意义上的互联网运营有一些共性的部分，也有一些个性的部分。

共性的部分体现在方法，即具体的实现路径、执行技巧方法方面。比如，一场活动的宣传，其设计、文案如何更好地呈现主题、清晰易懂，在不同渠道如何传播才更有效。这些方法的底层逻辑是通用的，用户运营、产品策略运营也是类似，已有一些相对成熟的知识体系和方法论。

个性的部分体现在理解需求和掌握实现的路径，这就涉及对需求方向的理解和策略选择了，而这恰恰是决定具体执行怎么做的前置因素。

目前国内的开源社区运营人员，按来源大约分为两类：

一类是从其他领域的运营/市场转到开源领域的。如果这类人员掌握了一定的方法和路径判断力,他们的难点主要在于补充理解需求的部分,并且需要一些时间调整和适应路径策略。

另一类是从技术转运营,优势是对需求理解得很深,但是需要打磨路径判断力以及补充方法方面的知识。

我自己属于第一类,虽然从事运营工作也有五年多了,但一直以来最大的感受还是关于理解需求、选择路径和方法的,要学习和更新的知识非常多,不仅要增进自己对所运营产品的理解、对产品受众的理解、对业务的理解,也要保持对互联网用户习惯变化的感知、对其他相关领域知识的吸收。

对"人"本身的理解,也会制约对"需求"理解的深度。对开发者的理解,特别是对开源相关的开发者的理解,是开源社区运营非常重要的一项基本功。由于涉及的维度很多,限于篇幅,这里只谈谈开源的精神内核。

开源本身是个很丰富的概念,我尝试将其简化三个关键词。

第一个是**理想**,是指用技术进行创造的一种内生驱动因素。

第二个是**协作**,特别是开源作为一种协作开发的方式,有其规则和理念,使素不相识的一群人能够一起创造。

第三个是**真诚**,真诚是一切的基础,开源社区的建设是一个长期的信任关系的构建,离开真诚,信任无从谈起。

### 2. 社区运营的边界

开源社区运营的边界一方面与我们如何理解开源社区建设有关,另一方面也与运营能解决的问题范畴有关。我尝试总结了几个不成熟的观点。

1)社区建设是所有参与者的合力,这个参与者一定包括公司本身。

2)技术的交流是最高效的,特别是在面向代码贡献者的环节中,项目维护主体是工程师,而非运营人员。

3)运营更加侧重从 1 到 100 的过程,运营人员应该重点关注这个过程的效率提升。

### 6.3.3 小结

第一,开源一定是基础软件的战略之一。

第二,做开源需要发展社区,要充分考虑人(了解开发者自身作为用户和贡献者的不同偏好)、分发(注重开源的传播和使用)、反馈(形成正向循环)三个核心。

第三,社区建设是发挥基础软件开源飞轮效应的一个途径。

第四,建设开源社区需要各种角色相互影响,形成合力。

第五,社区运营的核心价值是打磨"从产品到用户"链路的价值传递,提升自服务的效率,帮助"开发者成功",在其他链路搭建沟通的桥梁。社区运营的关键能力是识别需求、找解法、理解技术与开发者。

开源社区的运营、开发者关系是有趣且比较庞杂的话题,本节所聊到的也只是冰山一角,而且是基于有限的认知和探索的。在这里抛砖引玉,期待更多交流。

## 6.4 微众银行开源项目办公室建设之路:如何通过开源项目办公室的建设推动企业开源

### 作者介绍

**钟燕清**:微众银行开源管理办公室负责人。主要负责微众银行开源治理体系建设、开源项目社区运营,同时负责微众银行科技项目管理、研发流程体系建设等工作。曾任职于平安科技、腾讯科技、顺丰科技等企业，长期从事项目管理、研发团队管理等工作。

注：本节整理自微众银行开源管理办公室负责人钟燕清在DIVE全球基础软件创新大会（2022）上的演讲，由极客邦科技编辑蔡芳芳整理。

## 6.4.1 为什么企业要拥抱开源

数字时代，开源已经无处不在，这一事实已经成为所有人的共识。今天几乎所有数字化成果都离不开开源软件，各行各业都在基于开源软件构建自己的产品或业务，开源软件成为构建信息社会的重要基石。

上升到国家层面，《中华人民共和国国民经济和社会发展第十四个五年规划和2035年远景目标纲要》明确提出"支持数字技术开源社区等创新联合体发展，完善开源知识产权和法律体系，鼓励企业开放软件源代码、硬件设计和应用服务"。这是开源首次被写入国家总体规划纲要之中。在今天世界百年未有之大变局中，要突破卡脖子问题、发展核心科技，开源创新是非常重要和有效的手段。

在过去两三年时间里，我国在开源基础设施方面取得了很大突破。2019年发布的木兰许可证是首次用中文描述的开源许可证；2020年，国内成立了第一个开源基金会——开放原子开源基金会；Gitee作为我国最大的开源托管平台之一也取得了快速发展，开发者活跃度不断提高，与GitHub的差距在不断缩小。

企业拥抱开源到底能获得什么好处？这里可以简单总结以下三点：

1）提升企业形象。开源是技术发展趋势，今天所有的先进技术几乎都是以开源的方式提供的，参与开源意味着企业技术水平走在前列,代表了企业的技术形象。开源文化本身就包含人人为我、我为人人的开放情怀,拥抱并回馈社区也体现了企业良好的社会责任意识和担当。

2)加强技术竞争力。通过开源可以快速实现低成本创新,减少重复投入,将精力和资源优先投放在核心业务创新上。在开源社区,企业也能快速吸引各种技术人才,优秀的开源项目自然能够吸引更多优秀人才加入。

3)实现商业价值。通过开源项目可以更容易地打造技术生态,加速技术创新和应用落地。开源本身就是建设技术商业生态的一种有效方式,企业可以根据项目特征、自身定位选择不同的商业路径。

微众银行一直不遗余力地全面拥抱开源,原因有以下几个方面:

首先,微众银行首席信息官(Chief Information Officer,CIO)对开源非常重视,他对开源有非常深刻的理解,并有非常强烈的回馈社区的技术情怀。

其次,微众银行是互联网银行,开放创新是银行的核心技术战略,开源则是技术领域创新的最有效手段。

最后,公司内部有比较浓厚的技术文化,也会对一些前沿技术进行布局和探索,开源是能够快速完善这些技术生态的有效方式。2019年7月,微众银行宣布金融科技全面开源,并成立了开源管理办公室,进一步加速了拥抱开源战略的落地。

### 6.4.2 开源项目办公室的定位与职责

企业要做好开源并不是一件非常简单的事情,也不是一个在纯技术层面就能做好的事情。对企业而言,开源是一种战略优势,推进开源过程中涉及方方面面,需要协调、集中和清晰的沟通。如果企业没有进行有效的管理，就会产生各种混乱和风险。图 6-4-1 展示了开源项目办公室（Open Source Program Office，OSPO）在企业开源战略规划中的定位。

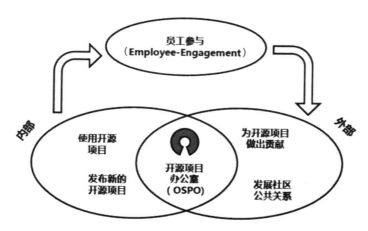

图 6-4-1　开源项目办公室在企业开源战略规划中的定位

企业要参与开源，从对象角度看，需要核心员工参与；从内容角度看包括内部和外部，企业内部角度会涉及如何使用开源项目、发布开源项目，外部社区角度也要关注如何为开源项目做出贡献，在开源项目中如何发展社区公共关系等。只有通过开源项目办公室才能让多种角色和活动有机而紧密关联在一起，更有效地组织整个体系。

开源项目办公室的职责包括以下方面：

1）开源战略规划。办公室要帮助整个企业明确看待开源的态度、在开源社区里扮演怎样的角色，然后在企业内部尽可能地达成一致，并形成比较清晰的战略实现。

2）治理体系设计。开源涉及很多规则、流程，依赖一些平台工具，十分需要相应的治理体系。

3)项目社区运营。要对外发布开源项目,项目社区运营是非常重要的工作。没有运营就不会有效果,也就产生不了社区。

4)开源文化推广。这是非常重要,但却最容易被忽视的部分。企业想要真正拥抱开源,其所有成员都要理解、认同开源文化,遵守开源法则,拥有开放、包容、协作的心态。只有这样才能取得一定的成绩,开源项目和社区才能持续发展。

### 6.4.3 企业推动开源的方方面面

#### 1. 微众银行的开源战略愿景

根据 Linux 基金会的模型,企业引入开源的模式可以采用阶梯形策略。在消费者阶段,企业主要关注如何用好开源软件;在参与者阶段,企业会参与社区活动,更深入地了解所使用的开源软件;在贡献者阶段,企业可以参与上游贡献、自己发起开源项目等;在领导者阶段,企业会在社区中发挥重要的领导作用,影响相关技术或组织的发展,并成为某些开放标准的制定者。

微众银行的开源战略愿景是希望成为金融科技领域开源生态建设的领导者。该战略愿景的具体实现路径也包括四个阶段和四种角色,不同阶段、不同角色所关注的重点和策略也有所不同。

1)作为开源软件的使用者,微众银行更关注如何基于开源软件技术建立自主安全可控的银行核心系统,利用好开源软件的技术优势。在使用开源软件的过程中,微众银行还需要建立完备的治理体系,防范合规和安全等方面的风险。

2)微众银行期望成为上游社区的参与者,为此提出了上游优先的参与开源策略。微众银行鼓励员工深入参与其工作中使用到的各种开源技术的上游社区建设,积极反馈意见、建议或贡献代码。微众银行也设计了内部激励机制,鼓励员工成为社区开源项目的核心成员，树立了清晰的价值导向。

3）微众银行努力成为开源项目的发起者。微众银行已经贡献了非常多的开源项目，也非常重视项目社区建设，以尽可能地保持项目发展的持续性。

4）微众银行希望成为开源生态的建设者。微众银行希望积极拥抱开源社区，在开源生态中建立更广泛的联系，推动整个金融科技开源生态的繁荣。

### 2. 微众银行的开源治理体系保障和组织架构

对于企业内部的开源治理体系，微众银行提倡组织架构、流程制度、工具系统三位一体的保障体系。

1）在组织架构保障方面，微众银行设计了一个合理且清晰的组织架构，包含开源治理所涉及的各个部门、岗位，核心目标是确保大家有同样的目标、明确的定位，在过程中能够高效协同。

2）在流程制度保障方面，微众银行有非常明确的管理制度和流程体系，确保"有法可依，有的放矢"。

3）最重要一点是工具平台的保障，微众银行有一个完善的工具平台确保治理效果以及提升治理效率。

微众银行的开源治理组织架构体系（见图6-4-2）参考和对标了开源基金会和各种大型开源项目的社区体系架构从而可以顺利地学习和借鉴开源基金会的治理模式，并且根据企业内部开源治理的成熟度不断优化、扩展。开源管理工作组受银行信息科技委直接领导。开源项目办公室主要把和开源治理相关的各个职能、岗位和角色串联在一起，统筹规划所有工作。

组织架构的最右边有一个TOC（Technical Oversight Committee，技术监督委员会），该组织将公司的技术专家聚集在一起，负责纯技术层面的相关事宜。中间是开源项目的组织体系——项目社区，公司将内部每一个开源项目都建设成项目社区，利用社区的运营方式构建项目的组织体系，让每个项目都有一些核心成员参与，对运营方法做标准化和赋能，促进项目的良性发展。

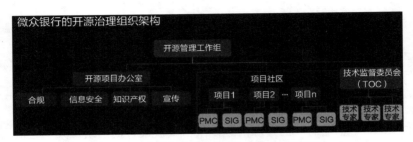

图 6-4-2　微众银行的开源治理组织架构体系

这个组织架构设计的好处在于：一方面能够快速向上触达，通过会议、汇报等机制及时得到领导支持，有效落地整个开源战略；另一方面横向拉通了很多部门和组织，实现高效协同，避免扯皮、推诿的情况。

今天的企业要想比较系统地拥抱开源，搭建一个以开源项目办公室为核心的组织架构一定能取得事半功倍的效果。开源项目办公室可以是实体的，也可以是虚的，由相关岗位人员组成，其核心是要站在全局角度思考企业和开源的关系。

TOC 的目标是在企业内部推动由技术驱动的决策机制，TOC 由各个部门选派或推举的技术专家构成。微众银行的 TOC 组织、设计了以下工作职责：

1）制定技术标准。标准发起者在内部 Git 平台上面发布项目，其他部门的专家和每个关注这个方面的成员都可以沟通参与，在内部协作的前提下达成共识。技术标准也可以根据实际情况快速改进，大家也会越来越信任标准和规范的内容。

2）解决技术难点问题。因为 TOC 成员都是每个部门顶尖的技术专家，大家可以一起讨论很多技术难点，共同攻克技术难关，同时分享经验，避免轮流踩坑现象。

3）推动内部开源。内部开源是微众银行整个开源战略的一部分，TOC能够连接部门内部和部门之间的开源项目的推广与协作等一系列事宜，同时可以更好地传达和普及开源协作的文化，相当于开源布道者。

4）推动公共平台建设。DevOps项目管理平台、需求管理平台、测试平台等由具体的负责部门，也可以通过内部开源共建的方法，让大家以共同参与的方式建设公共平台。这既提高了部门之间的满意度，也解决了传统的需求创新和开发资源冲突等方面的问题。

通过TOC在企业内部推动由技术驱动的决策机制，实现开放协同透明的氛围，是微众银行在开源建设上很重要的探索性实践。

### 3. 微众银行的开源软件治理实践

在开源软件治理过程中，微众银行的核心目标是持续优化开源软件使用的全生命周期管理流程。2021年年底，中国人民银行、中央网信办等五部门共同颁发了《关于规范金融行业开源技术应用与发展的意见》，对行业的开源治理工作给出了很多具体的指引和规范。微众银行在应用开源软件的过程中，围绕知识产权合规、信息安全等风险体系管理，在不同阶段制定了更为细则的管理办法和流程。比如：

1）在引入阶段设计了标准的引入流程，为开源软件的选型与评估设计了相应的模型，进行更为客观的分析和比较。微众银行也有不断丰富的开源知识库供大家在引入过程中参考。

2）在开发运维阶段，团队会精准识别管理所有开发系统的开源软件依赖关系，形成开源应用的资产台账，从而对所有开源软件的版本进行统计分析，制定更有针对性的管理方式。微众银行还将开源软件运营管理流程和开发过程管理的生命周期相集成与打通，并明确了退出机制。

微众银行一直致力于建设贯穿 DevOps 开发流程的开源治理方案，如图 6-4-3 所示。

图 6-4-3　微众银行的开源治理方案

其中，开源框架/组件选型引入，以及整个公司的开源软件黑白名单管理，会贯穿整个 DevOps 开发流程。在开发阶段，通过开发 IDE 插件工具，能够非常方便地自主扫描所开发系统的组件依赖关系，并且可以根据治理策略及时给开发人员各种提醒和帮助，使开发侧能够更及时地处理修复问题。在构建和测试阶段，构建插件自动触发扫描依赖组，根据设定的规则自动执行各种策略。在生产部署环节进行有针对性的安全漏洞审查，以及生产部署策略的自动执行。

整套方案的目标包括以下几点：

1）适应敏捷开发，需要非常灵活地插入各个环节中闭环管理。

2)尽可能地安全左移,越早发现问题、越早处理,成本就会越低。

3)系统化、自动化,只有具备了这些能力才能够做到快速响应,并建立持续监控和处理的能力。

4)对公司内部所有研发系统都有一个非常完整和精确的开源资产管理能力。

图 6-4-4 是微众银行管控策略实施落地的具体逻辑展示。

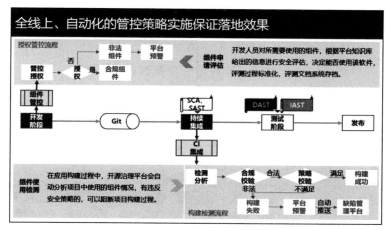

图 6-4-4　微众银行管控策略实施落地的具体逻辑展示

从企业角度来看,该如何实现对外开源呢?微众银行首先制定了严谨的项目对外开源流程,确保开源项目的质量可靠。因为企业开源项目代表的是企业参与开源的态度和形象,所以必须严格审慎,哪些可以开源,哪些不能开源,对公司有什么影响,都是需要分析和考量的。

微众银行对外开源的流程大致划分为以下几个阶段:

1)**规划阶段**主要希望明确项目目标,客观地比较市场上已有的类似开源项目,同时审慎盘点能够投入开源的资源力量,避免后期资源投入不足造成后期无力的情况。

2）在**实施阶段**要注重开发质量，在开源项目的名称、商标、知识产权保护等方面都需要提前规划。开源前还需要做全方位审查：一方面要符合开源项目的基本规则，遵守所选择使用的许可证约束；另一方面需要确保公司的核心定义和相关资产能够受到保护。

3）在**正式开源阶段**，要选择合规的代码托管平台做好代码管理，并进入正式的社区运营阶段。一个项目刚亮相的时候也需要做好宣传推广工作，促进后期更好地发展。

图 6-4-5 是微众银行对外开源项目的内部管理流程图，流程和步骤都拆得非常细致，并且每个步骤都有清晰的输入/输出标准，也有很多模板可供参考。一旦团队想要发起一个开源项目，就能比较系统地了解要做的事情和要关注的方面，沟通就更为成熟，质量也有一定的保障。

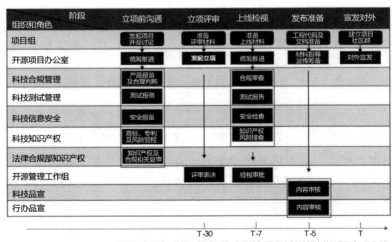

图 6-4-5 微众银行对外开源项目的内部管理流程图

一个成功的项目需要在运营上花费很大的精力。开源项目办公室希望能够总结各种经验，参考一些成功项目的最佳实践，不断将社区运营的方法系统化，从而提升社区运营的效率。微众银行希望能够通过各种途径的传播，让微众开源成为技术领域优秀和知名的品牌。为此，微众银行与各种技术社区、媒体在各方面合作，增加宣传与曝光也是非常有效的方法和手段。

开源项目办公室，在企业内部还有一个非常重要的角色，那就是开源布道者，在企业内部持续推广开源文化，让大家都理解开源、认同开源，同时掌握开源所需的各种知识和方法，更为全面地了解开源的现状与趋势。

总之，企业内部也是一个社区，一个有效的运营方式能让这个社区凝聚越来越多的成员，让大家相信、热爱开源，创造出更多优秀的项目。

### 6.4.4 小结

对于企业而言，拥抱开源是一种长期主义，无法依靠某个时间点的集中投入，或者领导者一声令下就取得立竿见影的效果。企业要按照有效的方法，一步一步、一个阶段一个阶段地实现具体目标。企业必须弄清自己到底在开源事业里面扮演什么样的角色，将开源战略上升到一定高度，只有这样后面很多具体工作才能得以开展，目标才能够逐步实现。

在参与开源的过程中，合规安全是底线，这也是所有企业都需要重视的事情。构建安全可靠的软件供应链管理体系对所有企业而言也是非常重要的一项技术工作。如果企业要对外开源，开放、透明、积极拥抱社区也是企业必须要有的基本态度。以上这些都必须以企业对开源文化的理解和持续传播为基础，才能够真正驱动和闭环发展。

# 第 7 章

# 基础软件人才培养

## 7.1 开源浪潮下的基础软件人才培养和实践

### 作者介绍

**王院生**：API7.ai 创始人兼 CTO，Apache APISIX PMC 成员，《OpenResty 最佳实践》作者。

注：本文整理自王院生在 DIVE 全球基础软件创新大会（2022）上的演讲，由极客邦科技编辑罗燕珊整理。

提示：Apache APISIX 是我国唯——一个由初创公司捐献给 Apache 基金会的项目，也是全球最活跃的开源 API 网关之一；参与贡献的人不仅有从业超过 30 年的前辈，也有十几岁的高校学生，他们一起透明、公开地协作，在实践中锻炼，提升技术水平、协作能力，拓宽视野，为缔造优秀基础软件提供土壤，逐步形成良性循环。

当下，"基础软件 + 开源"的模式被认为是我国基础软件发展的突围之路，甚至有观点认为，基础软件未来只有开源一条路。这个观点虽然过于绝对，但不可否认的是，开源极大地提高了我国的基础软件水平。

下面主要从 Apache APISIX 开源项目的视角，讲解开源项目与基础软件人才的关系以及人才的成长模式，主要从四个方面展开：

1）当前优秀基础软件人才严重缺乏的情况，以及造成这种情况的原因。

2）Apache APISIX 是如何寻找人才并进行"培养"的。

3）与 Apache APISIX 社区有关的开源人才的成长故事。

4）鼓励大家积极参与开源，与全球优秀人才一起成长。

## 7.1.1 我国基础软件人才匮乏，开源生态创造机会

当下，我国优秀的基础软件人才依然比较匮乏。这是历史问题，短时间内难以解决。

关于基础软件，图 7-1-1 简单列举了一些基础软件相关技术，从操作系统到开发语言再到基础中间件。通过图 7-1-1 我们可以看到一些有意思的事情。首先看操作系统，众所周知，Linux 是开源世界里最常用的操作系统，Windows 和 MacOS 等商业化操作系统也为人们所熟知。大家还知道哪些操作系统？在操作系统层面，绝大多数优秀且流行的系统都发源于国外。

图 7-1-1　基础软件相关技术

开发语言更是"重灾区",只有易语言(亦称 E 语言)被认为是国人编写的语言。当下流行的开发语言,比如 Python、Java、Go 和 C 等语言几乎没有国人的身影。流行的基础中间件,比如处理负载均衡的 Nginx、处理 CI/CD Jenkins,又或者进行消息处理的 Kafka 等,也主要来自国外。

对于程序员,我们一般有两个称呼,可以叫开发者(Developer),也可以叫工程师(Engineer),国内很多软件工程师会调侃自己为"码农",并且认为自己的形象要素是格子衫、戴眼镜……这实际上说明了一个问题,我国 IT 行业里有人确实做着类似"搬砖"的工作。这些调侃背后是有其逻辑的。

国外将工程师理解为发明家,这实际上和工程师所做的事情有关。我们有大量的软件人才,但他们的主要工作是解决业务问题,也可以理解为开发应用,其中不乏重复"体力"劳动,所以这些工作被替换的成本比较低。在国外工作多年的工程师中有很大一部分会做中间件或者更底层的事情,目前在国内做这类研发的人数偏少,素质偏低。

前面分析了基础软件根基比较薄弱、"土壤"比较贫瘠的大背景。随着开源的蓬勃发展,国内和国外的差距在逐渐缩小。比如开源社区中发布了一个新的软件版本,无论是中国人还是外国人都可在第一时间获取,不存在时间差,所有人的起跑线是一样的。所以,如果我们能把精力放在基础软件上,就有机会追赶国际基础软件技术的步伐。下面以 Apache APISIX 为例,介绍如何通过开源生态吸纳和培养优秀的人才。

## 7.1.2 Apache APISIX 如何找到并"培养"人才

APISIX 是一个开源软件,也正是因为开源,大家才能够聚集在一起产生共鸣,更多的人才愿意参与进来。

### 1. 找到人才的"从零到一"的路径

那么,APISIX 是如何找到人才的?又是如何完成"从零到一"的过程的?最初,APISIX 作为全新的开源项目,想迅速找到大量人才是很困难的事情。通常只有软件项目是强需求的,公司才愿意寻找人才,因为公司愿意为此提供人和钱等资源。但是放在开源社区来看,我们无法知道所有人的需求是什么,某个需求能否得到所有人的认可。因为人人都很忙,没有闲暇时间去寻找、研究某个软件是不是自己需要的,所以,"从零到一"是非常难的。

(1)以书会友,建立原始社群

非常庆幸的是,APISIX 找到了一条比较好的路径,我们团队在 2015 年写了一本书,叫作《OpenResty 最佳实践》,这本书一直是以电子书开源的方式对外公开的,所有人都可以获取到,基于这本书形成了上万人的社区群体。APISIX 又刚好用 OpenResty 技术栈,这就带来了一个非常大的好处——当我们把 APISIX 的第一个版本开源到社区时,也把 APISIX 开源的消息同步到了

《OpenResty 最佳实践》的社区群体中，告诉大家有一个开源软件叫作 APISIX，它是基于 OpenResty 的，专门用于解决 API 网关应用场景问题。

如此一来，我们就顺理成章地定位到了合适的用户群体并把信息推给他们，这时就很容易吸引大家的注意力，从而完成"从零到一"的种子用户的寻找过程。APISIX 从 2019 年 6 月 6 日开源的那天开始，增长速度就如同一个成熟的开源项目一样：每个时间段的贡献者增长曲线基本上是没有变化的，是一条直线，而不是一条斜线。这一点非常有意思，APISIX 从一开始就具备了成熟项目的发展速度。

（2）"倒贴"式指导和帮助

仅有原始用户还不够，还需吸引更多的优秀人才加入，一起提升项目质量。对于开源项目而言，很关键的一点就是要让社区用户愿意通过线上或线下的方式说出自己的问题，我们要主动帮助他们解决问题。我们把这种方法直白地称为"倒贴"，通过"倒贴"的方式让社区中最早的一批用户慢慢壮大，并让他们相信这个软件和社区的发展是向好的。

通过上述操作，我们实际上已经初步完成了种子人才的寻找，后面又通过分享互助的形式把更多观望中的人才吸引进来，并且让他们成长到更高的位置上去做更核心的事情。

（3）让用户自愿替项目发声

事实上，最初在技术分享活动上，我们只能作为发起人或者参与者告诉大家我们的开源项目有多好，我们做了哪些事情，有点像"王婆卖瓜，自卖自夸"。但是项目到了中后期是需要用户替它发声的，需要用户给社区提供最佳实践。

这一点非常重要，就像在超市，如果只有商家自己说好，顾客都不说好，销量一定不行。同样，提供更多的实践案例让潜在的用户群体消除疑虑，这一点非常重要。同时，我们还要设置好中长期目标计划，以便消除潜在个人用户和企业用户对项目发展方向的担忧，所以清晰的项目里程碑也是非常重要的。

此外，对于人才培养，我们的重心到底应该放在哪里？我们应该去寻找那些特别牛的人来带领项目发展，还是应该寻找更多面向未来的种子选手？实际上这个问题并没有标准答案。我们给出的答案倾向于种子选手。2021年的一个报告曾做过统计，GitHub上所有开源贡献中，学生占最大的比例，还有一部分贡献来自企业内部。这也就是说，在全世界的开源项目中，学生的贡献量排第一。

从这点上看，所有开源项目要想做好，"培养"好潜在维护者是至关重要的。学生是祖国的未来，也是开源项目的未来，需要把这些优秀的人才，把他们优秀的视野和优秀的协作能力带到社区，带到开源项目中。

### 2. 留住人才

经过"把人从门外拽进来"的过程，下一步就是留住人才，留不住人的社区就无法发展起来。因此，为了让进入社区的人有归属感并愿意留下，我们可以做两件事情：第一是帮社区人才做一些宣传，一些高校学生或者工程师不善于表达，那么就由我们来帮忙做宣传和分享。第二，任何人参与开源项目，除了能感受到乐趣、拥有精神上的收获外，还应该获得相应的权益，获得真正的认可。比如，他有机会成为项目的决策者。

APISIX项目已经被捐献给Apache基金会，因此相关人才的成长路径基本遵循Apache基金会的标准路径，即从贡献者（Contributor）到提交者（Committer）再到最后的PMC（项目管理委员会）成员的成长路径：当贡献者成长为提交者时就具备了PR

（Pull Request，拉取请求）等能力；当成为 PMC 成员后就可以决定所在项目的发展方向，对项目拥有一定的决策权。这样便能进一步给予社区的核心参与者更强的归属感。

### 7.1.3 开源故事分享

前面讲述了 APISIX 的"找人"路径，下面分享几个开源人的真实成长故事。

#### 1. 帮助他人，也提升自己

第一个故事源自一位年轻人，他是 APISIX 所有 PMC 成员中最年轻的，叫白泽平。虽然他很年轻，但是他的能力非常强，目前他已经成为 Apache APISIX 的核心开发者之一。

他在大三时参加了编程之夏活动，通过这个活动我认识了他，进而有了后续的合作。泽平非常有意思，他之前在 APISIX 的各种项目中尝试过不同的角色，使用过不同的技术。比如，刚开始他做的是前端，用的是 JavaScript 语言。后来他做的是后端，用的是 Golang 语言。现在他的主要开发工作又聚焦在 Nginx/C/Lua 技术体系上。

泽平在社区中非常热心地帮助他人。APISIX 有两三个成员上千的 QQ 群，每天产生的消息量非常大，泽平一直在群里帮助大家解决各类安装或者使用上的问题。帮助别人的同时，他自己也在快速成长。

#### 2. 从公务员到程序员

另一个故事的主人公叫郭奇，郭奇的故事比较特别，他从公务员变成了程序员。他经过半年的时间成为一名合格的前端工程师，这在我看来很神奇，因为我自己是计算机专业的，我始终觉得转型的难度很大，但是他通过参与开源的远程交流，并坚持自己的理想，最终顺利转型成为程序员。他对自己的评价是：从最开始不懂开源，到现在乐享其中。目前郭奇已经正式加入一家开源创业公司，即 API7.ai。

**3. 从参与者变成 Apache 顶级项目捐赠者**

第三个故事来自我的一位认识了三四年的朋友金卫。金卫之前是 AI 公司思必驰的一名基础平台架构师，工作已超过 10 年。我们刚认识的时候，APISIX 才开源不久，我去他所在的公司做技术布道，随后该公司采用了 APISIX 项目，在使用过程中发现 APISIX 可以作为 Kubernetes Ingress 解决方案，于是花费大概两三周的时间就在内部完成了 APISIX Ingress Controller 第一个版本，并且成功上线。

特别有意思的一点是，金卫在这之前没怎么参与过开源项目，这一下就变成"一参与开源，就直接捐了一个项目"，并且还把项目捐给了 Apache 基金会，变成了基金会的顶级项目。项目捐赠之后，他作为这个项目的原始作者，又和社区中的许多人一起交流和迭代，完成了很多更高级的新功能，目前他的这个项目在社区中依然非常活跃。

## 7.1.4 参与开源：与全球优秀人才一起成长

我们期望能够与全球优秀人才一起参与开源，但应该怎么参与开源？参与什么样的开源项目？优秀的开源项目有哪些特征？

选择哪条路往往比怎么走更重要，在选路的时候一定要多注意。

不建议从一开始就直接发起一个全新的开源项目，其成功率是非常低的，一定要先去一些顶级的优秀开源项目中观察它们是如何运转的，同时思考自己可以借鉴哪些方面，这一点至关重要。换言之，想在这个圈子里得到成长，首先要认同这个圈子里积累下来的好东西。我简要归纳了以下几点优秀开源项目的特征供大家参考。

1）**所有的顶级开源项目都有非常优秀的文档和极其卓越的社区文化**。千万不要一开始就直接加入不是很流行的开源项目，这是非常危险的。因为这可能会给自己带来糟糕的开发习惯，甚至对社区产生误解。

2）**不需要质量保证专员，项目可以高质量持续迭代**。基本上优秀的开源项目里都没有专门的质量保证专员，很多企业里管这个职位叫 QA（Quality Assurance）。大多数开源项目都是通过丰富的测试加上 CI 自动回归，保障项目可持续的，而且是高质量的可持续，所有过程都是人在和机器对话。当你提交了一个错误的代码时，CI 是不能通过的，只有提交了正确的代码，CI 才可以通过，还可以被自动合并。企业内的项目管理也可以按照这样的方式，不但能极大降低对质量保证专员的依赖，而且能避免同事之间的重复检查，同时能提升效率，交付产品的质量和速度也会提高。

3）**公开透明的异步全球协作，适合所有人**。参与开源项目一定要看项目能否做到公开透明，能否做到让全球各地的协作人员都有效、友好地协作。如果一些项目不能做到公开透明，永远是几个人说了算，你就可能花了很大的力气，仍不知道他们在干什么，你一定不会喜欢这种感受。

4）**平等、互助、各自成就**。如果能够做到平等，那开源项目一定是公开的、透明的；如果不是公开透明的，就没办法做到平等。平等的关系非常重要，在社区中，所有人都应该是相互帮忙的，都应该认为大家是带着成长的目的、带着善意的心态来合作的，只有这样社区才能够做到相互成就。

5）**文化：社区重于代码**。社区的文化很重要，就拿 APISIX 社区来说，它目前是在 Apache 基金会之下的，秉承了 Apache 社区文化：社区重于代码。现在一些知名的开源项目基本上也是社区重于代码的文化，因为代码写得"烂"还可以改，社区要是"烂"了就没有人了。

6）**项目管理权要属于社区**。对于开源项目本身，无论是原始作者还是社区成员，都需要清楚地知道项目的管理权到底是属于少数的几个人，还是属于社区。举个例子，如果这个项目是我发起的，我需要做到能够接纳新来的成员，并愿意赋予他们和我同等的权限，我们可以做一模一样的事。新人则要看自己能否通过努力为项目做出贡献，看自己能否拥有项目的决策权和管理权。这不仅意味着项目对自己真正的认可，而且能够让个人和项目之间产生收益上的绑定。

7）**锻炼身体，同开源一起改变世界**。我们既然参与开源，就是期望与全球人才一起学习，共同成长。走哪条路要比怎么走更重要；路选对之后，还要能走得更远，因此锻炼身体永远都是最重要的。

## 7.1.5 基础软件之路

做基础软件与做其他产品一样，都需要直面基本问题：产品是否解决了用户问题。一款开源软件从诞生到流行，往往需要较长的时间，用户信任需要实践来证明，无法一蹴而就。目前国内基础软件人才匮乏，缺少同行成功经验，我们做决策时要充分调研，站在前辈肩膀上思考，提升对行业的理解。

## 7.2 编程系统相关基础软件研发人才的培养

### 作者介绍

张昱：中国科学技术大学计算机科学与技术学院教授。主要研究方向是智能计算与优化、软件理解与缺陷分析、量子编程系统。她还担任中国计算机学会（CCF）系统软件专委常务委员和教育专委常务委员、计算机协会（ACM）中国操作系统分会副主席，以及教育部高等学校计算机类教学指导委员会计算机系统专家委员会委员。

注：本文整理自张昱在 DIVE 全球基础软件创新大会（2022）上的演讲，由极客邦科技编辑罗燕珊整理。

编程系统是非常重要的基础软件之一，编程系统主要涉及编程语言、编译运行时系统以及异构硬件抽象三个方面。不断演化的众多编程语言与编程系统，给高校的教与学都带来不小的挑战。下面主要从高校教学与科研从业者的视角，探索编程系统相关基础软件研发人才的培养。

### 7.2.1 编程系统：教与学的挑战

#### 1. 编程系统

首先简单说说编程语言，目前已知存在数千种编程语言，这些语言的特征差异较大：静态类型的编程语言可以通过编译器直接生成面向硬件的目标代码，一些动态类型的编程语言（比如 Java）则需要先经过编译生成字节码，然后在虚拟机上解释执行，或者即时（just-in-time）编译并执行。其次说说编译运行系统，程序在实际运行时需要运行时系统的支持，运行时系统建立在操作系统、容器等基础软件之上。最后说说异构硬件，随着硬件异构性和复杂性的提升,从编程语言到硬件的编译和运行都面临一些新的挑战。

**2. 高校教学**

面向编程语言,在高校开设的课程主要有程序设计和数据结构。面向编译运行时系统,开设的课程包括计算机系统概论、编译原理和操作系统。面向硬件,开设的课程主要有数字逻辑和计算机组成原理,一些高校也会开设计算机体系结构课程。无论是编译原理、操作系统还是计算机体系结构,都需要有相应的算法基础以及相关的并行程序设计基础。

那么,我们应该如何在高校里开展编程系统相关的教学?我的看法是在课堂教学中强调讲授基础和本质的知识,要让学生领悟本质,注重基础知识的沉淀,而在课余时间要加强学生的实践,开阔学生的视野,针对学有余力的学生,让他们多多实践。

### 7.2.2　教学实践:科教融合、贴近业界

下面来谈谈如何对教学和实践展开相应的改革。我们的宗旨是通过科教融合,建设贴近业界的教学实践体系,来实施基础软件研发人才的培养。

整体上,我们的教学理念是以科教融合为核心,把研究引入教学,再通过教学促进研究,引研入教和以教促研可以达到激发创新的目的。在这个核心思想基础之上,我们在课程体系里设置了系统、全面的课程,并非常重视实践,建设了相应的贴近业界的实践体系。此外,针对学生的差异化情况采取"分级实验",建立相应的学习社区,并采取多维度的考核方式。

下面以我从事的编译器相关的教学和科研来分析。长期以来,我们致力于构建贴近业界的编译实验体系。

编译器是一个偏小众且对内功要求非常高的基础软件，是需要突破的核心技术，要解决技术"卡脖子"的问题。另外，同属于"卡脖子"技术的芯片产业的发展也非常需要编译器等基础软件研发人才。这实际上就要求我们培养更多能够从事编译器研发的基础软件人才。

为了能培养支撑基础软件研发的人才，我们重构了编译实践体系，选择了开源的、业界流行的 LLVM，原因如下。

1）LLVM 应用生态比较成熟。LLVM 虽然始于一个硕士科研项目，但是它现在已经在工业界、学术界以及开源项目中得到广泛使用。在工业界，比如国内的龙芯和华为的编译器都基于 LLVM 进行扩展和增强；在开源项目方面，一些深度学习的编译系统，其后端把相应的输出和 LLVM 对接，从而能够利用 LLVM 所带来的编译优化；学术界也有很多项目是在 LLVM 上开展相关研究的。

2）编译速度更快，运行效率更高。英特尔是一个老牌的研发编译器并进行软硬件协同的厂商，在很多年前就开始在 LLVM 上做扩展，以开发英特尔的 C++ 编译器以及 DPC++ 编译器（支持异构编程）。根据 2021 年 3 月英特尔的报告：基于 LLVM 扩展的 DPC++ 编译器和 C++ 编译器在编译程序时所花的时间已经少于原生的英特尔 C++ 编译器；基于 LLVM 的编译器编译出来的程序，运行效率也相对更高。因此，我们希望在大学里能够让更多的学生接触 LLVM 编译器。

我们构造了很多以 LLVM 为库的编译实验。图 7-2-1 所示为学生以 LLVM 为库的程序分析类实验，它也展现了学生对 LLVM 接口的理解过程。

以 LLVM 为库的程序分析类实验内容包括：

1）学生要先理解整个现代编译器的驱动框架，然后通过我们提供的一些示例问答理解编译器中不同的中间表示，包括抽象语法树以及更低级的 LLVM 中间表示。

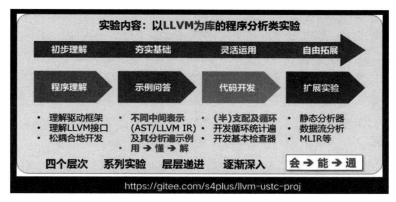

图 7-2-1　以 LLVM 为库的程序分析类实验

2）理解中间表示之后，学生可以进一步开展针对不同中间表示的分析，通过"使用"来加深理解。

3）加深理解之后，学生可以进一步通过提供的代码来理解程序分析的基础技术，比如循环。学生能够开发一些循环统计遍（pass，是编译器中的一个术语，循环统计遍是指对程序扫描一遍的过程中统计循环的相关信息），以及做一些简单的程序分析类实验。学有余力的学生可以进一步在此基础上扩展开发静态分析器，开展数据流分析以及多级中间表示（MLIR）等实践，从"会"变成"能"，最终少部分学生可以做到融会贯通。

针对这些基础软件的实验，我们在整个实践体系上设计了必做的部分和选做的部分，同时让学生开展一些课程实践。在学期结束的时候，学生会汇报展示他们所做的一些扩展实验，这些实验可以包含很多方面，学生也可以邀请老师一起参与，进行互评和交流。

### 7.2.3　学科竞赛：以赛促教、促学、促团建

我们除了在教学实践体系上增强对基础软件人才的培养以外，还开展了学科竞赛，希望通过竞赛来促进教学，提升学生的学习动力，同时加强课题组的团队建设。

近几年，我们和一些大学的同行一起筹备、组织了全国大学生计算机系统能力大赛，其中"全国大学生编译系统设计赛"是由华为赞助的。首届比赛于 2020 年启动，每个参赛队不超过 4 名大学生，要求每个参赛队面向特定目标平台开发综合性的编译系统，来支持给定的编程语言，实现编译器的构造和优化。

图 7-2-2 展示了参赛队构造的编译器以 SysY（编程语言，C 语言的子集）程序作为输入，然后产生 ARM 汇编代码。这些汇编代码能与大赛提供的运行时库结合，生成 ARM 的二进制文件。图 7-2-2 右侧展示了整个评测过程，各参赛队将编译器代码提交到 Git 仓库，然后由大赛的服务器拉取这些代码自动进行编译，形成参赛编译器。大赛提供的各种基准测试程序作为输入，经过参赛编译器，就会生成汇编代码。这些汇编代码会被上传到数据库，由"树莓派"拉取这些文件，由汇编器和链接器连接成可执行程序，最后在"树莓派"设备上运行以评估性能。

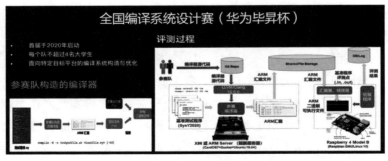

图 7-2-2　全国大学生编译系统设计赛（华为毕昇杯）的评测过程

2020年的首届全国大学生编译系统设计赛，全国共有47所高校的72支队伍报名参加，其中提交完整编译器实现的有40支队伍，测试通过率是36%。我们在比赛后做了一些问卷调查，结果显示：提供反馈的54名学生来自31支队伍，他们的年级主要是大二和大三，其中35.2%的学生没有学过编译原理。这个比赛可以在一定程度上激发这些学生的学习热情，这些参赛的学生回到学校以后也在一定程度上帮助学校进行了编译相关的教学改革。

2021年，全国大学生编译系统设计赛的参赛队伍增加到了97支，从当时决赛阶段的数据来看，以相同的性能测试用例来评估，2021年最快的编译器的执行时间比2020年的大幅减少，而且2021年参赛队伍研制的编译器的平均性能也优于2020年的。这个比赛能在一定程度上提升部分学生的编译器相关基础软件的研发能力。

除了在全国组织大学生编译系统设计赛以外，我们还在自己的课题组内定期让学生参加比赛，主要针对大四或研一的学生，让他们参加一些与科研相关的团队比赛，偏重于做并行优化、特定领域系统优化和AI模型优化方面的主题。通过这些具体的赛题来激发学生的学习和研究热情，同时锻炼他们的团队合作及项目管理能力。

### 7.2.4 科研创新：结合国家战略需求，开展基础软件研究

#### 1. 面向国家战略需求的科研

在科研创新方面，主要是结合国家战略需求开展基础软件研究。我们重点关注的是人工智能和量子科技，像"东数西算"这样的工程也给基础软件带来了一些迫切需求，这些需求体现在如何加快实现云网协同、降低网络电力成本，以及如何更大限度地

提升资源使用效率、降低上云用数（是指如何让普通用户能够进行轻量的代码编程或者无代码编程，把自己的任务提交到云上）的成本上。另外，在保证降低上云用数成本的同时，还要兼顾计算任务的安全性、可靠性和高性能。这些都给基础软件带来了挑战。

结合国家战略需求，我们重点从以下应用来开展研究工作：

1）智能驾驶系统。智能驾驶系统广泛使用了深度学习这样的模型，我们重点关注深度学习的编译系统。

2）量子科技。我们重点关注不同量子体系下量子程序的编译和优化。

3）"东数西算"。我们重点关注云原生基础环境下编译运行时的系统优化和安全性。

总体来说，我们重点关注这些应用的安全性、性能以及可用性。我们开展多语言软件的分析、深度学习和云原生异构系统的优化，以及领域特定语言的生成和评测，其中重点关注跨语言的多语言软件接口层的安全性和性能，研究多语言软件的变化，包含多级的中间表示。我们还会研究运行时系统涉及的内存管理和并发管理。

### 2. 引导本科生开展科研工作

围绕科研，接下来将重点分享如何引导优秀本科生开展科研工作。这里以 2016 级的学生为例，我们在 2018 年秋季学期给这些学生上编译原理和技术课程，上课期间利用课外时间组织有兴趣的学生开展相应的科研工作，如图 7-2-3 所示。

其中一个组是做量子程序编译优化方面研究的，这个组在编译原理和技术课程学期结束的时候完成了一个作品。该作品是应对退相干的量子比特生命期优化，发表在一个 CCF-C 类的会议上。

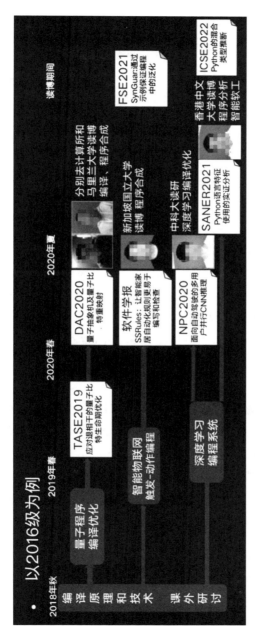

图 7-2-3 大学本科生参与科研的三组案例

接着，学生在 2020 年的新学期又继续开展前期研究，做了量子抽象机的定义，提出了基于抽象机的量子比特重映射的方法。这个研究发表在 CCF-A 类国际会议上。我们从事这方面研究的两名本科生分别去了中国科学院计算所和马里兰大学读博，他们后续的研究方向仍然集中在编译及程序合成方面。

我们在编译原理和技术课程研讨中还引导学生开展智能物联网的研究，研究物联网触发动作编程的课题。智能物联网相关的研究成果（使智能家居自动化规则更易于编写和检查）发表在《软件学报》上。从事这方面研究的本科生在毕业以后去了新加坡国立大学读博，主要开展程序合成方面的研究，并于读博第一年在 CCF-A 类的 FSE 国际会议上发表了论文。

此外，我们还组织了关于深度学习编程系统的研究，有名学生通过课外研讨对深度学习编程系统及其缺陷有了一定的认识，从而开展了面向自动驾驶的多用户并行 CNN（卷积神经网络）推理优化的研究。他的研究成果发表在 CCF-C 类的 NPC 会议上。目前，他在中国科学技术大学读研，方向是深度学习编程系统的优化。

深度学习编程系统上的程序普遍采用的是 Python 加 C++，因此我们开展了对 Python 程序以及 Python 加 C++ 多语言软件的分析。有名学生在大四的时候开展了 Python 语言特征使用的实证分析研究，研究成果于 2020 年秋季发表在 CCF-B 类的 SANER 会议上。这名学生毕业后去了香港中文大学读博，从事程序分析以及智能软件工程的研究，他目前在国际软件工程的顶级会议上发表了另外一篇关于 Python 的混合类型推断论文。

### 7.2.5 基础软件人才培养之路

我们通过多年的探索总结了一些培养基础软件研发人才的方

法，并且积累了一些经验，但是我们也深刻认识到高校里的学生是流动的，他们在学校的时间仅有短短几年。因此，我们需要在有限的时间里，培养学生在基础软件科研领域长期发展的兴趣和能力，让优秀的学生反哺到教学中来，从而形成对基础软件发展有长期推动作用的趋势。

教学也好，科研也罢，我们需要站在国家战略需求的高度上对研究领域进行筛选，并且思考一些方法来契合实施。同时，在进行基础软件人才培养的时候，我们需要认识到"授人以鱼，不如授人以渔"，增强学生的实践能力，开阔他们的视野，在学生从事课外研究的时候给予必要的引导，通过"以研促教"让优秀的学生反哺教学，并通过"以赛促建"提升学生的综合能力。

# 推荐阅读

## 数据中台

**超级畅销书**

这是一部系统讲解数据中台建设、管理与运营的著作,旨在帮助企业将数据转化为生产力,顺利实现数字化转型。

本书由国内数据中台领域的领先企业数澜科技官方出品,几位联合创始人亲自执笔,7位作者都是资深的数据人,大部分作者来自原阿里巴巴数据中台团队。他们结合过去帮助百余家各行业头部企业建设数据中台的经验,系统总结了一套可落地的数据中台建设方法论。本书得到了包括阿里巴巴集团联合创始人在内的多位行业专家的高度评价和推荐。

## 中台战略

**超级畅销书**

这是一本全面讲解企业如何建设各类中台,并利用中台以数字营销为突破口,最终实现数字化转型和商业创新的著作。

云徙科技是国内双中台技术和数字商业云领域领先的服务提供商,在中台领域有雄厚的技术实力,也积累了丰富的行业经验,已经成功通过中台系统和数字商业云服务帮助良品铺子、珠江啤酒、富力地产、美的置业、长安福特、长安汽车等近40家国内外行业龙头企业实现了数字化转型。

## 云原生数据中台

**超级畅销书**

从云原生角度讲解数据中台的业务价值、产品形态、架构设计、技术选型、落地方法论、实施路径和行业案例。

作者曾在硅谷的Twitter等企业从事大数据平台的建设工作多年,随后又成功创办了国内领先的以云原生数据中台为核心技术和产品的企业。他们将在硅谷的大数据平台建设经验与在国内的数据中台建设经验进行深度融合,并系统阐述了云原生架构对数据中台的必要性及其相关实践,本书对国内企业的中台建设和运营具有很高的参考价值。